JAMAIKA-MIKE

Edition Steffan

Impressum

Edition Steffan

Verlag
Lindenthalgürtel 10
D-50935 Köln
Tel.: 02 21 / 73 916 73
Fax: 02 21 / 72 31 52
e-mail: info@edition-steffan.de
www.edition-steffan.de

JAMAIKA-MIKE
GANJA, KOKS & KARIBIKTRÄUME

Lektorat:
Frank Steffan

Korrekturen:
Herbert Eicker

Redaktionelle Mitarbeit:
Katharina Ruhm

Grafik:
Michael Croon
www.buch-produktion.de

Fotos:
Privat
Edition Steffan

ISBN: 978-3-923838-66-0

1. Auflage Juni 2011
2. Auflage November 2011

Aktuelle Informationen:
www.jamaika-mike.de

Dieses Buch möchte ich meinem Sohn Max Marley widmen,
der ein ganz neues Hochgefühl in mir ausgelöst hat.
Ich liebe Dich mein Sohn.

Michael Weigelt

Vorwort Howard Marks

Als mich mein deutscher Verleger, Frank Steffan, bat für das Buch „Jamaika-Mike" ein Vorwort zu schreiben, war ich spontan dazu bereit. Erst recht war ich dazu bereit, als ich Näheres über den Autor und den Inhalt des Buches erfuhr. Ich habe viele Gemeinsamkeiten entdeckt. Michael Weigelt war von Jamaika fasziniert. Nicht nur von der Landschaft, auch von den Menschen und der Mentalität. So ging es mir auch. Im Gegensatz zu mir, begann er mit Jamaikanern zu dealen bzw. er schloss sich einer dortigen Schmuggelorganisation nach und nach immer mehr an. Was er dort erlebte, war teilweise witzig, abenteuerlich und fast immer auf des Messers Schneide. So ist das nun mal im Drogenbusiness. Jede Lebensgeschichte ist anders, aber wenn man bestimmte Details bei Drogendeals nimmt, so hat man stets sein Deja vue. Man kennt das, ganz gleich, ob es um Dope oder Koks geht, ob es Kilos oder Tonnen sind.

Erstaunlicherweise habe ich mit Jamaika erst nach meiner Dealerkarriere unmittelbar zu tun bekommen. Ich habe nie von Jamaika aus Dope in andere Länder geschmuggelt oder mit jamaikanischen Organisationen geschäftlich zu tun gehabt. Gleichwohl wusste ich von solchen Organisationen. Ich wusste auch, dass Jamaika ein Umschlagplatz für Koks ist, allerdings entwickelte sich das erst im ganz großen Stil, als ich bereits einsaß. Dass Michael Weigelt überhaupt in diese Zirkel hineingekommen ist, spricht für seine Cleverness und Anpassungsfähigkeit. Jamaika als Zwischenstation des internationalen Kokainhandels zwischen Kolumbien und Europa ist bisher nur Insidern bekannt, um so spannender ist ein solcher Tatsachenbericht von jemandem, der dabei war. Ich selbst habe später, als ich wieder mal in Jamaika war und für mein Buch „Senor Nice" nach dem alten, walisischen Piraten Henry Morgan recherchierte, in einem wunderbaren Restaurant am Meer gesessen und wenige Meter von mir entfernt saßen ein paar kolumbianische Drogenbarone, die dort ihre Deals besprachen. Die Situation hatte was, muss ich sagen.

Jamaika ist wirklich ein ganz spezieller Flecken Erde. Auch das kommt in diesem Buch deutlich rüber, wird detailreich und liebevoll beschrieben. So muss das auch sein, denn mir sind schon viele Menschen begegnet, aber noch nie so freundliche wie auf den Ganja-Plantagen in den Hochlagen Jamaikas, wo Rastas mit das weltbeste Marihuana anbauen. Teilweise rein für den privaten Gebrauch, teilweise aber auch hochgradig kommerziell. Bei aller Gefahr, der sie dort auch ausgesetzt sind, haben sie sich ein fast schon atemberaubendes Grundvertrauen in das Gute im Menschen bewahrt. Das war umwerfend und es gibt Anlass zu Optimismus. Die Rasta-Bewegung ist gewissermaßen die Ideologie Jamaikas. Sie stiftet Identität. Was mich an der Rasta-Bewegung vor allem fasziniert, ist ihre Vielfältigkeit. Nicht alle Rastas tragen Dreadlocks, nicht alle sind Vegetarier. Sie lesen nicht alle die Bibel, sind nicht allesamt ihren Frauen treu und nicht alle hören Reggae-Musik. Der Glaube der Rastafaris kennt keine Kirchen und ist in Jamaika nicht als Religion anerkannt, es handelt sich vielmehr um einen geistigen und seelischen Zustand, den man durch wachsenden Glauben erlangen kann. Dieses Unkonventionelle und diese geistige Unabhängigkeit – bei allen durchaus auch paradoxen Seiten der Rastas – machen es in meinen Augen so interessant sich damit zu beschäftigen. Auch in diese Dinge gibt „Jamaika-Mike“ interessante Einblicke.

Ein ebenso wichtiger Aspekt des Buches, ist die realistische Darstellung des Geschäfts mitsamt seinen Hintergründen, die auf diese Weise klarer werden. So lange die 3. Welt in den beschriebenen, extrem ärmlichen Verhältnissen lebt, werden sich immer wieder Menschen finden, die gut funktionierende Drogenschmuggelorganisationen bilden. Der Deutsche Michael Weigelt ist das beste Beispiel dafür, wie pure Not, wie Hunger und Angst, die auf Jamaika allgegenwärtig sind dazu führen Drogen nach Europa zu schmuggeln. Doch auch das ist nur eine Seite der Medaille. Ohne Konsumenten in den westlichen Ländern kein Handel. Woher kommen die Konsumenten und wieso konsumieren sie? All diese Fragen werden bei denen, die sich gesellschaftspolitisch damit beschäftigen nur höchst selten gestellt. Die Antworten sind in der Regel so dumm wie einfach: Verschärfte Grenzkontrollen, Abflammen von Plantagen, Einsatz von Technik aller Art, mehr und mehr Manpower um der Sache Herr zu werden bzw. um das Ganze zu unterbinden.

Ich sage stattdessen aus Erfahrung: so lange man nicht alle Konsumenten umbringt, wird man das Problem nicht lösen und selbst diese Radikallösung schützt nicht vor nachwachsenden Konsumentenschichten. Leute wie ich haben von diesem Unfug gut gelebt, Michael Weigelt zeitweilig auch. Erst wenn das (vielleicht) irgendwann mal verstanden wird, dann könnte sich was lösen. Vorher sicherlich nicht, denn nur eine intelligente Legalisierung von Drogen kann nachhaltig und positiv verändern. Heute, wo diese Zeilen geschrieben werden, ist die Situation im Legalisierungskampf mal wieder ausgesprochen ambivalent. Einerseits gibt es positive Ansätze wie die Volksabstimmung in Kalifornien zur vollständigen Freigabe von Marihuana zeigt, denn nicht viel hätte gefehlt und das unmöglich Erscheinende hätte funktioniert. In manchen osteuropäischen Staaten lockern sich die Bestimmungen, der Heimanbau in allen Ländern nimmt riesige Formen an und trocknet die Gewinnmargen von Straßendealern aus, aber insgesamt bewegen wir uns wieder in eine bedenkliche Richtung. Verbotsfetischisten sind auf dem Vormarsch. Speziell die Hanfszene darf sich nichts vormachen: Es sind die selben Leute, die normalen Tabak am liebsten als Teufelszeug verbieten würden, auch alles daran setzen und auf diesem Weg teilweise unglaubliche Erfolge feiern und gleichzeitig Marihuana strickt illegal halten wollen. Von anderen Drogen ganz zu schweigen. Man darf sich da nichts vormachen! Diese Verbotsapostel bestimmen immer mehr auch in Europa die öffentliche Meinung, was verheerend ist. Man muss sich dagegen wehren, unbedingt.

Auch unter diesem Aspekt ist dieses Buch gut und wertvoll. Ich hoffe sehr, dass ich Michael Weigelt bald persönlich kennenlerne, spätestens dann, wenn der Kinofilm „Mr. Nice“ in die deutschen Kinos kommt und ich an mehreren Premierenveranstaltungen teilnehmen werde.

Ich wünsche „Jamaika-Mike“ viel Erfolg!

Howard Marks, im Juni 2011

Inhalt:

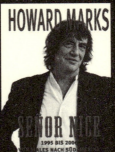

Vorab

Mein besonderer Dank gilt meinem Verleger Frank Steffan, der während unserer Zusammenarbeit ein guter Zuhörer, Berater und Freund geworden ist. Mit seinem unermüdlichem Einsatz und dem Glauben an mich und die Sache, hat er sich mit seinem ganzen Herzblut durch Unverständnis, Hürden und scheinbar unüberwindbare Hindernisse gekämpft, um am Ende Jamaika-Mike zu veröffentlichen.

Auch meiner Familie möchte ich danken, die immer an mich glaubten, mich oftmals aufbauten und viel Verständnis dafür aufbrachten, dass ich wieder einmal vor meinem Manuskript hing und keine Zeit für sie hatte.
Zum Schluß sage ich noch merci beaucoup an die vielen lieben Freunde und Kollegen, die mich tatkräftig unterstützt und mich motiviert haben, weiter an dem Buch zu schreiben. Ihr seid die Größten.

Michael Weigelt

Die Ankunft

Bis spät in die Nacht hinein hatten wir uns unterhalten, unseren Sehnsüchten und Träumen freien Lauf gelassen und rumgesponnen, was wir für ein tolles Leben in Jamaika führen würden. Entsprechend fühlte ich mich auch, als am frühen Morgen des 1. April 1999 der Wecker sein penetrantes Gepiepe einfach nicht einstellen wollte. Draußen herrschte noch völlige Dunkelheit und ein nasskalter Wind pfiff durch das halboffene Fenster. Ich schlug die Bettdecke beiseite und streckte vorsichtig ein Bein über die Bettkante. Es war unangenehm kühl und am liebsten hätte ich mich wieder zu meiner Freundin Anja gelegt, aber es ging eben nicht. Auch die Dusche und der heiße Kaffee, den meine Mutter schon für uns hingestellt hatte, änderten nichts an meinem Befinden.

Meine Mutter wollte es sich nicht nehmen lassen, uns zum Flughafen nach Amsterdam zu fahren, so dass wir die letzte Nacht in ihrem Haus an der holländisch-deutschen Grenze verbrachten. Sie war besorgt, obwohl unsere Familie eigentlich sehr reise- und auswanderungsfreudig ist. Ich glaube es war auch weniger das Auswandern, sondern die Frau an meiner Seite, die meine Mutter beunruhigte.

Die Verabschiedung von meiner alten Lady war zwar herzlich, aber auch gedämpft. Wie gesagt, sie hielt nichts von der Idee, anstatt wie geplant mit meinem Kumpel, ausgerechnet mit dieser Frau auszuwandern. Weniger das Aussehen irritierte meine Mutter als vielmehr ihre manchmal etwas kindliche Art. Vielleicht war sie auf Grund ihres Alters von 22 Jahren tatsächlich ein wenig naiv, aber sie war nun mal die Frau an meiner Seite.

Anfang 1998 hatten mein Partner Marco und ich die Insolvenz für unsere Wirtschaftsberatungs-GmbH eingereicht und waren somit offiziell gescheitert. Innerhalb weniger Wochen musste ich meine kompletten Fixkosten von damals einigen Tausend DM auf Null runter fahren und auf jeden Luxus verzichten. Nach dreimonatigem Selbstmitleid bekam ich dann endlich wieder meinen Arsch hoch und arbeitete in der Gastronomie, da ich von meinem alten Job endgültig die Schnauze voll hatte.

Ich verkaufte all mein Hab und Gut, um schon vorzeitig meinen Traum, nach Jamaika auszuwandern, in die Tat umzusetzen. Als ich Anja kennenlernte, war von vornherein klar, dass sie nicht mit auswandern würde. Da mein Kumpel aber letztendlich nicht mitkommen konnte, nahm ich Anja, die mich fast jeden Tag deshalb bekniete, doch mit.

Nach einem etwas turbulenten Flug mit einer Zwischenlandung in Kuba erreichten wir dann elf Stunden später Montego Bay. Beim Anflug auf den Flughafen machte mein Herz bereits Luftsprünge. Endlich hatte ich es geschafft, meinen Traum zu verwirklichen. Das satte Grün der Natur, die Palmen, die sich sanft in der Meeresbrise hin- und herbewegten und der blaue Himmel mit all seinen verstreuten Schäfchenwolken ließen mich all die Strapazen der letzten Monate einfach vergessen.

Endlich stand die Boing 737 still und Bewegung kam in die Meute der Urlauber. Die Türen wurden geöffnet und der Weg zur Gangway wurde freigegeben. Beim Aussteigen hatte man das Gefühl, von einer Hitzewand übermannt zu werden, so schwül und heiß war die Luft. Der Flughafen von Montego-Bay ist sehr klein. Es gibt nur eine Start- und Landebahn, die unmittelbar an der Küste beginnt, so dass beim Anflug das Gefühl vermittelt wird, man würde direkt auf dem Wasser landen. Auf dem Weg zum Zoll wird man üblicherweise von einer Calypso-Band empfangen, die alle Gäste mit Reggae-Klängen im Land willkommen heißt. Die Zollabfertigung an sich ist je nach Betrieb des Flughafens mehr oder weniger strapaziös. Es gibt keine Probleme, wenn der Reisepass mindestens noch ein halbes Jahr gültig und man im Besitz eines Rückflugtickets ist. Maximal bekommt man als Deutscher mit entsprechendem Rückflugticket drei Monate Aufenthaltsgenehmigung. Da wir ein Last-Minute-Angebot hatten, sollte unser Rückflug schon nach zwei Wochen stattfinden. Aus diesem Grunde gab uns der Immigration-Officer auch nur ein Einreisevisum für einen Monat, aber darüber würden wir uns später eh den Kopf noch zerbrechen müssen.

In Eile sollte man auf Jamaika auf keinen Fall sein. Die häufigste Äußerung auf ein Drängeln ist ein lapidares „soon come“, was so viel bedeutet wie „wird bald“, wobei das wiederum Auslegungssache ist. Es kann vielleicht noch zehn Minuten dauern oder aber sich auch noch Tage hinziehen.

Nachdem wir die Zollformalitäten erledigt und unsere Gepäckstücke abgeholt hatten, standen wir nach einer Stunde außerhalb des Flughafengebäudes im gelobten Land. Shaka, ein Jamaikaner den ich schon von vorherigen Besuchen kannte, sollte uns abholen. Bevor wir ihn jedoch erspähten, wurden wir etliche Mal gefragt, ob wir denn kein Taxi benötigen. Wir zwängten uns also durch die Menschenmasse, bis wir endlich aus einiger Entfernung Shaka‘s Stimme vernahmen: „Eyyh yoo, Mikey me dere!“ Da stand er ein wenig außerhalb. Ein sehr schlanker, drahtiger Rastaman mit mehreren Zahnlücken. Rastas sind ausgesprochen religiös, rauchen nur Ganja (Marihuana) ohne Tabak und sind reine Vegetarier. Der richtige Rasta ist auch nicht für Kommerzielles zu begeistern; was nichts anderes heißt, als dass er arbeitet, um zu überleben und nicht, um möglichst viel Geld anzuhäufen. Die echten Rastas findet man deswegen auch nicht in Touristenzentren, sondern in den Bergen oder im Landesinneren, wo sie ihre Reggaemusik spielen und Obst, Gemüse sowie das heilige Kraut Ganja anpflanzen. Nie zuvor habe ich Menschen erlebt, die so gerne lachen, sich so hingebungsvoll um die Familie kümmern und sich derart füreinander einsetzen.

Shaka wiederum ist kein waschechter Rasta. Dafür lebt er viel zu nah an MoBay, wie die Jamaikaner liebevoll ihre Stadt Montego Bay nennen, und er ist außerdem mit einer Japanerin verheiratet. Er verdient sein Geld in der Touristenbranche und ist dementsprechend viel mit Weißen zusammen. Ich konnte mich blind auf ihn verlassen. Er ist wahrlich ein feiner Kerl, Ende 30 mit gut ausgeprägten Geheimratsecken, einem dunkelbraunen Hauttton und markanten Zügen im Gesicht.

„Yoo Mikey, what‘s up mon“, rief er mir zu, als wir ihn fast erreicht hatten. Die normale jamaikanische Begrüßungszeremonie, wobei jeder die Faust gegen die andere drückt, diese dann kurz in beide Richtungen dreht und zum Schluss noch den Daumen gegeneinander presst.

„Yoo bredgen, me aalright, irie mon irie“, hörte ich mich antworten, was so viel heißt wie: „Mir geht es gut Bruder, fühle mich fantastisch.“

Ich stellte ihm Anja vor und wir schlenderten zu seinem weißen Toyota Corolla und verstauten dort erstmal unser Gepäck. Dann machte sich Shaka im zügigen Tempo auf den Weg nach Negril, was an der Westküste von Jamaika, ca. 90 Kilometer entfernt liegt.

In der bis 1962 englischen Kolonie herrscht Linksverkehr und die Jamaikaner sind fast durchweg gute Autofahrer, auch wenn wir Europäer den Fahrstil eher als chaotisch bezeichnen würden. Nach 20 Minuten verließen wir die Außenbezirke von Montego-Bay und ich war Shaka sehr dankbar, als er einen Riesen-Joint unter seinem Sitz hervorzauberte und ihn mir unter die Nase hielt. Der Mann wusste eben, wie man Freunde erfreut und nach etwa fünf Zügen und weiteren fünf Minuten waren wir allesamt „stony-mahony“ breit bis zur Oberkante-Unterlippe. Die Farben, die Gerüche, das Gefühl frei wie ein Vogel zu sein, all das wurde durch das Gras intensiviert. Es war ein unglaubliches Glücksgefühl.

Sieben Mal vorher hatte ich Jamaika für jeweils zwei Wochen besucht, das erste Mal 1991. Jedes Mal war ich todtraurig, wenn ich es wieder verlassen musste und ich schwor mir, länger dort zu verweilen. Die Probleme waren jedoch immer die gleichen: die Zeit und das liebe Geld. Na ja, dies ist ja nun alles vorbei, dachte ich mir. Natürlich kann man einen zweiwöchigen Urlaub nicht mit dem Leben im Land selbst vergleichen und die 3000 US-Dollar, die uns gerade mal zur Verfügung standen, waren auch nicht gerade der Hit, für zwei Personen und einen Neuanfang in einem Land, das fast 9000 km von Deutschland entfernt liegt.

Im November des vorherigen Jahres hatte ich mich um einen Job und eine Unterkunft bemüht und auch erhalten. Ich war sehr zuversichtlich, dass alles klappen würde und nichts konnte meine gute Laune verderben. So genoss ich auf der Fahrt von Mo-Bay nach Negril die einzigartige Landschaft. Der Weg dorthin führt direkt entlang der Nordküste Jamaikas, wobei sich die Straße manchmal nur zwei Meter vom Meer entfernt entlang schlängelt. Ja, ich war endlich in Freiheit und im Land meiner Träume angekommen. Ich hatte es geschafft.

Der erste Job in Negril

Nach einer etwa 90minütigen Fahrt von Montego Bay Airport erreichten Shaka, Anja und ich Negril. Zuletzt hatte ich vor mehr als einem Monat mit meinem zukünftigen Arbeitgeber telefoniert. Also wollte ich ihm jetzt auf jeden Fall einen Besuch abstatten. Mr. Sinclair, ein Inder und seine hübsche, belgische Frau lebten schon ein paar Jahre auf Jamaica. In dieser Zeit hatten sie sich eine kleine Tourgesellschaft mit 12 Motorrollern und einem PKW aufgebaut. Sie verliehen die Scooter oder organisierten Touren mit einem Fahrer, der die Gruppen zu verschiedenen Ausflugszielen führte und sie über Land und Leute informierte. Das sollte auch mein Job werden, vor allem für deutsch- und französisch sprechende Urlauber. Die Tourgesellschaft befand sich am Ortseingang von Negril, auf dem Gelände des erstklassigen Hotels Negril Cabins.

„Shaka, kannst Du erst zum Negril Cabins fahren? Ich will mit Mr. Sincl air reden", fragte ich ihn.

„No problem mon", entgegnete mir unser schwarzer Freund und flog in einem Affenzahn um die letzte Kurve, bevor es in das ehemalige Fischerdorf ging. Wir bogen zum Parkplatz des Hotels ein. Die Rezeption, das Restaurant, der Swimmingpool und die einzelnen kleinen Cottages sind durch kleine, verschlungene Pfade miteinander verbunden. In der Empfangshalle befinden sich geschmackvolle Sitzecken und irgendwie hat man stets das Gefühl, mitten im Dschungel zu sitzen. Wir waren beeindruckt, rissen uns aber von dem besonderen Flair wieder los und machten uns auf den Weg zu Mr. und Mrs. Sinclairs Tourgesellschaft. Zu meiner Verwunderung fand ich weder die Motorroller noch den Infostand. Auch von den Sinclairs weit und breit keine Spur. An der Rezeption erfuhr ich schließlich, dass die beiden ihren Standort gewechselt und ihre Firma in ein anderes Hotel im Zentrum von Negril verlegt hatten.

„Shaka", begann ich meinen Satz. „No problem mon, let's drive dere", kam sofort die Antwort, „Me know de place", was so viel heißt wie, „Lass uns fahren, ich weiß wo das ist."

Durch die vielen Trips, die Shaka mit Touristen durchs Land unternahm, kannte er sich ausgezeichnet aus. Offiziell dürfen nur diejenigen Jamaikaner Touren oder Taxifahrten anbieten, die über ein rotes Nummernschild mit einer sogenannten PP-Lizenz verfügen. Außerdem müssen die Fahrer ein zweiwöchiges Seminar (Team Jamaica) absolvieren, in dem Geschichte und Kultur beigebracht wird. Darüber hinaus erklärt man ihnen, wie mit den Touristen umzugehen ist.

Wir fuhren also den 11 km langen Sandstrand von Negril bis zum Roundabout (Verteilerkreis) entlang. Links davon geht es zur Hauptstadt des Parish (Bundesland) Westmoreland nach Savannah-La-Mar, auch kurz Sav genannt; wenn man rechts abbiegt, kommt man ins berühmt-berüchtigte West End von Negril. Dort, wo man in Ricks Cafe den angeblich schönsten jamaikanischen Sonnenuntergang erleben kann.

Unmittelbar hinter dem Verteilerkreis befand sich das besagte Hotel, in dem mein neuer Arbeitgeber nun saß. Es war bei weitem nicht so gemütlich und luxuriös wie das Negril Cabins, bestand weitgehend aus Beton, aber es hatte eine zentrale Lage.

Nach den üblichen Erklärungen ließ uns der Security-Gard ein und wies uns den Weg zu Mr. Sinclairs Büro. Dort saß der Exil-Inder, ein Mann von mittlerer Größe, gut genährt und dunkelbraun gebrannt. Zum Glück erkannte er mich direkt und bot mir einen Platz an. Anja und Shaka warteten zwischenzeitlich in der Hotellobby und stillten ihren Durst mit einem Guinness, was die Jamaikaner literweise trinken können.

„Herzlich willkommen auf Jamaika. Haben Sie es endlich geschafft, Deutschland den Rücken zu kehren?“, begrüßte mich Mr. Sinclair freundlich.

„Ja, es hat alles soweit geklappt, obwohl ich eigentlich schon früher hier sein wollte. Die Verkäufe von Hab und Gut zogen sich ein wenig in die Länge.“

Er fixierte mich kurz, um abzuchecken, in was für einer Gemütsverfassung ich mich befinde und sagte dann:

„Ich bin kein Mann der vielen Worte und möchte deswegen auch gleich zum Wesentlichen kommen. Wie Sie ja sicherlich schon gemerkt haben, sind unsere Geschäftsaktivitäten verlagert worden. Das lag hauptsächlich am Management von Negril Cabins. Es gab einfach zu viele geschäftliche Unstimmigkeiten, so dass wir Ende letzten Jahres hierhin gewechselt sind.

Finanziell hat uns dieser Wechsel durchaus gut getan, aber der entscheidende Punkt ist, dass meine Frau Heimweh hat und wir entschieden haben, wieder zurück nach Belgien zu ziehen. Für Sie heißt das jetzt, dass ich Ihnen keinen Job mehr anbieten kann. Wenn Sie jedoch Interesse haben, können Sie den Fuhrpark, das Drumherum und die vorhandene Kundenliste kaufen und die Firma auf Ihren Namen überschreiben. Selbstverständlich können Sie die Bücher genau studieren, um sich ein Bild über das Geschäft zu machen.“

„Na super! Das fängt ja ganz toll an“, dachte ich mir, verzog aber äußerlich keine Miene.

„Von was für einem Preis reden wir denn hier?“, fragte ich so lässig wie ich nur konnte.

„60.000 US-Dollar für alles“, meinte der Inder.

Ich rechnete mir kurz aus, welche Chancen ich wohl hätte, wenn ich ihm unsere ganzen 3.000 Dollar anbieten würde und entgegnete dann:

„Da müsste ich mir mal genau die Bücher ansehen und dies dann mit meiner Freundin durchsprechen.“

Also entschuldigte ich mich und versprach ihm, in fünf Minuten wieder da zu sein. Das Telefon klingelte, er nickte mir zu, während ich mich zur Hotellobby begab. Dort angekommen erklärte ich Anja kurz die Sachlage und meinen Plan, so zu tun, als ob wir uns das leisten könnten.

Ich weiß auch nicht genau was mich ritt, vielleicht ergab sich ja irgendwie noch eine Chance, und als alter Wirtschaftsberater war es für mich ungeheuer interessant, einen Blick in die Bücher zu werfen. Wer weiß, wofür das noch gut sein sollte, dachte ich mir.

Als wir zurückkamen, stellte sich heraus, dass Mr. Sinclair ein Charmeur der alten Garde war. Das Gespräch verlief recht harmonisch, wobei er uns fürs Wochenende auf einen Cocktail zu sich nach Hause einlud. Wir stimmten dankend zu und verabschiedeten uns von ihm.

Shaka brachte uns bei einem Bekannten unter, der Gästezimmer direkt im Zentrum von MoBay vermietete. Wir quartierten uns erstmal für zwei Tage dort ein. Shaka wollte sich bezüglich der Arbeit in Mo-Bay umhören, aber es war Nebensaison und die Anzahl der Touristen im Jahr 1999 war eh sehr gering.

Außerdem braucht man in Jamaika eine Arbeitsgenehmigung, und diese bekommt man nur, wenn man nachweisen kann, dass ein Jamaikaner diese Arbeit nicht verrichten kann oder will. Also mal eben einen Bartender oder Kellnerjob annehmen, war nicht drin. Da wir auf die Dauer keine 30 Dollar pro Tag für die Unterkunft hinblättern konnten, mieteten wir uns nach zwei Tagen einen kleinen Suzuki-Jeep. Wir wollten die Insel erkunden und dabei die Augen für alle Arbeitsmöglichkeiten offenhalten.

Wir luden unser ganzes Hab und Gut in den Jeep und fuhren zu Shaka nach Moskito Cove. Das meiste Zeug verstauten wir in dem kleinen Häuschen von Shaka und seiner Japanerin. Es war eine dieser vielen Holzhütten, die so landestypisch sind, bestehend aus zwei Räumen, einer kleinen Veranda, einer Tür vorne und zwei hinten.

Die Zimmer sind etwa drei mal vier Meter groß. Die Fenster bestehen aus Holzlamellen, die geschlossen übereinander lappen. Die häufigsten Farbanstriche sind Pastellfarben in blau, grün, rot oder gelb. Hier und da sieht man Holzlatten, die nicht selten in einer anderen Farbe ausgebessert wurden.

Auch das Interieur ist ähnlich. Ein Kühlschrank oder eine Tiefkühltruhe sind durchaus nicht selbstverständlich. Wer keine hat, holt sich beim Nachbarn Eis. Dieser hat vorher Wasser in einen Plastikbeutel gefüllt und ihn für etwa zwei Tage ins Gefrierfach gesteckt. So ein Häuschen wird nicht selten von acht oder mehr Personen bewohnt.

Anja und ich packten das Nötigste zusammen. Wir verabschiedeten uns und fuhren voller Tatendrang los. Der Plan war einfach: einmal um die Insel, die schönsten Plätze besuchen und die Augen offenhalten für jede Erwerbsmöglichkeit. Da wir die Verabredung mit den Sinclairs wahrnehmen wollten, fuhren wir erst nach Negril. Es war zwar noch kein Wochenende, doch vereinbarten wir ein Treffen mit den beiden im Hotelgelände. Wie zuvor wurden wir herzlich empfangen.

Mrs. Sinclair hatte langes, blondes Haar, war sehr schlank, etwa 1,70 Meter groß und sehr sympathisch. Da es noch ziemlich früh am Morgen war, wurde erst mal ein üppiges Frühstück für uns aufgetischt. Frisch gepresster Orangensaft, Ananas, Wassermelonen, Mango und Passionsfrucht standen bereit. Dazu gab es frisches Rührei mit Paprika, Pilze und Käse, Cornflakes mit Milch und verschiedene Sorten Marmelade. Es gab sogar den echten Blue Mountain Coffee. Er wird nur auf Jamaika in den Bergen angebaut und ist einer der besten Kaffees dieser Welt. Gut gestärkt besprachen wir nach unserem Frühstück das Geschäftliche. Ich sah mir die Bücher an und war ziemlich erstaunt, was so ein kleines Unternehmen an Gewinn abwerfen kann.

Alles in allem machte der kleine Betrieb einen vielversprechenden, seriösen Eindruck auf mich. Da war nur das klitzekleine Problem mit den 60.000 US-Dollar. Es war natürlich klar, dass wir solch eine Summe nicht innerhalb kurzer Zeit auftreiben könnten. Ich wollte jedoch den guten Kontakt zu dem Inder und seiner belgischen Frau nicht abreißen lassen und auch nicht mein Gesicht verlieren. Sie wollten sich eh um weitere Kaufinteressenten kümmern und machten uns darauf aufmerksam, dass derjenige, der zuerst kommt, auch als erster das Unternehmen kaufen kann.

Mittlerweile war es 11 Uhr und wir beschlossen eine Runde baden zu gehen. Da ich es von meinen früheren Besuchen Negril schon kannte, entschied ich mich für das Marguarita Ville. Mittlerweile gibt es diese Szene-Strandbar dreimal in Jamaika. Sie gehören einem ehemaligen US-Kampfjetpiloten. Die Atmosphäre und die gebotenen Attraktionen vor Ort sind vorzüglich. Die Palette an Speisen und Getränken ist vielfältig. Südamerikanische Gerichte, aber auch Chicken und Hamburger sind sehr schmackhaft. Die Cocktails und die Margaritas sind einmalig und das Personal ist professionell geschult und ausgesprochen attraktiv.

Die Einrichtung ist karibisch-modern, farbig und ausgeflippt. Es gibt einen Riesenbildschirm, wo meistens irgendwelche Sportprogramme flimmern. Auf dem Meer befinden sich zwei große Trampoline, die mit einem langen, aufblasbaren Plastikschlauch verbunden sind. Tagsüber finden Contests wie Biertrinken, Tanzen, Singen und vieles mehr statt, und abends treten dann Live-Bands auf oder es gibt Karaoke-Shows. All dies herrlich gelegen, direkt am weißen, 11 km langen Sandstrand von Negril. Dort waren wir nun und ließen es uns zwei Stunden lang richtig gut gehen. Wir genossen unseren Planter's Punch*, sprangen wie die Kängurus auf der Hüpfinsel rum und räkelten uns faul in einer der Hängewippen. Gegen 1 Uhr duschten wir unseren Schweiß, den Sand und das Meersalz ab und sprangen überglücklich in unseren offenen Jeep.

Ohne jede Eile schlugen wir den Weg zur Südküste Jamaikas ein, wo wir am Abend irgendwo in Treasure Beach übernachten wollten.

* Planter's Punch – karibischer Rum-Cocktail

Die Inselrundfahrt

Savanna La Mar ist kein schöner Ort. Er besteht hauptsächlich aus einer langen, geraden Hauptstraße, der Great George Street. Diese verläuft vom dortigen Kentucky Fried Chicken und dem angrenzenden Verteilerkreis bis hinunter zum Meer, wo sich ein kleiner ehemaliger Pier befindet, der als Umschlagplatz für Blue Mahoe, den jamaikanischen Nationalbaum diente. Noch vor einer Generation wurden hier Baumstämme angeliefert, die dann auf Schiffe verladen und ins Ausland exportiert wurden.

Auch heutzutage herrscht noch eine gewisse Betriebsamkeit, denn kurz vor dem Pier befindet sich ein großer Marktplatz, der in verschiedene Bereiche aufgeteilt ist. Dort am Fleischmarkt befindet sich das einzige Gebäude aus Stein und hier werden Rinder- und Schweinehälften sowie Ziegen angeboten. Der Platz ist nicht gerade für zart besaitete Gemüter geeignet. Überall schwirren Tausende Fliegen herum, die sich auf das rohe Fleisch stürzen. An manchen Stellen fließt Blut in kleinen Rinnsalen den Boden entlang. Der Geruch ist unglaublich abstoßend. Hinter den Betontresen warten die Verkäufer mit Hackebeilen und scharf gewetzten Messern darauf, die nächste Bestellung entgegenzunehmen, um das Fleisch einzupacken und dem Kunden auszuhändigen. Der Fischmarkt liegt außerhalb des großen Gebäudes unmittelbar am Meer. Es sind einzelne Stände, die ihre Waren notdürftig vor der Sonneneinstrahlung schützen und anpreisen. Die Ware ist absolut fangfrisch und sie wird teilweise noch am Stand entschuppt und gesäubert. Es gibt unzählige Gänge, Gassen und Ecken, jedoch ohne jedes erkennbare System. Geht man in den Fischsektor tiefer hinein und begibt man sich in die Nähe des Ufers, trifft man auf Fischerboote, Fangnetze und Berge mit riesigen Muscheln, die zum größten Teil beschädigt sind. Nicht selten findet man diese Muscheln später an Straßenständen, wo sie aufpoliert den Touristen zum Kauf angeboten werden. Das Artenschutzgesetz verbietet jedoch die Einfuhr der Muscheln nach Europa. Der restliche Markt ist in eine Gemüse- und Obstabteilung, einen Bekleidungssektor und in einen allgemeinen Bereich in dem man so ziemlich alles andere bekommt, aufgeteilt. Der Rest der etwa fünf Kilometer langen Great George Street besteht aus unzähligen Boutiquen und vielen indischen Geschäften, die hauptsächlich Schmuck und elektronische Geräte verkaufen. Man findet außerdem ein paar kleinere Kaufhäuser und Möbelgeschäfte, Apotheken, Hardware-Läden, Musikgeschäfte, Restaurants und das Polizeipräsidium für das Bundesland Westmoreland mitsamt kleinem Gefängnis. Neben Kingston ist Savanna-La-Mar ein Einkaufsparadies. Hier bekommt man alles erheblich billiger als in den drei Touristenstädten Negril, Montego-Bay und Ocho Rios.

Am Wochenende ist die Stadt komplett überlaufen und es kann passieren, dass man in den Supermärkten, trotz zehn Kassen, über eine Stunde ansteht. Man sollte also nicht unter Zeitdruck stehen, was aber grundsätzlich immer in Jamaika gilt. Sonntags kommt einem diese Gegend wie eine Geisterstadt vor. Die Geschäfte bleiben bis auf die Restaurants geschlossen und die Straßen sind wie leer gefegt. Einzelne Flyer, die mit günstigen Angeboten locken, werden jetzt vom Wind empor gewirbelt und flattern die leer gefegte Great Gorge Street entlang. Man trifft sich im Kentucky Fried Chicken, der eigentlich immer gut besucht ist und macht sich über sein Chicken her, das besonders gut in der Variante barbecue schmeckt. KFC ist in Jamaika wesentlich beliebter als McDonald oder Burger King.

Da bei uns das Geld knapp war und Sav keine Touristenstadt ist, also auch keine Arbeitsmöglichkeiten für einen Weißen bietet, ließen wir die Stadt rechts liegen und fuhren weiter Richtung Süden.

Die nächst größere Stadt ist Black River, durch die auch der gleichnamige, längste Fluss Jamaikas fließt (etwa 70 km lang). Black River ist ein uriges, kleines, verschlafenes Nest. Hier und da begegnet man noch alten Gebäuden im Zuckerbäckerstil. Es war die erste Stadt, die in Jamaika Strom hatte, allerdings nicht für ihre Bewohner. Da die Engländer, als damalige Kolonialherren, Pferderennen über alles liebten, musste der erste Strom für die Kühlung der Pferdeboxen herhalten. Genauso wenig wie Sav besitzt Black River einen Badestrand, aber auf eine etwa 75minütige Bootssafari sollte man auf gar keinen Fall verzichten. Nicht nur die Fütterung einzelner Krokodile ist aufregend, sondern auch die Fahrt im bequemen Boot durch uralte Mangrovenalleen, kleine Abzweigungen durch Sümpfe, Farne und Wasserpflanzen sowie eine atemberaubende Vogelwelt. Das Wasser wirkt durch den Grund pechschwarz, ist aber glasklar und genießbar. Während der Fahrt durch die breiteren Flussbecken gibt der Captain manchmal richtig Gas. Man lümmelt sich relaxend in die bequemen Ledersitze, trinkt ein kühles Red Stripe-Bier, lässt sich den frischen Fahrtwind um die Ohren pfeifen und genießt die einmalige Landschaft.

Der Tag verging wie im Fluge und es war schon später Nachmittag. Wir wollten bis zur Dämmerung in Treasure Beach an der Südküste sein. Durch die Nähe zum Äquator ist es spätestens um 19 Uhr dunkel. Je näher man der Südküste kommt, desto veränderter erscheint die Natur. Die saftig-grüne Farbe verblasst von Kilometer zu Kilometer und weicht einer kargen Vegetation. Wir überquerten die letzten braunen Hügel und fuhren dann, parallel zum Sonnenuntergang, hinein ins Tal von Treasure Beach. Der Strand schien förmlich zu blitzen und zu blinken, als die letzten Sonnenstrahlen im Sand reflektierten. Der dunkle Sand mit seinen vielen Muschelstückchen gibt dem Ort seinen Namen. Es war ein erhabener Anblick, so als ob da unten ein riesiger Schatz über Kilometer an der Küste verstreut nur auf seinen Entdecker wartet. Es verschlug uns einfach den Atem.

Hauptsächlich findet der Tourismus auf Jamaika entlang der Nordküste statt. Die Strände bestehen überwiegend aus feinem, weißem Sand, die Natur ist üppiger und grüner, die meisten Attraktionen und die Action sind speziell auf dieser Seite der Insel zu finden. Trotzdem hat die Südküste einiges zu bieten und alleine schon die Tatsache, dass eine erheblich geringere Anzahl sonnenhungriger Urlauber dort verweilt, macht diese Gegend besonders interessant. Hier erlebt man noch das wahre jamaikanische Leben, spürt die echte Gastfreundschaft und man bekommt einen realistischen Eindruck vom Land.

Natürlich gibt es in den Touristenzentren viel Abzocke. Oft genug wird einem auf penetrante Art und Weise versucht irgendwas aufzuquatschen. Allerdings habe ich auch die Erfahrung gemacht, dass ein konsequentes „Nein", energisch, jedoch nicht unfreundlich hervorgebracht, die erwünschte Ruhe bringt und dem Jamaikaner durchaus Respekt einflösst. Ob diese „Verkaufstechnik" wirklich typisch jamaikanisch ist, kann ich nicht mal sagen. Man bedient sich dieser drastischen Mittel, um die Familie zu ernähren. Das, was Jamaika diesbezüglich kaputt gemacht hat, sind hauptsächlich die „All-inclusive-Hotelanlagen" sowie die US-Amerikaner, die zu Tausenden für einen Kurzurlaub auf die Insel strömen und vollkommen überhöhte Trinkgelder zahlen. Viele Jamaikaner glauben zudem, dass Weiße allesamt sehr reich sind und zu Hause, genauso wie im Urlaub, halb nackt durch die Gegend laufen. Als ich 1990 das erste Mal das Land besuchte, waren die Einheimischen noch deutlich freundlicher, hilfsbereiter und bei weitem nicht so abgezockt. Durch die „All-inclusive-Hotels" sind die Gäste nicht mehr an Land und Leuten interessiert. In diese Anlagen wurden hohe Summen investiert und in den Hotelkomplexen gibt es für die Gäste alles umsonst. Warum also das Hotel verlassen? Der kleine Mann, der draußen um seine Existenz kämpft, verdient nach jeder neu eröffneten „All-inclusive-Anlage" weniger als zuvor. Von Jahr zu Jahr gibt es mehr hungrige Mäuler, doch die Anzahl der abenteuerlustigen Touris schrumpft. Kein Wunder also, dass sich die Karibikbewohner auf die wenigen Gäste stürzen, die aus den Hotels rauskommen und ihnen gegenüber zu drastischen Maßnahmen greifen, um überleben zu können. Wer hier weich oder unsicher ist, wird rigoros abgezockt. So manch smarter Tourist glaubte schon, dass man ihn auf gar keinen Fall übers Ohr hauen könnte, aber die Jammis sind verdammt gewiefte Geschäftsleute und uns zumindest in dieser Beziehung meistens einen Schritt voraus.

Wir suchten eine Unterkunft für die Nacht in Treasure Beach, aber entweder waren die Preise zu hoch, alles ausgebucht oder die Besitzer waren über die Ostertage verreist. Also fuhren wir einfach weiter die Küste entlang, bis wir etwas außerhalb endlich ein Zimmer für 40 US-Dollar bekamen.

Am nächsten Tag sollte es zuerst nach Lover's Leap gehen, bevor wir dann noch einmal einen Umweg in Kauf nahmen, um uns die YS-Falls anzuschauen. Die Straßen im Süden kann man durchaus als abenteuerlich bezeichnen. Etliche, kleine und große Schlaglöcher, plötzlich fehlender Straßenbelag oder Sand- bzw. Dreckhügel auf der Strecke sind nicht selten. Kühe, Ziegen, Pferde oder Mangoos überqueren einfach die Straße; scheinbar ohne Besitzer. Die Ziegen sind dabei noch die umsichtigsten Verkehrsteilnehmer, da sie meistens rechtzeitig zur Seite springen. Gebremst wird für Tiere auf jeden Fall nicht und so kommt es vor, dass man häufig Kadaver am Straßenrand liegen sieht.

Früh am Morgen fuhren wir von Treasure Beach los. Wir nahmen die kleinen Nebenstraßen, die sich entlang der Karibik schlängeln. Über abenteuerliche Pisten lenkten wir den Jeep durch zahlreiche kleine Orte Richtung Lover's Leap. Neugierig betrachteten uns die Einheimischen, da sich in diese Gegend nur selten Touristen verirren. Viele der Jamaikaner hatten vermutlich noch nie vorher einen Weißen zu Gesicht bekommen. Immer wieder hörten wir im Vorbeifahren die Worte: „Whitie, whitie." Als wir für einen Snack kurz anhielten, bildete sich sofort eine Menschentraube um uns herum. Kurz vor Lover's Leap mit seinem weiß-roten Leuchtturm steigt die Küste steil an. Nach einigem Suchen fanden wir endlich das eingezäunte Grundstück, zu dem wir wollten. Es liegt ca. 1.500 Meter über dem Meeresspiegel.

Ein Security-Guard ließ uns für 200 J-Dollar Eintritt pro Person auf den Parkplatz fahren. Entlang des Grundstücks befinden sich neben einem großen, gepflegten Garten gestutzte Blumenhecken, die bis zu einem zweistöckigen Steingebäude führen. Im oberen Bereich betritt man ein Restaurant mit sauber gedeckten Tischen und sogar frischen Blumen. Eine junge Jamaikanerin begrüßte uns freundlich und stellte sich als unsere Tourbegleiterin vor. Das wohl Beeindruckendste ist der fantastische Ausblick aufs Meer. Bis zum Horizont reicht der Blick und man erkennt ganz deutlich die Krümmung unseres Planeten. Ein hochmodernes Containerschiff tuckerte gemächlich durch die auf- und abwiegenden Schaumkronen Richtung Westen. Die Sonne spiegelte sich auf dem Wasser, so dass glitzernde Projektionen die Augen narrten. Am Geländer lehnend erkennt man einen schmalen Pfad, der sich durch dichtes Gebüsch und trockene Pflanzen ca. fünf Kilometer bis zur Küste windet. Überall liegen dicke Steinbrocken und hier und da sind steile Felsvorsprünge zu erkennen. Etwas außer- und unterhalb der Terrasse sieht man zwei kopfgroße, abgeschliffene Steine.

Zwei Namen, Tunkey und Mizzy, sind mit weißer Farbe aufgepinselt. Direkt dahinter geht es ungefähr 800 Meter fast senkrecht in die Tiefe. Während uns die Jamaikanerin die Geschichte dieser beiden aus Afrika verschleppten Sklaven erzählte, umgab eine melancholische Stimmung diesen Ort. Es ist die Geschichte zweier Menschen, die, herausgerissen aus ihrem sozialen Umfeld, auf ein Sklavenschiff der Engländer verschleppt wurden. Wie Tiere in den Frachträumen zusammengepfercht und angekettet, wurden sie an die Kolonie Jamaika verkauft. Auf einer Sklavenauktion wurden sie versteigert und gerieten an zwei verschiedene Plantagenbesitzer. Tunkey musste schwere Feldarbeit verrichten und Mizzy schuftete als Hausmädchen. Da sich die beiden Plantagen in unmittelbarer Nähe befanden, sahen sich Tunkey und Mizzy ab und zu.

Ein grausamer Sklavenaufseher hatte bereits ein Auge auf die Afrikanerin geworfen. Aus Liebe zu Tunkey verweigerte sie allerdings alle Annäherungsversuche des Aufpassers. Erzürnt darüber, dass eine Negersklavin ihn abwies, ließ er sie die dreckigsten Arbeiten ausführen. Doch beide hielten an ihrer Liebe fest und Tunkey schlich sich heimlich auf die Nachbarplantage, um Mizzy etwas zu Essen vorbeizubringen. Der Aufseher hatte ihr alle Annehmlichkeiten gestrichen und nur minimale Essensrationen zugeteilt. Beide wurden erwischt und der Sklaventreiber ließ Tunkey an einen Pfahl binden, peitschte ihn brutal aus. Er schwor, Tunkey umzubringen, sollte er beide noch mal zusammen sehen. Doch nachdem er seine tiefen Wunden auskuriert hatte, hielt ihn nichts davon ab, seine große Liebe weiterhin zu treffen.

Eines Tages beobachtet der Neffe des Slavemasters die beiden abseits der Farm. Sofort machte er sich auf den Weg zu seinem Onkel, um ihm von dem erneuten Treffen zu berichten. Außer sich vor Wut, schnappte er sich sein Gewehr, stellte einen Verfolgungstrupp zusammen und ritt zu der Stelle, von dem ihm sein Neffe berichtet hatte. Doch das Pärchen wurde gewarnt und floh in Richtung Küste. Der Aufseher setzte alles daran, seine Drohung wahr zu machen und die aufsässigen Sklaven zu erschießen. Kurz bevor die beiden die Küste erreichten, hatte der Trupp sie fast eingeholt. Tunkey und Mizzy hatten die Stelle erreicht, wo heute noch die beiden Steine mit ihren Namen stehen. Anstatt den steilen Pfad bis zur Küste hinunter zu klettern, wo die Pferde keine Chance gehabt hätten, ihnen zu folgen, blieben sie einfach stehen. Arm in Arm warteten sie auf ihre Peiniger und schauten gelassen zu, wie die Sonne langsam unterging. Seines Sieges sicher, stieg der Sklavenmaster von seinem Pferd und schritt langsam auf die beiden zu. Doch bevor er sein Gewehr anlegen konnte, musste er zusehen, wie sich beide gegenseitig die Hand gaben und ohne Angst gemeinsam in den Tod stürzten.

Was für eine herzergreifende Geschichte! Total benommen von dieser wahren Begebenheit hingen wir eine Weile unseren Gedanken nach. Arm in Arm ließen Anja und ich noch mal die einzigartige Atmosphäre auf uns wirken. Auf dem Weg zum Parkplatz steckte ich der Jamaikanerin ein Trinkgeld zu und bedankte mich für die großartig erzählte Geschichte, die mir bis heute im Gedächtnis geblieben ist.

Auf direktem Weg ging es nun zu einem der spektakulärsten Wasserfälle. Nach einigem Suchen fanden wir die Abzweigung zu den YS-Falls. Vor Generationen hatte ein Engländer das mehrere Morgen große Grundstück gekauft. Kilometerlang erstreckt sich die aus grünen Wiesen und mächtigen Bäumen bestehende Landschaft, bis man auf der rechten Seite einen Schotterparkplatz und ein kleineres Gebäude findet. Der Eintritt von 10 US-Dollar ist relativ happig, aber es lohnt sich. Überall laufen Angestellte mit YS-Falls-T-Shirts und dem Schriftzug stuff herum. Nachdem man den Souvenirladen verlassen hat, begibt man sich in einen Warteraum oder man bestaunt die vielen Fotos, die die Geschichte des Ortes nachzeichnen.

Da man hier durchaus umweltbewusst ist, wird man mit Traktoren und langen, überdachten Anhängern zu den etwa 10 Kilometer entfernten Wasserfällen gebracht. Auf den Bänken können bis zu 30 Personen Platz nehmen, wobei die Seiten offen sind. Über Feldwege und endlos scheinende Wiesen geht die Fahrt durch die atemberaubende Landschaft. Die letzte Etappe führt in ein ansteigendes Waldstück. Rechts kann man durch die Pflanzen und Bäume einen Blick auf den Fluss erhaschen. Das Dröhnen des Wasserfalls kommt immer näher. Am Ziel angekommen, findet man auf einer Lichtung einen gepflegten Rasen mit einem Abenteuerspielplatz für Kinder. Auf dem gleichen Grundstück steht auch ein doppelstöckiges Holzhaus, das man über eine Rampe betreten kann. Hier befinden sich Umkleidekabinen, Toiletten und Räume für das durchweg freundliche Personal. Eine großzügig angelegte Veranda mit einem schön gearbeiteten Geländer rundet den positiven Eindruck ab. Kurz hinter dem Gebäude fährt der Traktor in ein Oval, um dann vor einem offenen Holzhaus anzuhalten. Dort werden gekühlte Getränke und Kleinigkeiten zum Essen angeboten. Man kann sich den ganzen Tag auf dem Gelände aufhalten. Geht man tiefer in die Anlage, findet man auf der linken Seite einen künstlich angelegten Teich mit Bademöglichkeit. Ein wenig weiter gibt es ein großes Baumhaus in vier Metern Höhe, das man über Holzstufen besteigen kann. Auf verwinkelten Holzstegen läuft man durch eine Hibiskus-Allee.

Stets geht es bergauf und die Luftfeuchtigkeit steigt von Stufe zu Stufe an. Links von dem Holzsteg biegen immer wieder Seitenwege zu den verschiedenen Ebenen und Kaskaden des mächtigen Wasserfalls ab. Man hat hier die Möglichkeit, in den riesigen Wasserbassins zu schwimmen oder sich mit einer Liane, die an einem höher gelegenen Baum befestigt ist, ins Wasser zu schwingen. Überall befindet sich Personal und passt auf, dass man nicht in die Strömung gerät und in das daruntergelegene Bassin hinab fällt. Je weiter man den Holzpfad hinauf geht, desto ohrenbetäubender wird das Getöse der herunterstürzenden Wassermassen.

Ganz oben angekommen, gibt es immerhin einen Höhenunterschied von 16 Metern, die das Wasser von der Felsklippe bis ins erste der vier Wasserbecken im freien Fall überwindet. All das ist ein unglaubliches Naturschauspiel. Anja und ich verbrachten ein paar Stunden auf dem Gelände, bevor es dann weiter nach Kingston ging. Nach einer Übernachtung im Stony Hill Hotel fuhren wir wieder über die Nordküste der Insel zurück.

Die erste Bleibe und das Visa

Ostern war vorbei und unser kleiner Urlaub auch. Es war höchste Zeit, einen Job zu bekommen, denn das Geld zerrann zwischen den Fingern. Was wir allerdings noch dringender als einen Job brauchten, war eine Unterkunft. Kein Zimmer für 30 oder 40 US Dollar pro Tag, sondern was Günstiges. Anja und mir gefiel es in Negril am besten, wir waren regelrecht vernarrt in den Ort. Also versuchten wir zusammen mit Shaka dort etwas zu finden. Wir klapperten zig Locations ab, doch meistens war unsere Hautfarbe der Hinderungsgrund. Trotz der Anwesenheit von Shaka und den Beteuerungen, dass wir nach Jamaika ausgewandert seien und nicht nur Urlaub machten, wurden uns astronomische Preise genannt. Es half alles nichts; kein Vermieter konnte sich vorstellen, dass zwei „Whities" quasi mittellos in ihr Land gekommen waren. Die wenigen Zimmer wiederum, die in Frage gekommen wären, lagen so weit ab vom Schuss oder selbst für Einheimische in einer so verruchten Gegend, dass wir Angst haben mussten, täglich überfallen und ausgeraubt zu werden.

Es war schon später Nachmittag und wir hatten die Hoffnung fast aufgegeben, als Shaka einen Tipp erhielt. Der Laden hieß Tigress 2 und befand sich in einer der Seitenstraßen von West End Negril. Das ummauerte, etwa 4.000 Quadratmeter große Grundstück war mit fünf Bungalows, einem größeren Steinhaus und dem Haupthaus mit Rezeption bebaut. Zusätzlich gab es noch eine halboffene, überdachte Waschküche, was nichts anderes war als vier betonierte, nebeneinander liegende Waschbecken, in denen man seine Kleidung reinigen konnte. Das Grundstück an sich war mit seinen Bäumen und blühenden Sträuchern sehr schön. Die Hütten dagegen ziemlich runtergekommen und das große Steinhaus alles andere als fertig, wogegen das Hauptgebäude mit der Rezeption einen ordentlichen Eindruck machte.

Die Verwaltung oblag einem jamaikanischen Pärchen mittleren Alters, die einen sympathischen Eindruck auf mich machten. Nachdem ich ihnen unsere Misere erklärt hatte, boten sie uns die untere Hälfte eines der kleineren Einheiten für 200 US Dollar im Monat an. Der Rundalow war unten aus gemauertem Stein, die obere Hälfte konnte man über eine Treppe erreichen, bestand aus Holz. Unser Studio war etwa 25 Quadratmeter groß und besaß eine Wohnküche, einen kleinen Flur, ein Bad mit WC und Dusche sowie ein kleines Schlafzimmer. Der Allgemeinzustand: erschreckend. Die Holzschränke waren teilweise defekt und das Holz morsch. Die Wände und das Bett waren auch nicht in einem besseren Zustand, von der Sauberkeit ganz zu schweigen. Das Schlafzimmer hatte eine separate Außentür und wurde normalerweise als Einzelzimmer vermietet. Später erfuhr ich, dass ein so „großes“ Zimmer oft an bis zu acht Personen vermietet wurde.

Die Küche bestand aus zwei Ober- und Unterschränken, einer undichten Spüle und zwei Kochplatten, die abenteuerlich mit einer Butangasflasche verbunden waren. Die Fenster hatten Glaslamellen, die ihre beste Zeit hinter sich hatten. Aber egal, besser als nichts, dachten wir uns. Nachdem ich den Preis auf 150 US Dollar pro Monat drücken konnte, waren wir froh, ein Dach über dem Kopf zu haben. Wir luden unser ganzes Gepäck aus Shakas Deporti in unsere „Luxus-Suite“.

Nachdem wir unser Hab und Gut halbwegs verstaut hatten, schnappten wir uns die ramponierten Stühle und setzten uns nach draußen. Ich kramte die kleine Tüte, die mir der Rasta zum Abschied gegeben hatte, aus der Seitentasche und fingerte zwischen dem Spitzengras einen der zwei fertig gedrehten Joints heraus.

Als Anja den Spliff (Joint) erblickte, lächelte sie mich verschmitzt an, reichte mir Feuer und kuschelte sich verliebt an mich. So saßen wir rauchenderweise glücklich und zufrieden im Land unserer Träume und blickten in den großartigen, sternenklaren Nachthimmel. Eine Riesenlast fiel von mir, die Zeit schien stehen zu bleiben und das einzige Geräusch war das Zirpen der Grillen um uns herum. Die Temperatur lag locker über 20 Grad, so dass wir noch eine ganze Weile draußen verbrachten. Nach dem Genuss der Stille und des Marihuanas schmiedeten wir Pläne für die nächste Woche, bevor wir uns dann gegen Mitternacht in unser neues Heim zurückzogen.

Eine Woche war zwischenzeitlich vergangen. Wir hatten die unmittelbare Umgebung erkundet und uns mit den nötigsten Lebensmitteln eingedeckt. Auch um einen Job hatten wir uns intensiv bemüht, doch überall war es dasselbe Lied: Es war Nebensaison und wir besaßen keine Arbeitsgenehmigung. Die einzige Möglichkeit sei, so sagte man uns, Bewerbungen an die großen Touristikgesellschaften zu schicken. Bei diesen Firmen sind die Urlaubsbuchungen über das Jahr konstanter und im Falle einer Einstellung kümmert sich der dortige Personalchef um die Arbeitsgenehmigung. Sheila, die Managerin von Tigress, ließ mich an ihrem Computer arbeiten.

Ich erstellte für Anja und mich eine Bewerbungsmappe. Sheila half mir, englische Bewerbungsbriefe zu formulieren, die wir mit den anderen Unterlagen an zig Hotels und Touristikgesellschaften verschickten. Auf Jamaika laufen die Uhren bekanntlich langsamer. Da es keine Briefträger gibt, gingen wir fast täglich zum Post-Office, um nach Post für uns zu fragen.

Da unser Geld knapp war, lebten wir verdammt einfach. Wir unternahmen viele Fußmärsche durch Negril und waren von Mal zu Mal mehr begeistert von dem kleinen, ehemaligen Fischerdorf. West End mit seiner hohen Felsenküste war einfach unglaublich. Es gab so viele tolle Grundstücke mit einem atemberaubenden Blick hinaus aufs Meer. Teilweise waren richtige Treppen in die etwa 15 Meter hohe Felswand eingemeißelt, die dann runter zum Wasser führten.

Ein Hotel hatte in den 70er Jahren sogar mit Dynamit kleinere Höhlen in die Wand gesprengt, um in den Gewölben ein Casino zu betreiben. Auch allgemein zugängliche Plätze wie das Pirat's Cove bieten neben Speis und Trank allerlei Attraktionen. Dort gelangt man über eine in den Felsen gehauene Wasserrutsche direkt ins Meer oder man kann sich an einem langen Seil wie Tarzan in die Fluten schwingen. Überall findet man bequeme Hängematten, die an Palmen befestigt sind. Wenn man dann noch am äußersten Zipfel der Westküste einen Sonnenuntergang Hand in Hand erlebt, wird alles andere nebensächlich.

Ein Monat war fast vergangen und unser Einreisevisum musste verlängert werden. Am 29. April beschlossen wir, in der Police-Station in Negril vorbei zu schauen, wo sich auch die Einwanderungsbehörde befindet. Wir wussten, dass zwischen Deutschland und Jamaika ein Abkommen bestand, wonach man sich drei Monate lang im jeweils anderen Land aufhalten durfte. Wir sahen keinerlei Probleme für eine Verlängerung der Visa, entsprechend arglos betraten wir das Polizeirevier. Neugierig schaute uns der am nächsten sitzende Beamte an, fixierte uns, bis wir die Holzplatte erreichten und fragte dann:

„How can I help you guys?"

„We want to talk to the Immigration officer, it's about our visas", sagte ich.

„Take the first floor left, than knock on the first door", antwortete er, während er mit dem Kopf in die Richtung des Korridors links von uns nickte.

Wir fanden die besagte Tür und lasen auf dem Schild: „Mr. Mollinton – Chief-Immigration-Officer Negril". Ich klopfte zweimal an die Tür und wartete ab. Keine Reaktion. Ich versuchte es noch einmal, Stille. Dann vernahm ich das Geräusch eines Stuhles, der über den Boden geschoben wurde und eine tiefe Stimme rief:

„Yes, come on in!"

Wir betraten das kleine Büro. Der klobige Schreibtisch nahm die Hälfte des Zimmers ein, da er diagonal von einer Wand zur nächsten stand. Auf ihm befanden sich zahlreiche Papiere, Dokumente und Ordner. Trotzdem sah es ordentlich aus. An der linken Wand hing eine große Weltkarte und auf der rechten einige Urkunden und Bescheinigungen. Hinter dem Schreibtisch thronte ein wohl genährter Jamaikaner um die 40. Er trug eine schwarze Stoffhose und gut polierte, schwarze Halbschuhe. Der Mann sah genau so wie der schwarze Cop in „Stirb langsam" aus. Er musterte uns eine ganze Weile von oben bis unten. Dann nickte er uns zu und bot einen Platz auf den beiden Stühlen an. Auch er startete mit der Floskel:

„How can I help you?" – „Wie kann ich Ihnen helfen?"

„Wir benötigen eine Aufenthaltsverlängerung", erklärte ich ihm.

Wieder fixierte uns der Chef der Einwanderungsbehörde.

„Sie kommen aus Deutschland, oder?", fragte er dann.

Anja und ich schauten uns ein wenig verdutzt an.

„Ist das so offensichtlich?", fragte ich ihn.

„Wir haben viele deutsche Touristen hier in Jamaika. Bei Ihnen war ich mir nicht ganz sicher, doch Ihrer Freundin sieht man die Herkunft ganz deutlich an. Nach einer Weile bekommt man dafür ein Auge. Haben Sie Ihre Reisepässe mit?", fragte er uns und schaute uns erwartungsvoll an. Mein allererster Eindruck von Herrn Mollinton war durchaus positiv. Er schien nett und umgänglich zu sein. Ich weiß noch, dass ich damals dachte, „Mann, das geht hier aber schnell und unbürokratisch über die Bühne". Da drei Monate Visa ganz normal waren, machte ich mir keine weiteren Gedanken und händigte ihm unsere Reisepässe aus. Er nahm sie an sich und studierte die Daten eingehend. Zwischenzeitlich erklärte ich ihm, dass wir lediglich eine Verlängerung der Aufenthaltsgenehmigung für zwei weitere Monate benötigten. Daraufhin blickte er auf, schaute mir direkt in die Augen und fragte mich:

„Warum haben Sie nicht gleich ein Einreisevisum für drei Monate beantragt?"

„Nun, der Immigration-Officer hat uns am Flughafen nur ein Visum für einen Monat ausgestellt. Ich schätze mal, weil das Rückflugticket nur für zwei Wochen gültig war", erklärte ich ihm.

„Dann können sie mir ja jetzt die neuen Tickets zeigen."

„Wir haben keine! Die alten sind abgelaufen und da wir nicht wissen, wann wir wieder zurückfliegen, haben wir noch keine neuen besorgt."

„Ohne gültiges Rückflugticket kann ich ihnen keine Visa geben."

Völlig erstaunt schaute ich ihn an:

„Ja aber, wir wussten ja gar nicht, für wie lange wir die Aufenthaltsgenehmigung bekommen. Erst nach den Visas wollten wir uns um einen Rückflug kümmern", log ich.

„Nun, morgen läuft ihr Visa ab, kaufen sie sich also ein Ticket, was innerhalb der nächsten zwei Monate ihren Rückflug bescheinigt und ich gebe Ihnen die Verlängerung bis Ende Juni, wenn Sie es mir hier vorlegen", bot er uns an. Verdammt, dachte ich mir. Wir hatten noch nicht mal Geld genug, um ein Ticket bezahlen zu können. Ich musste mir auf die Schnelle was einfallen lassen. Anja saß regungslos neben mir. Sie hatte den Ernst der Situation noch gar nicht erfasst, da ihr Englisch nicht besonders gut war.

„Was ist denn, wenn wir auch Ende Juni noch nicht nach Hause fliegen wollen?", fragte ich vorsichtig.

„Nun, nur Engländer haben die Möglichkeit bis zu sechs Monate im Land zu verweilen. Nach drei Monaten müssen sie ausreisen. Ob sie dann am nächsten Tag wiederkommen, interessiert mich nicht. Sie erhalten dann auch nur maximal drei Monate Aufenthalt. Ich brauche auf jeden Fall ein Rückflugticket von Ihnen. Ohne ist für Sie spätestens morgen hier Endstation. Übrigens, wo wohnen Sie zur Zeit?", fragte er mich.

Ich sagte es ihm. Mittlerweile wurde auch Anja langsam nervös, da die anfangs freundliche Stimmung umschlug. Sie schaute mich fragend an. Ich bat Mr. Mollinton, ihr die Lage auf Deutsch erklären zu dürfen. Er stimmte zu. Ich erklärte ihr den Fall. Was sollten wir tun? Tickets zu kaufen kam überhaupt nicht in Frage und einfach das Office zu verlassen, um es irgendwo anders zu versuchen, war auch nicht drin.

Er wusste, wo wir uns aufhielten und machte auch keine Anstalten, uns die Reisepässe wiederzugeben. Anja und ich berieten uns kurz und beschlossen, es mit der Wahrheit zu versuchen. Also schmierte ich dem Einwanderungschef erstmal dick Honig ums Maul, indem ich ihm sagte, was sein Land doch für ein ausgesprochen schönes Fleckchen Erde sei und dass wir vorhätten, hier länger zu verweilen, vielleicht sogar für immer. Seine Stimmung besserte sich ein wenig, er nickte uns zu, holte ein Blatt Papier hervor und machte sich Notizen, während er seinen Fragenkatalog abrief:

„Was ist denn die genaue Absicht Ihres Besuchs?"

„Wie ich schon sagte, uns gefällt es hier und wir würden uns gerne eine Zukunft aufbauen", antwortete ich ihm wahrheitsgetreu.

„Sie sagten, dass Sie im Tigress II wohnen. Ich kenne das Tigress ganz gut. Haben Sie unter den gleichen Gegebenheiten auch in Deutschland gelebt?"

Ein wenig irritiert darüber, in was für eine Richtung sich das Gespräch entwickelte, verneinte ich seine Frage.

„Was haben Sie in Deutschland gemacht?“, fragte er weiter.

„Ich habe meine eigene Firma geleitet“.

„In welcher Branche?“

„Im Dienstleistungsgewerbe als Wirtschaftsberater.“

Er schaute mich ungläubig an, also versuchte ich es ihm zu erklären.

„Sie wollen mir also wirklich weismachen, dass Sie all die Annehmlichkeiten in Deutschland gegen eine billige Unterkunft in Jamaika eintauschen wollen? Wie viel Geld haben Sie denn mit in unser Land genommen?“

So langsam ging mir das Ganze gehörig gegen den Strich.

„Ich glaube nicht, dass Sie das was angeht“, entgegnete ich ihm angriffslustig.

Anja merkte meine Wut und legte liebevoll meine Hand in ihre. Ich begriff, worauf unser pflichtbewusster Beamter aus war. Er wollte Geld! Ich sah allerdings nicht ein, dass ich für eine legale, landesübliche Aufenthaltsverlängerung Schmiergeld zahlen sollte. Außerdem hatten wir keine 1000 US Dollar mehr zur Verfügung und brauchten jeden Cent. Wir hatten nicht die letzten Wochen bescheiden gelebt und uns alles vom Munde abgespart, um es diesem Geier in den Rachen zu werfen. Da außer einem wütenden Blick nichts von dem Officer rüber kam, sagte ich zu ihm:

„Herr Mollinton, ich weiß genau, dass zwischen Ihrem und meinem Land eine dreimonatige Aufenthaltserlaubnis von den Regierungen ausgehandelt wurde, und zwar egal wie viel Geld man zur Verfügung hat. Wo liegt Ihr Problem?“

Zu seinem wütenden Blick kam jetzt noch ein Schnauben hinzu:

„Touristen, die sich hier aufhalten, müssen genügend Geld dabei haben, um sich selber versorgen zu können und auch wieder nach Hause zu kommen. Es ist nicht Aufgabe dieses Landes, sich um mittellose Ausländer zu kümmern. Wir haben hier selber genügend Probleme. Wollen Sie mir also sagen, wie ich meinen Job zu machen habe?

Ich bin hier der Chief Immigration Officer von Negril und ich bestimme, wem, wie lange und wann ich ein Visa ausstelle. Also wenn Sie etwas von mir wollen, beantworten Sie gefälligst meine Fragen“, schnauzte er mich an. Um dem Ganzen überhaupt noch eine Chance zu geben und ein wenig Schärfe herauszunehmen, musste ich wohl einen Rückzieher machen und beschwichtigte kleinlaut:

„Ich will Ihnen bestimmt nicht in Ihren Job reinreden. Wir möchten doch nur eine übliche Genehmigung für insgesamt drei Monate. Hören Sie, wir sind nicht reich, wir wollen nur in Jamaika leben und eine neue Existenz aufbauen."

„Und wie wollen Sie Ihr Leben finanzieren?", fragte er scharf.

„Ich habe einige Bewerbungen abgeschickt und suche eine Arbeit, mit der wir unseren Lebensunterhalt finanzieren können."

Als das Wort Arbeit fiel, veränderte Herr Mollinton schlagartig seine Gesichtsfarbe, was ich bei einem Schwarzen nie für möglich gehalten hätte. Er schnellte blitzartig in seinem Stuhl empor, fixierte mich mit weit aufgerissenen Augen und flippte dermaßen aus, dass ich mich unwillkürlich in meinen Sitz nach hinten presste.

„Arbeit? Sie sagten Arbeit??? Arbeit ist für Ausländer ohne Genehmigung strengstens verboten! Sie haben jetzt genau drei Stunden Zeit, um mir ein Rückflugticket vorzulegen. Wenn nicht, lasse ich Sie verhaften, werfe Sie und Ihre Freundin in eine Zelle und stecke Sie in den nächsten Flieger nach Deutschland. War das jetzt deutlich genug für Sie?"

Währenddessen machte er die Schublade seines Schreibtisches auf und schmiss unsere beiden Reisepässe wutentbrannt hinein.

„Die Pässe sind Eigentum der Bundesrepublik Deutschland. Sie können sie nicht einfach behalten", versuchte ich einen allerletzten Versuch, doch noch irgendwie Herr der Lage zu werden. Total ruhig und nett, sagte er nur:

„Natürlich können Sie Ihre Reisepässe auch behalten, nur dann schmeiße ich Euch direkt in die Zelle, Ihr habt die Wahl."

Da ich keine Ahnung von den jamaikanischen Gesetzen hatte und von der Heftigkeit der Reaktion eingeschüchtert war, beließ ich es lieber bei der ersten Version. Ich stand auf, gab Anja ein Zeichen mir zu folgen und öffnete die Tür.

„Drei Stunden, nicht länger!", fauchte er uns hinterher.

Draußen auf dem Flur begegneten uns ein paar Polizisten, die uns neugierig anstarrten, ein leichtes Grinsen war um die Mundwinkel herum erkennbar. Wir machten uns schleunigst auf den Weg. In der Zwischenzeit erklärte ich Anja, was passiert war. Ein Monat war seit unserer Ankunft vergangen und alles sollte schon hier enden? Wir fühlten uns beschissen und Anja rannen Tränen über die Wange. Wir hatten alle Brücken nach Deutschland abgebrochen, dort alles aufgegeben und jetzt ...? Woher sollten wir das Geld für die Rückflugtickets nehmen? Unsere restlichen Dollars reichten bei weitem nicht aus und außerdem wollten wir ja auch gar nicht zurück. Was würden die Leute zu Hause denn sagen? Meine Familie brauchte ich nicht anzurufen, die verachtete Anja regelrecht, Unterstützung konnte ich nicht erwarten. Ihre Eltern wiederum lebten in ziemlich bescheidenen Verhältnissen und kamen gerade so über die Runden. Es war ein Gefühl völliger Ohnmacht. Wir setzten uns erstmal auf eine kleine Mauer. Ich nahm Anja in meine Arme und versuchte sie zu trösten. Sie heulte hemmungslos.

Ich riss mich zusammen, um nicht selber in tiefe Depressionen zu fallen. Ich konnte es nicht fassen! Das war mein Traumland und morgen sollte alles wie eine große Seifenblase zerplatzen? Aber irgendwas geschah in diesem Moment mit mir. Ich spürte eine innere Kraft in mir aufflackern und dachte: „Nicht mit mir, so schnell gebe ich nicht auf!“ Das Gefühl wurde stärker. So leicht wollte ich mich nicht unterkriegen lassen. Es musste doch irgendeine Möglichkeit geben! Plötzlich fiel mir Mr. Sinclair, der Inder ein.

„Komm“, sagte ich zu Anja, „lass uns ins Hotel zu Mr. Sinclair gehen. Der kann uns vielleicht weiterhelfen.“

Das Hotel war nicht weit entfernt und so erreichten wir wenige Minuten später, das Büro von Mr. Sinclair. Wir hatten Glück und er war da. Ich erzählte ihm erstmal, was auf der Police-Station passiert war und bat ihn um Hilfe. Er fragte uns nach dem Namen des Einwanderungsbeamten und grinste ein wenig, als er von Mr. Mollinton erfuhr. Zum Glück hatte Sinclair schon ein paar Mal mit ihm zu tun gehabt.

Er versprach sofort mit ihm Kontakt aufzunehmen und alles zu versuchen, uns die gewünschte Verlängerung zu besorgen. Wir sollten in der Zwischenzeit an der Bar auf ihn warten und auf seine Kosten etwas trinken. Wir schöpften wieder ein wenig Hoffnung. Eine knappe Stunde später war Mr. Sinclair wieder zurück. An seiner Miene konnte man nicht erkennen, was passiert war. Er setzte sich neben uns an die Bar und bestellte sich ein Red Stripe Bier. Nachdem er einen Schluck aus der Flasche genommen hatte, sagte er:

„Ich habe mich wirklich für Euch eingesetzt, aber ohne weiteres gibt er keine Verlängerung der Aufenthaltsgenehmigung. Ihr müsst ihm wohl gehörig auf die Füße getreten sein, denn er ist stur wie ein alter Esel.“

„Was heißt ohne Weiteres gibt er uns keine Verlängerung?“, fragte ich nach.

„Für 200 US-Dollar pro Pass haben Sie die Stempel. Unter dem läuft gar nichts“, erklärte der Inder.

„Was? Dieser Bastard! Normalerweise kostet es gar nichts. Das ist Erpressung“, rutschte mir so raus. „Das kann er nicht machen.“

„Doch er kann! Mikell verstehen Sie, das hier ist nicht Europa. Hier läuft alles ein wenig anders. Das ganze System ist korrupt; das hat seine Vor- und Nachteile. Mit Geld kann man hier einiges regeln, aber ohne ist man so gut wie verloren."

An meinem Gesichtsausdruck erkannte Mr. Sinclair, dass mir das überhaupt nicht schmeckte. Er ließ das Gesagte ein wenig sacken bevor er meinte:

„Es gibt noch eine andere Möglichkeit. Allerdings wird Sie das auch ein wenig kosten. Wie viel kann ich aber noch nicht sagen."

Anja und ich schauten uns an und blickten dann beide fragend zu ihm rüber.

„Also ich kenne einen Einwanderungsbeamten in Mo-Bay. Da dieser im Rang höher steht als Mr. Mollinton, könnte er ihm quasi befehlen, Ihnen den Extension-Stempel zu geben. Aber wie gesagt, umsonst wird er das auch nicht machen. Ich könnte ihn anrufen und nachfragen", bot er uns an.

„Klasse, das hört sich sehr gut an. Hauptsache dieser Abzocker bekommt keine Kohle", sagte ich ihm freudestrahlend.

Gesagt, getan. Der Beamte in Mo-Bay erklärte sich für insgesamt 300 US Dollar bereit, Herrn Mollinton eine Standpauke zu halten. Wir sollten in einer Stunde, sofern wir nichts mehr von ihm hörten, unsere Pässe mit den Stempeln abholen. Also unterhielten wir uns noch eine Weile mit Mr. Sinclair, fragten nach dem aktuellen Stand seiner Ausreise nach Belgien und ließen uns noch den einen oder anderen guten Tipp zum Leben auf Jamaika geben. Wir gaben ihm sodann das Geld, das er weiterreichen würde und bedankten uns überschwänglich bei ihm.

Kurze Zeit später erreichten wir gut gelaunt die Türe des Chief Immigration Officers von Negril. Doch nach mehrmaligem Klopfen, bat uns keiner herein, die Tür war verschlossen. Wir fragten ein paar Cops, ob sie wüssten, wo Mr. Mollinton zu finden sei, doch keiner hatte ihn gesehen. Ein wenig nervös, machten wir uns innerhalb des Geländes auf die Suche. Nachdem wir ein paar Gänge durchsucht hatten, kamen wir auf einem Parkplatz an, wo sich gerade drei Polizisten angeregt unterhielten. Ich fragte sie freundlich, ob jemand Mr. Mollinton gesehen habe.

„Ya mon, er ist hinter dem Gebäude mit ein paar Kollegen" antwortete einer von ihnen und zeigte auf einen kleinen Betonbau, der sich am Ende des Parkplatzes befand. Dort fanden wir schließlich unseren Peiniger beim Tischtennisspielen. Als er uns sah, blickte er kurz auf, spielte aber sofort weiter, so als ob wir gar nicht anwesend wären. Natürlich konnte ich mir ein Grinsen nicht verkneifen, wir hatten ja schließlich gesiegt, oder!?! Wir sagten kein Wort und warteten geduldig, doch er machte keinerlei Anstalten sein grottenschlechtes Spiel zu beenden. Langsam befielen mich Zweifel. Entweder hatte dieser Beamte ein besonders dickes Fell oder er hatte noch etwas in der Hinterhand. Was soll's, dachte ich mir. Schlimmer kann es eh nicht werden. Ich hatte keine Lust mehr auf ihn zu warten. Genau das sagte ich ihm unmissverständlich. Er entschuldigte sich bei seinem Kollegen, wandte sich zu uns um und schritt schnurstracks auf mich zu. Ich tat keinen Mucks. Etwa einen Meter vor mir blieb er stehen und starrte mit einem eisigen Blick direkt in meine Augen. Da er ein wenig kleiner war als ich, musste er dafür seinen runden Kopf ein wenig in den Nacken legen. Er fixierte mich eine volle Minute, ohne dabei ein Wort zu sagen. Es war ein Spiel, zugegeben ein gefährliches Spiel, doch jetzt konnte ich nicht mehr kneifen. Auch ich starrte ihm direkt in seine Augen, ohne auch nur mit der Wimper zu zucken. Genauso wie er sein Match beim Tischtennis verlor, war der Mann in Schwarz/Weiß der erste, der den Blickkontakt abbrach. Als er mich erneut anschaute sagte er:

„You must have very good friends here in Jamaica“, drehte sich um und brach gemächlich in Richtung Büro auf. Wir folgten ihm, keiner sprach ein Wort. Im Büro angekommen, setzte er sich hinter seinen Schreibtisch, holte ein Stempelkissen, den ersehnten Extansion-Stempel und unsere Reisepässe hervor und stempelte sie ab. Er ließ sich dabei unnötig viel Zeit, schrieb noch etwas unter das Visa und händigte uns dann mit den Worten: „Enjoy your trip in Jamaica“, übertrieben freundlich unsere Pässe aus. Als wir später hinein schauten, fanden wir alles wie abgesprochen vor. Nur ein Zusatz war noch darunter zu finden. Da stand in großen Buchstaben:

„NO WORK PERMISSION!“ – „keine Arbeitsgenehmigung“!

Hatte uns der Bandit letztendlich doch noch einen mitgegeben!

Jobsuche

Ich war immer der Ansicht gewesen, dass jemand, der wirklich arbeiten will, auch einen Job bekommt. Die Geschichte mit der Arbeitsgenehmigung und dem Ausbleiben der Touristen erschwerte die Sache jedoch enorm. In Europa oder Amerika ist es kein großes Problem, als Ausländer irgendeine Aushilfstätigkeit zu bekommen; in Jamaika sehr wohl. Dort sind Aushilfsjobs rar und von den Schwarzen heiß begehrt.

Wir gingen von unserem spärlichen Geld Lebensmittel im Supermarkt einkaufen und vergaßen dabei auch nicht beim Postamt vorbei zu schauen. Tatsächlich händigte mir die Postfrau fünf Briefe aus. Vier für mich, einen für Anja. Das Hotel Coral Seas war der Absender von Anja's und meinem ersten Schreiben. Eines war von Tourwise, der zweitgrößten Tourgesellschaft in Jamaika; dann das Great Lido, eines der Hotels der Kategorie „Super Resorts“ und schließlich die Nobel-Hotelkette an sich, die Sandals Resorts. Ein Clubhotel für Paare, in dem wirklich alles inklusive ist und die mit dem Slogan „all you need is love“ Gäste werben. Voller Spannung hielt ich die Antwortschreiben in meiner Hand. Wir machten förmlich eine Zeremonie aus dem Öffnen der Couverts. Bis auf das Hedonism II waren dies die wichtigsten und größten Hotels, die wir angeschrieben hatten. Bei der Menge musste doch etwas Positives dabei sein. Es war unglaublich, Sandals, Great Lido und auch Tourwise boten mir ein Vorstellungsgespräch an.

Ich sollte einen Termin vereinbaren. Unsere Stimmung stieg, wir waren ausgelassen, umarmten uns und tanzten einen kleinen Freudentanz miteinander. Jetzt war Anja an der Reihe. Leider war der Inhalt des Schreibens enttäuschend für uns beide. „Na komm, mach Dir nichts draus. Auch für Dich werden wir schon was Passendes finden“, tröstete ich sie und nahm sie in meinen Arm. Klar war das frustrierend, jedoch hatte sie ihren Humor behalten. Auch ich hatte eine Absage vom Coral Seas erhalten. Wir konnten ja schon froh sein, dass sie uns überhaupt anschrieben, denn die meisten hatten sich noch nicht mal die Mühe gemacht, eine Absage schriftlich mitzuteilen und die Bewerbungsunterlagen zurück zu schicken. Kurze Zeit später ging ich zur Rezeption und vereinbarte für die nächsten Tage ein Vorstellungsgespräch bei Tourwise und Great Lido. Bei Sandals hatte ich eine deutsche Managerin am Telefon. Wir sprachen erstmal Englisch und Französisch, bevor wir zu unserer Muttersprache überwechselten. Sie wollte wohl meine Sprachkenntnisse testen, doch Voraussetzung für die einzige zu besetzende Stelle als „Hotel-Ambassador", also Hotelbotschafter, war die Beherrschung von fünf Sprachen. Sie baute mich richtig auf und sagte mir, dass die Stelle wie geschaffen für mich sei, doch dass sie sich leider nicht über die Vorgaben des Hotelmanagements hinweg setzen könnte. Drei Sprachen seien einfach zu wenig. Ich sollte nicht aufgeben und die Augen nach Jobausschreibungen von Sandals offen halten. So wünschten wir uns alles Gute und beendeten das Gespräch.

Noch vor meinen Vorstellungsgesprächen kam die Einladung zum Hedonism II. Auch dort sollte ich einen Termin vereinbaren. Somit hatte ich jetzt drei Eisen im Feuer.

Als erstes fuhr ich zum Great Lido. Die Hotelanlage ist phänomenal und sehr gepflegt. Alle Räumlichkeiten sind beeindruckend, aus den edelsten Materialien und großzügig eingerichtet. Es ist ein Hotel der oberen Luxusklasse, sehr konservativ geführt und speziell für die prüden, reichen Amerikaner geeignet. Viel Spielraum für einen extravaganten Auftritt, humoristische Einlagen oder ein lockeres Arbeitsverhältnis bleibt da nicht. Alles geht streng nach Etikette, sowohl für die Gäste wie auch für das Personal. Zudem suchte die unsympathische Personalchefin jemanden, der frühestens in zwei, drei Monaten anfangen sollte. Da ich aber noch keine andere feste Zusage hatte, hielt ich mir diese Option offen, war aber alles andere als begeistert.

Tourwise war da schon ganz anders. Das Büro befand sich auf der gegenüberliegenden Seite vom Strand, auf dem Norman Manley Boulevard. Das Office war ein kleiner Bungalow mit drei Zimmern und einem großen Raum. Der Innendienst bestand aus vier Mädels, die an übergroßen Schreibtischen arbeiteten. Überall lagen Ordner und Schnellhefter herum und im Nebenraum befand sich ein großer Kopierer. Negril war eine neue Zweigstelle. Das Hauptbüro von Tourwise liegt in Ocho Rios.

Das Office suchte nach Tourguides für die verschieden sprechenden Urlaubsgäste und nach Tour-Representators, deren Aufgabe es war, all die mit Tourwise unter Vertrag stehenden Hotels abzufahren. Ich meldete mich im Büro der Chefin, die von allen Lizzy genannt wurde. Lizzy war eine schokobraune Jamaikanerin, die in meinem Alter zu sein schien. Wir unterhielten uns ein wenig über mich und was ich in der Vergangenheit alles so gemacht hatte. Dann sagte sie mir, dass sie mich für den Job als Tourguide vorgemerkt hätte. Wenn ich den Einstellungstest bestände, könnte ich als Trainee anfangen. „Test, was für ein Test?", dachte ich mir. Sie holte einen Fragebogen aus der Schublade und erklärte mir, dass ich 30 Fragen über Land und Leute innerhalb einer

Stunde beantworten müsste. Klar hatte ich mich ein wenig vorbereitet und einiges über Jamaika gelesen, aber 30 Fragen waren schon happig. Sie reichte mir den dreiseitigen Bogen und bat mich im großen Nebenraum Platz zu nehmen. Neugierig schauten mich die vier Mädels an.

„Einstellungstest?", fragte mich eine von ihnen und zeigte auf den Fragebogen. Ich nickte nur. Die Fragen über die Sehenswürdigkeiten waren einfach. Dafür hatte ich speziell „gebüffelt", aber Fragen, wie viel Quadratkilometer Jamaika groß ist, was genau auf dem Wappen zu sehen ist oder welche Rolle die drei Farben in der Nationalflagge spielen, ließen mich alt aussehen. Ich hatte keine Ahnung! Nach der Beantwortung aller mir bekannten Fragen, hatte ich zwar noch reichlich Zeit, aber gut ein Drittel der Fragen wusste ich nicht zu beantworten. Ein wenig konsterniert starrte ich auf den vor mir liegenden Fragebogen, bis ich plötzlich ein Geräusch wahrnahm.

„Psssst", machte eine der vier Jamaikanerinnen. Nachdem ich zu ihr rüber schaute fragte sie mich erstaunt: „Already finished?", „schon fertig?"

Traurig schüttelte ich den Kopf. Irgendwie erkannte sie wohl meine missliche Lage und flüsterte: „Was musst Du wissen?"

Ich drehte mich vorsichtig um und stellte sicher, dass mich die Zweigstellenleiterin nicht beobachtete. Dann strahlte ich die nette Schreibkraft an und flüsterte ihr die unbeantworteten Fragen zu. Die vier Jamaikanerinnen waren echte Naturtalente und so hatte ich in kürzester Zeit alles beantwortet. Am Ende waren 28 von 30 Fragen richtig beantwortet. Lizzy gratulierte und erklärte mir das weitere Vorgehen. Ich sollte am Montag im deutschen Team anfangen. Einen Monat würde ich mit den deutschen Tourguides mitfahren und dabei genau zuhören, was sie bei den verschiedenen Touren erzählen. Mein monatliches Festgehalt als Trainee betrug 10.000 jamaikanische Dollar, was damals etwa 500 DM waren. Für jede gefahrene Tour sollte ich nochmals 900 J-Dollar (ca. 45 DM) extra bekommen.

Danach müsste ich ein zweiwöchiges Seminar und eine Prüfung absolvieren, um als vollwertiger Tourguide meine eigenen Fahrten zu bestreiten. Mein Fixgehalt würde dann auf 600 US-Dollar plus die 900 J-Dollar pro gefahrene Tour steigen. Zwischenzeitlich würde sich die Company um eine Arbeitsgenehmigung für mich bemühen. Freudestrahlend verließ ich das Office, bedankte mich überschwänglich bei den Mädels und sagte ihnen, dass sie was gut bei mir hätten. Draußen auf der Hauptstraße ließ ich erstmal einen Brüller vor lauter Freude los. Ich war überglücklich und machte mich schnellstens auf den Nachhauseweg, um die gute Nachricht Anja zu erzählen. Vorher hielt ich noch kurz bei Tony an, um zur Feier des Tages ein wenig Gras zu kaufen. Tony lebte mit seiner dicken jamaikanischen Frau und seiner Familie in der Seitenstraße, kurz vor Tigress. Sie kümmerte sich um das Restaurant und er verkaufte mit seinen Freunden Drogen an Touristen. Eigentlich war er ganz umgänglich und sozusagen ein Nachbar. Allerdings nervte er uns ständig damit, für ihn ein Drogengeschäft nach Europa abzuwickeln, was wir schon etliche Male abgelehnt hatten. Tony ließ allerdings nicht locker. Bei jedem zweiten Treffen kam er auf das Thema. Es half alles nichts, um aus unserer Bleibe nach West End oder zum Strand zu kommen, mussten wir an Tony vorbei.

So oft es ging, ignorierten wir ihn, aber es ist in Jamaika sehr unhöflich, nicht ab und zu mal stehen zu bleiben und wenigstens für zehn Minuten ein Schwätzchen zu halten. Um mehr geht es gar nicht, man erweist seinen Respekt. Tut man dies nicht, ist es eine Missachtung der Person, also disrespect und über kurz oder lang wird man mit so einem Verhalten Probleme bekommen.

Nun, das ständige Ansprechen auf Drogendeals hat sicherlich auch nichts mit Respekt zu tun, aber in Jamaika steht dieses Thema auf der Tagesordnung. Die Leute versuchen alles, um aus ihren ärmlichen Verhältnissen raus zu kommen. Wir hatten ihm schon oft klar gemacht, dass wir kein Geld besitzen und selbst wenn, wollte ich mein Dasein in Jamaika nicht als Drogendealer fristen. Ich war froh, dass er an diesem Tag nicht wieder davon anfing. Nachdem ich ihm die guten Neuigkeiten berichtet hatte, ging ich nach Hause.

Anja war ganz hin und weg von der guten Nachricht und wir feierten meinen Arbeitseinstieg ausgiebig, indem wir uns erstmal einen dicken „Bob Marley“ bauten und rauchten. Der Reggae-Star war bekannt dafür, dass er am liebsten fett gedrehte Joints rauchte. Daher auch der Name. Wenn nicht gerade Not am Mann ist, raucht jeder seinen eigenen Spliff. Das Weitergeben in der Runde, wie es in Europa praktiziert wird, lehnen die Jamaikaner aus privaten und hygienischen Gründen ab.

Zwei Tage später hatte ich den Termin beim Hedonism II. Das Hotel ist bekannt für den lockeren Umgang, sei es nun von Gast zu Gast oder beim Personal untereinander. Zu bestimmten Zeiten bietet das Hotel ein spezielles Programm an. Da wird dann Mr. und Mrs. Bettlaken gekürt, Striptease-Contests oder Miss-Wet-T-Shirt in der hauseigenen Disco veranstaltet. Alles mit dem Ziel, sich freizügig und offen aller Prüderie zu entledigen. Da ist es nichts Außergewöhnliches, im Swimmingpool von einem Mann angesprochen zu werden, der fragt, ob man nicht Lust hätte, seine Frau zu vögeln. Seltsamerweise besteht die Gästeliste der Urlauber hauptsächlich aus Amerikanern. Da sie es zu Hause wahrscheinlich nicht dürfen, lassen sie halt hier die Sau raus. Das Vorstellungsgespräch lief harmonisch und ohne Komplikationen. Ich kam in die engere Auswahl und sollte mich zu einem letzten Gespräch in ca. zwei Wochen nochmals melden. Der junge, schwarze Manager bestätigte mir nach Abschluss unseres Gesprächs, dass ich so gut wie eingestellt wäre, wenn mein Drogentest, den ich kurz vor meinem Arbeitsbeginn machen sollte, negativ verläuft Drogentest? Hier in Jamaika? Erst dachte ich nur, der Typ verarscht mich, doch anscheinend meinte er es ernst.

Später erfuhr ich dann, dass das Hotel unter amerikanischem Management lief, was die Sache mit dem Test nun wieder verständlicher machte. Trotzdem war ich guter Dinge, schaute mich noch ein wenig auf dem Hotelgelände um und aß auf Kosten des Hauses einen dicken Cheeseburger mit Pommes, die fast in Ketchup ertranken.

Ich hatte durch unseren Geldmangel nicht viel Gras geraucht und machte mir keine ernsten Sorgen wegen dem Test. Ich nahm mir vor, in den nächsten zwei Wochen bei Tourwise alles abzuchecken und dann eine Entscheidung zu treffen. Hedonism zahlte zwar ein wenig besser, aber viel tat sich da nicht. So verbrachte ich ein wunderschönes Wochenende mit Anja und stand pünktlich Montagfrüh vor dem Büro von Tourwise.

Mi Yard und die Arbeit

Die Arbeit lief gut. Ich hatte mich mit zwei deutschen Reisebegleitern aus meinem Team angefreundet. Da war erstens die rothaarige Gina, die zusammen mit ihrem Rasta, den Kindern und einer regelrechten Tierfarm in ärmlichen Verhältnissen in Bellmont lebte. Sie hatte Dreadlocks, war Anfang 40, zierlich, zäh und sie liebte das Land und die Rastas über alles. Meistens war sie ungeschminkt und ließ nur natur-belassene Stoffe oder Tücher an ihren Körper.

Von Bellmont, dem Geburtsort von Peter Tosh, brauchte man immerhin eine knappe Stunde nach Negril, dort wohnte sie. Da Nebensaison war, kämpfte sie um jede Tour und die damit verbundenen Einnahmen. Sie war so klamm, dass sie bei ihren Touren die Reste der Mittagessen verstohlen einsammelte, um diese dann später an ihre Schweine, Ziegen, Hühner, Hunde und Katzen zu verfüttern.

Es war schon ein harter Konkurrenzkampf unter den Tourguides, was nicht gerade die Harmonie im Team förderte. Solange ich noch Trainee war, wurde ich von diesem Neid verschont und kam eigentlich mit jedem gut aus. Da war außerdem der schwule Barney im Team, Anfang 50 und ein richtiger Laberkünstler und Stimmungsmacher. Er hatte sich in West End Negril ein kleines Grundstück gekauft und lebte dort allein unter einfachen Lebensumständen. Auch wenn man Barneys Homosexualität nicht gleich bemerkte, so hatte er doch einen schweren Stand. Obwohl Jamaikaner gegenüber anderen Menschen in der Regel tolerant sind, verachten sie die „batty-men“ (wörtliche Übersetzung: „Popo-Männer“). In einigen Liedertexten werden Hassparolen gegen Schwule gesungen, wie zum Beispiel: „Gimme fire, let me bonn dem“, was soviel heißt wie: „Gib mir Feuer und lass sie anzünden.“

Während der Touren lernte ich eine Menge von Gina und Barney. Wir hatten auf den Fahrten unseren Spaß. Zuerst fuhr ich bei kleineren Touren mit; zu den Mayfield-Falls, den YS-Falls, ein Katamaran-Trip bis nach Orange-Bay oder einen Abstecher in die Appleton-Rum-Fabrik. Danach kamen größere und längere Fahrten, wie die 2-Tages-Tour bis nach Kingston und zurück, die Tour zu den berühmten Dunn‘s River-Falls in Ocho Rios oder das White Hall Great House, worüber man behauptet, dass die frühere Besitzerin, Anny Palmer, ihre drei Ehemänner umgebracht habe.

Mit Anja gab es immer mehr Streitereien. Sie war oft allein und die eher schäbige Bleibe setzte ihr zu. Nach Bezahlung der Unterkunft war kaum noch

Geld übrig. Die Miete war sogar schon ein paar Tage überfällig. Die meiste Zeit über ging ich die 8 Kilometer bis zum Büro von Tourwise zu Fuß. Später kannten mich einige Taxifahrer und nahmen mich umsonst mit. Nach der Tour setzte der Bus mich an der Seitenstraße vom Tigress ab, sofern Gäste in Hotels von West End gebucht hatten und zurückgebracht wurden. Frühestens nach vier Wochen konnte ich mit meinem ersten Gehalt rechnen.

Auf eine innere Eingebung hin machte ich einen Abstecher ins Mi Yard. Es war ein etwa 4.000 Quadratmeter großes Grundstück, das direkt an der Ecke unserer Seitenstraße und der West End Road lag. Ein Jamaikaner, namens Delroy leitete das 24 Stunden geöffnete Mi Yard-Cafe. Wenn am Strand so gegen 3 Uhr nachts nichts mehr los war, traf man sich anschließend bei Delroy. Bei ihm liefen immer topaktuelle, heiße Reggae-Rhythmen und man konnte einfache Getränke sowie Essen bestellen. Es gab gebratenen Fisch, würzig und zart. Dazu fried dumplins; das sind leicht süßliche, aus Wasser und Mehl frittierte Zylinder, Kochbananen, Zwiebeln und normale dumplins (eine Art Knödel).

Das Ganze bekommt man in einer Alufolie serviert. Das mag zwar nicht gerade sehr appetitlich aussehen, aber es schmeckt wirklich gut. Das Grundstück war mit einer dichten, hohen Hecke eingezäunt. Ging man durch den Torbogen, lief man auf großen Steinplatten geradewegs zu Delroys Cafe. Die ganze Szene strahlte etwas Idyllisches aus und man hatte den Eindruck, auf einer Grillparty bei guten Freunden eingeladen zu sein. Um zur Bar zu gelangen, ging man eine Treppe hoch. Der vordere Teil stand auf Holzpfählen, etwa drei Meter über dem Boden, so dass man oben am Geländer stehend eine fantastische Aussicht bis weit hinaus aufs Meer hatte. Der nächste Raum, den man von der Veranda aus betrat, war im Prinzip schon die Bar. Ich war schon immer von diesem Anwesen fasziniert gewesen.

Ich betrat also das Grundstück und traf dort auf einen etwa fünfzig Jahre alten Rasta. Er war extrem freundlich und stellte sich mir als Woolf vor. Ich erzählte ihm den Grund meines Besuches. Ich hatte vor, eines der meist leerstehenden Häuser zu mieten. Woolf brachte mich zu Delroy, der ein paar Jährchen älter war als ich.

Ein ruhiger Typ, der nur redete, wenn es Sinn machte. Wir empfanden auf Anhieb Sympathie füreinander. Ich erklärte ihm meine Lage und den Wunsch, eines der Häuser für längere Zeit günstig zu mieten. Delroy war allerdings nur für den Betrieb der Bar zuständig. Das Grundstück gehörte einem älteren jamaikanischen Pärchen aus Kingston und für die Verwaltung der Gästehäuser war eine Jamaikanerin namens Miss Pam verantwortlich. Sie sei immer Freitagnachmittag da und nur mit ihr könnte alles abgeklärt werden. Trotzdem händigte er Woolf den Schlüssel für eins der Häuser aus und bat ihn, mir alles zu zeigen.

Das Haus war ein echter Traum, verglichen mit unserer Bleibe. Die untere Hälfte bestand aus Stein, die obere Etage aus Holz, angestrichen in den typisch karibischen Pastellfarben. Die Grundfläche betrug etwa 40 Quadratmeter. Betrat man das Haus, ging es rechts eine lange Holztreppe nach oben ins Schlafzimmer. Die Höhe der spitz zulaufenden Decke betrug über drei Meter. Es liefen dicke Holzbalken quer durch den Raum und darunter schwirrte ein großer Ventilator. Durch eine Tür erreichte man eine riesige Holzveranda mit einem fantastischen Ausblick aufs Meer.

Das Haus kam mir wie purer Luxus gegenüber dem Appartement im Tigress vor. Nun ging es nur noch um den monatlichen Mietpreis. Delroy sagte etwas von 15.000 J-Dollar. Das wäre mehr als das Doppelte von dem, was wir bisher bezahlten. Bei meinem Versuch, den Preis zu drücken, verwies mich Delroy auf Miss Pam. Ich musste mich wohl oder übel noch zwei Tage gedulden. Anja erzählte ich nichts. Ich wollte sie überraschen und nahm sie am besagten Freitag einfach mit. Fragend blickte sich mich an, als wir durch den Eingang ins Mi Yard schritten, was übrigens so viel wie „mein Heim“ heißt. „Ich hab noch was zu erledigen“, sagte ich nur. Miss Pam war noch nicht da, also leisteten wir uns zwei Ting, während wir auf sie warteten.

Ting ist für mich das erfrischendste Getränk der Welt, es wird aus jamaikanischen Weintrauben gemacht und mit Kohlensäure versetzt. Woolf und ein junger Jamaikaner namens Barker setzten sich zu uns, nachdem sie höflich um Erlaubnis fragten. Beide waren im Mi Yard angestellt. Woolf als Gärtner und „Mädchen für alles“ und Barker war der Fahrer eines kleinen Toyota-Busses. Delroy bot Touristen einen kostenlosen Transfer vom Hotel und zurück an, falls sie Interesse hatten, die Szene-Bar zu besuchen. Deshalb kam ich nicht drum rum, Anja mein Vorhaben zu erzählen. Sie strahlte über das ganze Gesicht. Die beiden Jamaikaner sprachen mir Mut zu und gaben mir Tipps, wie ich Miss Pam am besten anpacken sollte.

Etwa eine Stunde später kam sie dann angefahren. Eine konservativ-gut gekleidete, streng gläubige Christin in den 50ern. Sie war vollschlank, selbstbewusst und strahlte Würde und Stolz aus. Um hier etwas erreichen zu können, müsste ich schon meine besten Manieren zeigen. Woolf und Barker begrüßten Miss Pam unterwürfig und erklärten ihr kurz, wer wir waren und worum es ging. Wir diskutierten fast zwei Stunden miteinander. Normalerweise betrug die Miete 25.000 J-Dollar für Touristen und 15.000 J-Dollar für Einheimische.

Ich konnte im ersten Monat lediglich die 150 US-Dollar bezahlen, also 6.000 J-Dollar und redete mir wirklich den Mund fusselig. Ich argumentierte, dass 6.000 Dollar doch besser als ein leerstehendes Haus seien, doch letztendlich packte ich sie an ihrer christlichen Nächstenliebe.

Wir verblieben so, dass ich im ersten Monat 6.000 J-Dollar und im zweiten 8.000 J-Dollar bezahlen sollte. Ab meiner Ernennung zum Tourguide wären dann 10.000 J-Dollar fällig.

Woolf und Barker klopften mir respektvoll auf die Schulter, als Miss Pam wieder verschwunden war. Sie freuten sich wie kleine Kinder, dass wir es geschafft hatten.

Die Vermieter im Tigress hatte Verständnis für unsere Umzugspläne. Ich gab den beiden noch ein paar Jamaika-Dollar extra für die Tage, die wir über den Monat hinaus da waren und versprach ihnen, mich ab und zu blicken zu lassen. So kam es, dass wir ins Mi Yard umzogen.

Die Atmosphäre und das Anwesen an sich waren unbeschreiblich. Es beruhigte die Nerven und wir waren überglücklich. Mit Barker und Woolf verbrachten wir so viel Zeit wie nur möglich. Wir erzählten den beiden viel über Europa und im Gegenzug unterrichtete Woolf uns in Geschichte und Kultur des Landes, was ich wissbegierig für meinen Job aufsog.

Gegen Ende Mai sollte ich das Seminar „Team Jamaica" besuchen, das jeder offizielle Tourguide, Taxifahrer oder Craft-Market-Verkäufer absolvieren muss. Für meinen früheren Beruf hatte ich etliche Seminare besucht, doch niemals so viel gelacht wie auf diesem. Bis auf eine Italienerin bestanden die circa 30 Teilnehmer aus Jamaikanern. Neben Verhaltensregeln gegenüber Touristen lernten wir viel über Geschichte und Kultur des Landes, wobei sich zwei Rastas immer lautstark mit dem Seminarleiter, Mr. Beckford, anlegten.

Wir wurden über die Geologie der Insel informiert, lernten etwas über die lange Entstehung und die schnelle Zerstörung von Korallenriffen, sangen Lieder und tanzten. Am Ende des zweiwöchigen Seminars mussten wir mindestens fünf Minuten über ein uns zugewiesenes Thema referieren. Dies war sozusagen die Abschluss-Prüfung. Anschließend war man berechtigt, den „Team Jamaica-Sticker" zu tragen und bekam seine schriftliche Lizenz ausgehändigt.

Ich entschied mich dafür, bei Tourwise zu bleiben. Fast jeden Tag musste ich ins Büro laufen. Geld für ein Taxi war nicht mehr vorhanden. Wir befanden uns am absoluten Existenzminimum und obwohl über vier Wochen seit meinem Arbeitsbeginn vergangen waren, hatte ich noch keinerlei Zahlungen von der Reisegesellschaft erhalten. Wären da nicht Woolf und Barker gewesen, die

Lebensmittel mitbrachten und ab und zu etwas für uns kochten, weiß ich nicht, wie wir das alles überstanden hätten. Es war an der Zeit, sich mal wieder etwas einfallen zu lassen.

Anja und ich beschlossen, ein paar T-Shirts, Hemden und Hosen auszusuchen, von denen wir uns trennen konnten. Wir packten ein paar alte Werbegeschenke, wie einen Reisewecker, Geldbörsen, ein Taschenmesser und Schlüsselanhänger in eine Reisetasche. Zusätzlich Modeschmuck, meine alte Uhr, einen Nylongürtel mit einer Geheimtasche und einen Rucksack. Als erstes begaben wir uns zu Tony, um das Zeug zu verkaufen. Die Jungs nahmen uns ein paar Sachen ab, allerdings wurde nicht alles bezahlt.

Wir stellten später fest, dass sie mindestens drei Artikel, inklusive meiner Armbanduhr, geklaut hatten. So schnell konnte man gar nicht schauen, wie sich die fünf Männer auf die ausgeleerte Tasche stürzten und alles mit ihren Fingern begrapschten. Wir setzten unseren Weg Richtung Zentrum fort. Bevor wir den Verteilerkreis erreichten, wusste schon das halbe Dorf, dass zwei Whities gebrauchte Klamotten am Straßenrand anbieten würden. Wir verkauften den Großteil der Sachen.

Etwa 2.500 J-Dollar machten wir mit dem Verkauf. In Deutschland hatten wir für die Sachen das Fünffache bezahlt. Hungrig und genervt gingen wir zum billigsten Jerk-chicken-Stand in Negril. Für 200 J-Dollar bekamen wir ein halbes Pfund Hähnchen mit Weißbrot und einer scharfen Sauce in einer Alufolie serviert.

Zu Hause angekommen war es schon dunkel. Wir leisteten uns noch jeweils ein Red-Stripe-Bier bei Delroy und gaben Barker und Woolf einen aus. Ohne die beiden wäre schon lange vorher nichts mehr gegangen.

Tourwise hatte noch immer nicht mein Gehalt bezahlt. Bis auf die Touren selber wurde alles zentral vom Hauptbüro in Ocho Rios gesteuert. Es machte also keinen Sinn, Lizzy dauernd damit in den Ohren zu hängen. Durch den kurzen Trip war ich früh daheim. Ich hatte es mir gerade mit Anja auf unserer Veranda bequem gemacht, als ich plötzlich jemanden meinen Namen rufen hörte. Genervt über die Störung, blickte ich hinunter und sah Benny, einen Laufburschen von Tony vor unserem Haus stehen. Noch immer sauer wegen dem Diebstahl unserer Sachen antwortete ich ihm dementsprechend pampig.

Der Deal

„Was willst Du? Bringst Du mir meine Uhr und die anderen Klamotten zurück?“, schnauzte ich Benny, den jungen Jamaikaner an.

„Du sollst zu Tony kommen. Da sind zwei Leute, die mit Dir reden wollen“, erwiderte er ohne auf meine Bemerkung einzugehen.

„Wieso, haben die etwa meine Uhr gefunden oder wollen sie für den entstandenen Schaden aufkommen?“, motzte ich.

Hätte ich mir aber auch sparen können, denn Sarkasmus ist eine Art Humor, die für die meisten Jamaikaner ein Buch mit sieben Siegeln ist. Erst recht für jenen Benny, der die Weisheit weiß Gott nicht mit Löffeln gefressen hatte. Mit seiner viel zu großen Unterlippe, dem weit aufstehendem Mund und dem förmlich sichtbaren Fragezeichen auf seiner Stirn sah er nun wirklich nicht intelligent aus. Ich ließ ihn eine Weile so stehen, bis ich ihn kurz und knapp fragte, was die beiden Leute denn von uns wollten.

„Yoo man, es geht ums Geschäft. Ein Geschäft, wo Ihr Euch schon bald keine Sorgen mehr machen müsst“, erklärte er mir mit geschwollener Brust.

„Es geht doch wohl nicht um die eine Sache, worüber wir mit Tony schon etliche Male gesprochen haben, oder?“, fragte ich ihn.

Freudestrahlend nickte er mehrmals mit dem Kopf auf und ab. Er sah aus wie eine glückliche Henne, die kurz davor war, nach langer, langer Zeit ein Korn aufzupicken.

„Mann, Ihr habt vielleicht Nerven! Erst kommt bei Euch meine Uhr weg, dann bezahlt Ihr viel zu wenig für die Klamotten und jetzt besitzt Ihr auch noch die Frechheit, mich zum xten Male auf diesen Scheiß-Drogendeal anzuhauen. Wie oft muss ich Tony noch klar machen, dass wir bestimmt kein Geld für so was aufbringen werden. Nun geh und erzähl das Deinem Boss!“

Sein dämliches Grinsen verschwand jedoch nicht aus seinem Gesicht. Er schob energisch sein Kinn nach vorne und erwiderte voller Euphorie:

„Nein, nein, es ist nicht so wie Du denkst, kein Geld und ganz, ganz sicher. Ein alter Bekannter von Tony, der schon lange in dem Geschäft ist.“

„Und wenn er das schon seit seiner Pubertät macht, kein Interesse“, sagte ich zu Benny, ohne zu ahnen, wie nah ich mit meiner Behauptung liegen sollte.

„Was hast Du zu verlieren. Hör's Dir doch wenigstens mal an, dann kannst Du immer noch Nein sagen“, flehte er mich an.

Ich drehte mich zu Anja um und schaute sie fragend an. Sie zog beide Achseln hoch.

„Was hältst Du davon?", fragte ich sie.

„Ich weiß nicht so recht, vielleicht sollten wir uns das einfach mal anhören, was meinst Du denn?"

Ich nickte, drehte mich zu Benny um und rief ihm zu:

„Sag Tony, dass wir in zehn Minuten bei ihm sind."

„Bless ya, bredgen bless ya", sagte er und legte seine Faust auf die Herzseite seiner Brust und verschwand sichtlich erleichtert hinter den Sträuchern.

Eine Viertelstunde später saßen wir an Tonys Bar. Er begrüßte uns, als seien wir seine besten Freunde und der Zwischenfall vor ein paar Tagen niemals passiert. Nachdem er uns zwei Red Stripe zugeschoben hatte, stellte er uns zwei Männern namens Paul und Michael vor.

Paul war ein großer, gut gekleideter Jamaikaner mit einer hellen Brauntönung, etwa Mitte 30. Seine Haare waren kurz geschnitten und er strahlte die ruhige Gelassenheit eines Geschäftsmannes aus. Auf den ersten Blick machte er nicht den Eindruck, ein gefährlicher Drogendealer zu sein. Seine Gesichtszüge waren weich, er selber umgänglich und selbstbewusst.

Michael war noch größer. Seine Hautfarbe war wesentlich dunkler als die von Paul und er war sportlich durchtrainiert. Ich schätzte ihn etwa fünf Jahre jünger. Auch er hatte kurz geschnittenes Haar, doch durch eine goldene Raute auf seinem Schneidezahn erweckte er schon eher den Eindruck, er könnte ein Gangster sein. Beide trugen Goldketten und teure Armbanduhren; allerdings dezent, nicht wie viele ihrer Kollegen, die sich mit Gold und Klunker behängen. Paul war offensichtlich der Boss und nachdem wir das Anfangsgeplänkel hinter uns hatten, fragte er Tony nach einem ruhigen Plätzchen, wo wir uns ungestört unterhalten könnten. Tony führte uns zu einer provisorischen Feuerstelle, die sich zwischen der Bar und dem Haus befand. Ein großer Baumstamm lag unmittelbar daneben und Anja und ich nahmen darauf Platz. Da Paul sich seine guten Klamotten nicht ruinieren wollte, forderte er Tony auf, ihm ein paar Stühle zu bringen. Danach fragte er uns, ob wir noch etwas trinken wollten. Nachdem ich meine Flasche Red Stripe hochhielt, schickte er Peter zur Bar, um uns Nachschub zu bringen.

Zugegeben, so hatte ich mir wahrlich keinen Drogenbaron vorgestellt, doch ich merkte damals schon, dass er es gewohnt war, Befehle zu erteilen. Keiner seiner jamaikanischen Brüder wagte es, diese in Frage zu stellen, geschweige denn sie nicht zu befolgen. Er war nett, zuvorkommend und er hatte Manieren, keine Frage, aber irgendetwas an seiner ganzen Art riet mir zur Vorsicht. Zu Anja war er charmant, bei mir reagierte er auf Fragen oder Wünsche betont verständnisvoll. Seine Wesenszüge waren schon fast europäisch, aber sein Handeln zu kalkuliert, um seiner wahren Natur entsprechen zu können.

Also saßen wir in einem kleinen, verruchten Viertel von Negril, in einer verborgenen Seitenstraße, im hinteren Teil von Tonys Grundstück mit zwei waschechten Drogenschiebern der oberen Kategorie. Zwischen den Palmenblättern brachen an einigen Stellen Sonnenstrahlen bis zum Boden durch und verliehen dem Ganzen ein leicht gespenstiges Szenario. Trotz des Schattens war es brütend heiß. Moskitos schwirrten um uns herum und wir waren dankbar, als Peter mit dem eiskalten Bier ankam. Paul nickte Peter zu, sagte ihm, dass er ein Bier auf seine Kosten trinken könne und signalisierte ihm zu verschwinden. Dann wandte er sich uns zu:

„Was wisst Ihr bis jetzt über das Geschäft?"

„Nur so viel, dass es um ein Drogengeschäft nach Europa geht", antwortete ich.

„Richtig, ich brauche eine Person, die eine präparierte Reisetasche nach London transportiert", erklärte er uns.

„Und was ist in der Tasche drin?", fragte ich ihn.

„Etwa ein Kilogramm Kokain", beantwortete er meine Frage, indem er seine Stimme ein wenig senkte. Ich zog beide Augenbrauen nach oben und schaute zu Anja, die lediglich verwirrt drein schaute und ehrfürchtig „Ein ganzes Kilo" murmelte. Paul ließ das Gesagte ein wenig sacken, bevor er seine nächste Frage stellte:

„Tony sagte mir, dass Ihr erst seit April in Jamaika lebt. Was habt Ihr für Ziele, was wollt Ihr hier aufbauen?"

„Irgendwas im Touristikbereich, Touren mit Urlaubern organisieren oder so", erklärte ich ihm.

„Schon mal überlegt, wie lange Ihr brauchen würdet, um in der Lage zu sein, dies eigenständig zu betreiben?", wollte er wissen.

„Na mit Sicherheit zwei, drei Jahre, wenn es bei dem jetzigen Gehalt bleibt", sagte ich.

„Du arbeitest bei Tourwise; was verdient man denn dort so im Monat?", wollte Paul wissen.

Ich sagte es ihm. Nun war er derjenige, der die Augenbrauen hochzog.

„Nun, das ist ja nicht viel mehr als ein Taschengeld. Euer mitgebrachtes Geld scheint auch zur Neige zu gehen. Ich habe gehört, dass Ihr vor ein paar

Tagen ein paar gebrauchte Sachen auf der Straße verkauft habt. Das finde ich echt mutig, allerdings ohne ein gewisses Kapital hat man es als Weißer doppelt so schwer in Jamaika."

„Ja, das haben wir auch schon gemerkt", erwiderte ich nur.

Paul hatte verdammt viel über uns gehört. Er war ein geschickter Taktiker, keine Frage. Durch seine Fragen legte er unsere derzeitige Situation gnadenlos offen.

Es war schon ein seltsames Gefühl. Ich kam mir vor, als ob ich inmitten eines Filmes gelandet wäre. Wir saßen in einer entlegenen Ecke mit einem waschechten Drogenbaron zusammen und unterhielten uns über einen Deal, von dem ich keine Ahnung hatte. Alle Alarmglocken fingen an zu klingeln, doch ich war neugierig geworden und wollte mehr über diese Sache erfahren. Ich nahm einen Schluck aus meiner Flasche und wartete auf Pauls nächsten Schritt.

„Was würdet Ihr brauchen, um in der Touristenbranche selbständig Fuß fassen zu können?", fragte er uns.

„Nun, ein kleiner Bus wäre für den Anfang wohl ausreichend, dann Versicherung, Lizenz und ein paar Flyer und Visitenkarten, die wir in den Hotels und Pensionen verteilen würden", erklärte ich ihm.

„Ich sehe, Du hast Dir schon einige Gedanken gemacht. Das schätze ich so an Euch Europäern. Meine Landsleute leben da zu sehr in den Tag hinein."

Dabei drehte er sich zu Michael um, der bis jetzt nur still da saß und zugehört hatte:

„Pass gut auf, da kannst Du noch was lernen. So bereitet man sich auf ein Geschäft vor."

Michael nickte mir anerkennend zu und sagte nur „cute", was so viel wie genial heißt.

„Schon mal umgehört, was ein guter, gebrauchter Bus kosten würde?", fragte Paul weiter.

Nun war es an mir, ein wenig zu taktieren. Natürlich war ich nervös, aber eine meiner Eigenschaften ist, dass ich in brenzligen Situationen meistens gelassen bleibe. Für 150.000 Jamaika-Dollar bekam man schon etwas Vernünftiges, zwar schon ein wenig älter, aber es musste nicht gleich nach einem Monat wieder in die Werkstatt wandern. Doch zu Paul sagte ich:

„Für 300.000 könnte man schon einen guten Gebrauchten bekommen, glaube ich", wobei ich ihn fragend anschaute. Es war keine Reaktion in seinem Gesicht zu erkennen. Er überlegte nur ein wenig länger als üblich, bevor er lächelnd erwiderte:

„Also, ich würde als Kurierlohn 10.000 Pfund Sterling bezahlen. Wären damit eure Kosten abgedeckt?“

Nun war es an mir ein wenig länger zu überlegen, bevor ich antwortete:

„Der Preis ist gut“, entgegnete ich, nachdem ich nachgerechnet hatte, über wie viel Geld wir redeten. 10.000 britische Pfund waren etwa 600.000 Jamaika-Dollar oder aber 30.000 DM. Das war verdammt viel Moos für fünfzehn Minuten „Nervenkitzel“ am Flughafenzoll. Ich hatte zwar keine Ahnung, wie viel man mit einem Kilogramm Kokain verdiente, aber der Lohn schien mir doch ein wenig überzogen, was ich Paul auch unverblümt mitteilte.

„Ich bin in dem Geschäft, seitdem ich acht Jahre alt bin und bezahle meine Leute immer gut. Ich hab die Erfahrung gemacht, dass gut verdienende, zufriedene Mitarbeiter auf keine dummen Gedanken kommen und nicht versuchen, einen zu hintergehen oder anderweitig Geld zu machen. Es nutzt keinem etwas, wenn durch irgendwelche Alleingänge die Ware in Gefahr gerät oder sogar verloren geht. Deswegen die hohe Bezahlung“, erklärte mir Paul.

„Besteht überhaupt ein generelles Interesse bei Euch? Es macht ja keinen Sinn, über etwas zu sprechen, was Ihr vielleicht gar nicht machen wollt. Ich möchte meine Zeit nicht unnütz vertun, so sehr ich mich auch darüber freue, Eure Bekanntschaft zu machen. Also wie denkt Ihr über mein Angebot?“

Paul setzte uns gewissermaßen die Pistole auf die Brust, aber ich konnte ihn auch verstehen. Warum sollte er Geheimnisse preisgeben, wenn wir eh Nein sagen würden? Wir waren an einem Punkt angekommen, wo es allerhöchste Eisenbahn war auszusteigen, sich für das Bier zu bedanken und wieder nach Hause zu trotten. All dies kam mir so unwirklich vor, aber es war real. Wir hatten die Chance, in ein paar Wochen alle Sorgen und Nöte hinter uns zu lassen und Herr unser selbst zu sein.

Nach kurzer Absprache mit Anja bekundeten wir unser Interesse. In diesem Moment war ich naiver Weise noch der Meinung, alles unter Kontrolle zu haben und jederzeit aussteigen zu können.

„Uns gefällt Dein Angebot, aber bevor wir uns definitiv entscheiden, würde ich gerne noch ein paar Fragen stellen und mich dann mit meiner Freundin beraten“, sagte ich ihm.

Paul musterte mich eine Weile, so als ob er versuchte meine Gedanken zu lesen.

„Ich bin sehr gewissenhaft in meiner Arbeit. Bevor ich ein Projekt angehe, egal was es auch immer ist, möchte ich genauestens darüber informiert sein“, erklärte ich und fügte noch hinzu: „Das liegt wohl in der Natur von uns Deutschen.“

Er nickte mir langsam zu, lächelte dann und sagte:

„Ihr braucht Euch nicht heute zu entscheiden, denkt in Ruhe darüber nach. Es dauert eh noch ein wenig, bevor alle Vorbereitungen getroffen sind. Wir werden uns vorher bestimmt noch ein paar Mal sehen."

„Das hört sich vernünftig an. Kann ich also noch ein paar Fragen stellen, um mir ein besseres Bild zu machen?", fragte ich ihn.

„Ok, was möchtest Du wissen?"

„Wer bezahlt die ganzen Kosten wie Flugticket, Hotel, Transportkosten und Spesen?"

„Mikell, Du gefällst mir wirklich. Alles wird von mir bezahlt. Ihr müsst nur dafür Sorge tragen, dass das Paket von hier nach London kommt", versicherte er mir.

„Benny sagte uns, dass die Sache sehr sicher sei. Trotzdem wird es Risiken geben, also wie läuft der ganze Deal ab? Was soll den Zoll zum Beispiel daran hindern, dass Kokain aufzuspüren?", fragte ich als nächstes.

„Erst wird das Kokain in eine Art Paste umgewandelt, um anschließend in eine Spezialfolie eingewickelt zu werden. Die eingewickelte Paste kann weder von Spürhunden wahr genommen noch von Röntgenstrahlen durchleuchtet werden.

Sie wird so in den Boden einer Reisetasche eingenäht und bei der Gepäckannahme am Flughafenschalter aufgegeben. Die Reisetasche holst Du dann am Zielflughafen vom Laufband ab und gehst ganz normal durch die Zollkontrolle. Da die Tasche schon vorab durchleuchtet worden ist und Hunde sie auf Drogen untersucht haben, wirst Du in den meisten Fällen noch nicht mal kontrolliert und spazierst einfach durch die Zollabfertigung ins Freie. Das ist schon alles", sagte er.

„Das klingt ja nahezu perfekt", bemerkte ich anerkennend „aber wo ist der berühmt-berüchtigte Haken? Was ist, wenn der Zoll doch die Tasche öffnet und durchsucht?"

„Die Tasche ist mit persönlichen Anziehsachen vollgepackt und das Kokain am Boden der Tasche fühlt sich genauso an wie die entfernte Schaumstoffeinlage.

„Das System ist perfekt"; solange sich der Kurier unauffällig und cool verhält, wird nichts passieren", machte mir Paul klar.

„Und was passiert in England?"

„Dort gehst Du in ein kleines Hotel, rufst eine spezielle Telefonnummer an und wartest, bis jemand die Tasche abholt und Dir das Geld übergibt. Danach ist der Job erledigt und Du kannst Dir noch ein wenig die Stadt ansehen oder gleich nach Jamaika zurück fliegen.“

Wir redeten noch über ein paar Details und Paul versuchte aufkommende Ängste zu zerstreuen. Michael hatte bei dem Treffen nicht ein Wort über den Drogendeal verloren und sich nur privat ein wenig mit uns unterhalten. Er war mir jedoch von Anfang an sympathischer als sein Chef. Er war natürlicher, lustiger und vor allen Dingen vertrauenswürdiger.

Letztendlich verabschiedeten wir uns von den beiden und machten ein Treffen in zwei Tagen aus. Allerdings sollten wir kein Wort über das Gesprochene bei Tony äußern. Paul wollte sich diesbezüglich um alles kümmern. Zum Abschied drückte mir Paul mit den Worten: „Get some food“ noch einen 500-J-Dollar-Schein in die Hand.

Die nächsten zwei Tage diskutierten wir ununterbrochen, ob wir das Risiko überhaupt eingehen sollten und wenn, wer von uns beiden den Transport durchführen sollte. Durch das Insolvenzverfahren meiner GmbH könnten neue Forderungen auf mich zugekommen sein. Ich hatte zwar mit meinem Schuldenberater alle Gläubiger angeschrieben, doch wer weiß, ob wir nicht einen vergessen hatten und dieser weitere Maßnahmen eingeleitet hatte. Dann am Flughafenzoll mit einem Kilogramm Kokain in der Tasche angehalten zu werden, käme wohl nicht so gut bei den Beamten an.

Auf der anderen Seite gefiel mir der Gedanke, dass Anja den Job übernehmen würde, überhaupt nicht. Sie war viel zu naiv, unerfahren und schließlich die Person an meiner Seite, die ich auf gar keinen Fall verlieren wollte. Mit den Vorwürfen, die ich mir bei einem Scheitern machen würde, könnte ich wohl nicht leben. Anja hingegen dachte da ganz anders. Sie fühlte sich regelrecht dazu berufen, unsere Zukunft in die Hand zu nehmen. Nach allem, was ich für sie getan hatte und nachdem ich sie mit nach Jamaika genommen hatte, obwohl dies anfangs nie ein Thema war, wollte sie sich revanchieren. Außerdem sei das Risiko erwischt zu werden relativ gering.

Sie sei eine junge Frau, die in der Karibik nach der Beendigung ihrer Lehre einen längeren Urlaub gemacht habe. Sie war der Ansicht, dass somit die Voraussetzungen wesentlich besser seien, als wenn ein Mann mittleren Alters mit einer pleitegegangenen Firma nach drei Monaten Jamaikaaufenthalt wieder nach Deutschland einreist. So lange keine Komplikationen einträten, musste ich ihr Recht geben. Allerdings störten mich die menschlichen Faktoren. Ich wusste, dass ich bei einer nochmaligen Gepäckkontrolle weit eher cool reagieren könnte. Außerdem fühlte ich mich für sie verantwortlich und hatte auch ein

Versprechen ihren Eltern gegenüber abgegeben. So argumentierten und redeten wir, bis unsere Köpfe qualmten; vom Frühstück angefangen bis kurz vorm Einschlafen, spät in die Nacht. Natürlich stellten wir uns auch die Frage, die ganze Sache einfach zu vergessen. Doch so einfach war es bei Weitem nicht und bei der damaligen wirtschaftlichen Lage bedeuteten 10.000 Pfund mindestens zwei Jahre Zeitersparnis, sofern wir einem normalen Job nachgehen würden. Wir könnten was Eigenes aufbauen und in ein paar Monaten würde kein Hahn mehr danach krähen, vorausgesetzt, alles ginge glatt. Sollte allerdings einer von uns erwischt werden, wären die 10.000 Pfund es bestimmt nicht wert gewesen.

Als wir uns zwei Tage später wieder mit Paul und Michael trafen, waren wir immer noch unschlüssig. Wir wollten noch mehr Fragen stellen und den Lauf der Dinge abwarten. Die beiden Schwarzen waren relativ pünktlich, nur eine Viertelstunde Verspätung, was für jamaikanische Verhältnisse rein gar nichts bedeutet. Wir stiegen in den komfortablen weißen Toyota Hiace-Bus ein. Die Stimmung war ausgelassen und freundschaftlich.

„Wohin geht's eigentlich?“, fragte ich Paul.

„Wir zeigen Euch mal ein paar Plätze, die man als Tourist nicht zu Gesicht bekommt. Lasst Euch einfach überraschen.“

Die rasante Fahrt ging über die holprige Hauptstraße, bis er in einem Ort namens Little London links eine Abkürzung zur Hauptstadt von Westmoreland nahm.

„Tony sagte mir, dass Ihr ab und zu mal einen Joint raucht. Das hier ist Spitzenklasse, nicht der übliche Touristendreck“, sagte mir Paul und reichte mir einen Beutel Gras mit roten Rizzla-Papers nach hinten. Grinsend bedankte ich mich bei ihm und fing an, einen fetten Joint zu bauen. Nach der Fertigstellung des kleinen Kunstwerks lehnte ich mich zurück und zündete das Riesenteil an. Paul hatte nicht übertrieben, das Zeug war allererste Sahne. Anja und ich flogen auf Wolke 7, während die atemberaubende Landschaft an uns vorbei zog.

Während der Fahrt wurde nicht allzu viel geredet. Wir genossen die Musik, den tollen Ausblick und das gute Marihuana. Hinter Sav kamen wir wieder auf die normale Straße und fuhren Richtung MoBay in die Berge. Nach einigen Kilometern verließen wir die schlechte Bundesstraße und fuhren immer tiefer in die atemberaubende Landschaft. Um uns herum wurde die Vegetation immer dichter und grüner, obwohl es stetig bergauf ging. Fast ganz oben angekommen, bogen wir in eine kleine Seitenstraße, bis wir auf einer Anhöhe unterhalb des Gipfels anhielten. Wir stiegen aus und schritten auf eine kleine Lichtung zu, durch die ein schnell fließender Wildbach lief. Etwas unterhalb befand sich ein ausrangiertes kleines Wasserwerk. Der Ausblick war phänomenal. Man konnte von hier oben Sav und die ganze Südwestküste überblicken. Ein halb zerfallenes Steingebäude ohne Fenster, Türen und mit defektem Dach nutzten wir, um unsere Klamotten abzulegen und erstmal ein erfrischendes Bad in dem glasklaren Wasser zu nehmen. Paul ging nicht mit und wartete in der Nähe des Hauses auf uns. Er war eher der zurückhaltende Typ, der unauffällig blieb. Nicht, dass man mit ihm nicht lachen konnte, aber der Spaßfaktor war reduziert. Er nahm weder Kokain noch rauchte er. Beim Alkohol hielt er sich ebenso zurück. Hier und da mal ein Bierchen oder ein Cocktail, aber alles in Maßen. Er war bestimmt kein Langweiler, jedoch für meinen Geschmack nahm er sich und das Leben zu ernst. Vielleicht war das auch sein Rezept, um sich von seinen Landsleuten abzuheben und es im Leben zu etwas zu bringen.

„Hey what's up, keine Lust zu schwimmen?", fragte ich ihn, nachdem ich aus dem Wasser auf ihn zuging.

„No, I'm fine, ich war schon oft hier oben und kenne das alles", antwortete er.

Anja kam ebenfalls aus dem Bach und setzte sich zu uns. Sie legte ein Handtuch um meine Schultern und schmiegte sich an mich. Michael reichte uns Bier aus der Kühlbox.

Am Himmel trieben ein paar versprengte Schäfchenwolken, die langsam von der Küste auf uns zukamen. Überall um mich herum spürte ich das Leben brodeln. Ich fühlte mich unendlich frei, so wie ein Vogel sich bei seinem ersten Jungfernflug wohl fühlen mag. Auch Paul und Michael waren vollkommen entspannt und guter Dinge. Sie hatten an alles gedacht.

„You guys are alright?", fragte uns Paul, während er seinen Blick von der Küste löste und langsam zu uns rüberblickte.

„Definitiv mon, das hier ist das wahre Leben, einfach unbeschreiblich", sagte ich ihm. Anja pflichtete mir kopfnickend bei.

„Bald könnt Ihr es in vollen Zügen genießen. Kein Boss mehr, keine Regeln, an die Ihr euch zu halten habt und Ihr könnt mit Eurem eigenen Bus viele solche Plätze entdecken. Später nehmt Ihr dann Touristen mit dorthin", schwärmte uns Michael vor. Ja, dies war den Jamaikanern sehr wichtig. Kein Jamaikaner arbeitet gerne für einen anderen. Das liegt wohl an der Jahrhunderte langen Versklavung der Schwarzen. Erst kamen die Spanier auf der Suche nach Gold und rotteten innerhalb sechs Jahrzehnten die etwa 100.000 Arawaks, die Ureinwohner Jamaikas aus, bis dann 1655 die Engländer die Herrschaft übernahmen. Wen wundert's also, dass jeder Jammi lieber sein eigener Herr sein möchte. Mal ganz davon abgesehen, dass viele von ihnen sich als im Exil lebende Afrikaner betrachten, von wo sie letztendlich auch versklavt worden sind. Die meisten wollen von der Insel weg. Dies ist auch der Grund, warum von den etwa fünf Millionen Jamaikanern nur die Hälfte auf der Karibikinsel leben.

„In ein paar Wochen geht es los“, verriet uns Paul.

„Es kommt bald eine größere Lieferung aus Kolumbien an. Danach wird es auch schon Zeit, meine Abnehmer in London zu informieren.“

„Wie weit seid Ihr?“, fragte uns Paul ganz beiläufig.

Das war nun die Stunde der Wahrheit. Paul hatte seine Frage sehr gut getimed. Nun gab es kein „vielleicht“ mehr. Im Prinzip waren Anja und ich uns einig, dass wir das Risiko eingehen würden. Also sagte ich nur:

„Wir sind bereit, sag Du nur, wann es losgehen soll.“

Zufrieden lächelte Paul mir zu:

„Eine gute Entscheidung, Du wirst es nicht bereuen.“

Leichte Tropfen fielen vom Himmel. Die Wolken waren mittlerweile direkt über uns.

„Wer von Euch beiden wird den Transport denn nun machen?“ wollte er wissen. Noch während er die Frage stellte, fing es fürchterlich zu regnen an. Wir sprangen alle auf und rannten zum alten Wasserwerkhäuschen. Es war, als ob sich die Himmelspforte öffnete und jemand kübelweise Wasser auf uns schüttete. Innerhalb weniger Sekunden war alles klatschnass. Es machte überhaupt keinen Sinn sich anzuziehen, denn bevor wir den Bus erreicht hätten, wäre alles wasserdurchtränkt. Ich war wegen der Gesprächsunterbrechung erleichtert, da wir das immer noch nicht zwischen uns geklärt hatten. So blieb ich Paul erstmal diese Antwort schuldig. Obwohl der Regen in Jamaika meistens warm ist, läuft keiner durch ihn durch. Nicht dass die Jamaikaner ihn hassen würden, im Gegenteil; wenn du bei einem Einheimischen zu Besuch bist, wirst du für den mitgebrachten Regen sogar gesegnet. Paul fragte, ob Michael den Regenschirm in den Bus gepackt hätte. Irgendwie erschüttert und pikiert antwortete er:

„Natürlich, aber Du willst doch nicht etwa, dass ich ihn jetzt hole, oder?“, murrte Michael mit verzogenen Mundwinkeln.

„Ich hab keine Zeit, muss noch was erledigen“, entgegnete Paul ihm knapp.

„Schon gut, ich werde ihn holen“, bot ich mich an.

„Kommt gar nicht in Frage, Michael wird ihn holen“, sagte er ziemlich unwirsch.

„Ist schon gut, es macht mir wirklich nichts aus, im Gegenteil, ich bin schon als Kind gerne durch den Regen gelaufen“, erklärte ich und machte mich auf den Weg. Am Ausgang kreuzten sich Michaels und meine Blicke. Er strahlte mich an, als ob ich ihm gerade das Leben gerettet oder zumindest einen unschätzbaren Gefallen erwiesen hätte und es war wohl der Beginn einer außergewöhnlichen Freundschaft. Der Boden war mittlerweile schon so aufgeweicht, dass ich auf dem Weg zum Bus zweimal ausrutschte und mehrere Meter auf meinem Hintern die abschüssige Wiese runter rutschte. Am Fahrzeug angekommen, schnappte ich mir den Regenschirm und noch eine Plastiktüte für unsere Anziehsachen. Auf dem Rückweg war es bergauf keineswegs besser. Als ich oben ankam, war ich dreckverschmiert und hätte leicht als Schwarzer durchgehen können. Nach etwa zwanzig Minuten hörte der Regen genauso abrupt auf, wie er angefangen hatte. Die Wolkendecke brach auf und die Sonne schien unbekümmert auf die Natur herab, so als sei nichts geschehen. Nur die Pflanzen, an denen noch hier und da das Wasser abperlte, zeugten noch vom kurz zuvor erfolgtem Schauer.

Wir fuhren zurück nach Sav und Paul lud uns zu einem Menü in einem Restaurant ein. Es war köstlich. Schon zu lange hatten wir aus Geldmangel auf so einen Luxus verzichten müssen. Es war früher Nachmittag und Paul hatte noch etwas Geschäftliches zu erledigen, so dass uns die beiden erstmal zurück ins MiYard brachten.

Paul und Michael wollten uns gegen 20 Uhr wieder abholen, um zu einer Strandparty nach Bellmont zu fahren. Gegen halb neun trudelte Michael mit Pauls Neffen Clyve dann endlich ein. Paul hatte noch immer geschäftlich zu tun und würde nachkommen. Die Fahrt dauerte etwa eine Stunde. Bellmont ist ein kleines Dorf an der Südwestküste. Es herrschte Hochbetrieb. Etliche sauber geputzte Wagen standen am Straßenrand und eine Traube von Menschen bewegte sich zur Reggae-Dance Hall-Party am weißen Sandstrand. Aus dem riesigen Soundsystem dröhnten die Bässe des Songs „It Wasn‘t Me“ von Shaggy, so dass die Scheiben eines nahestehenden Deporti in seiner Fassung vibrierten.

Die Stimmung war super, die Leute ausgelassen und glücklich. Clyve war bester Laune. Mit seinen 20 Jahren war er voll in seinem Element. Klar, bei jeder Menge Strandpartys mit gutaussehenden „schwarzen Perlen“, genügend Geld „sponsored by Uncle Paul“ in der Tasche und einem geräumigen Bus. Für einen jungen Jamaikaner ist das schon fast das Paradies. Er klärte uns über die besten Clubs, Strandfeten und die besten DJ‘s im Lande auf, während Michael mir und Anja einen köstlichen Rum-Punch in die Hand drückte. Es war nicht nur eine typische Strandparty. Außerhalb des Tanzbereiches tummelten sich die

Menschen in einem Radius von zwei Kilometern entlang der Straße. Das halbe Dorf wurde in das Fest mit einbezogen. Kleine Holzhütten, aus denen Getränke und Lebensmittel verkauft wurden, hatten Hochkonjunktur. Kleine Grüppchen standen alle paar Meter am Straßenrand, unterhielten sich angeregt, lehnten an irgendwelchen Autos oder Palmen und tranken ihr Bier. Auf dem ganzen Gelände verteilt qualmten Jerk-Chicken-Stände, die in einem umgebauten Ölfass, ihre halb gegrillten und halb geräucherten Hähnchen anboten. Fast überall wurde getanzt und hier und da glühten fette Joints im Dunkeln auf.

Paul, der erst vor einer Stunde erschienen war, verabschiedete sich schon gegen 23 Uhr von uns. Er meinte, wir könnten so lange bleiben wie wir wollten. Michael und Clyve würden uns dann später nach Hause fahren. Bevor er mit Michael verschwand, drückte er mir noch ein paar „Nanny's" (500 J-Dollar-Scheine) in die Hand, wünschte uns weiterhin viel Spaß und versprach sich schon bald zu melden. Wir verbrachten eine wunderschöne Nacht nur unter Einheimischen und kamen erst in den frühen Morgenstunden nach Negril zurück.

Beim nächsten Treffen mit Paul und Michael ging es zum Beach nach Bluefield. Wir trafen dort auf Dave, einen hellhäutigen Jamaikaner, der sich um die Verpackung der Drogen kümmerte und nebenbei mitinvestierte. Es war ein geschichtsträchtiger Ort, an dem wir uns über den bevorstehenden Drogendeal unterhielten. Die Bounty, ein dreimastiges Segelschiff der britischen Admiralität, das 1787 unter Führung von William Bligh von hier zu einer Expedition in die Südsee aufbrach, um Stecklinge des Brotfruchtbaums aus Tahiti zu den Antillen zu bringen. Auf der Rückreise kam es zur berühmten „Meuterei auf der Bounty", die seither immer wieder Gegenstand von Romanen und Filmen ist.

Von Dave erfuhr ich weitere Details über den genauen Verlauf des reinen Kokains, über die Verpackung bis hin zum Verkauf in London. Auch hier stellte ich so viele Fragen wie eben möglich, um mir ein genaues Bild machen zu können. Später erzählte mir Paul, dass Dave mir gegenüber durchaus skeptisch war. Er hatte Bedenken und wollte nicht ausschließen, dass ich für einen „Verein" wie die amerikanische DEA oder eine andere Drogenbekämpfungsorganisation arbeiten würde.

Schließlich gab es genügend solcher Agenten, die undercover im Lande tätig waren. Doch Paul war von meiner Loyalität überzeugt, zumal er auch genügend Hintergrundinfos von Tony erhalten hatte. Er vertraute mir sogar an, dass die Organisation nicht nur mit Kokain hohe Gewinne erzielte. Es gab mehrere Gruppen und Zellen mit etlichen Hintermännern sowie gleichberechtigten Partnern, die mit anderen Drogen handelten. Somit hatte die Organi-sation verschiedene Standbeine. Mit Sicherheit war Pauls Gruppe die wohl lukrativste. Jede Abteilung arbeitete selbständig, so dass, wenn eine aufflog, die andere nicht in Gefahr geriet. Paul war sozusagen der Mann an der „Holding-Spitze". Eine dieser Abteilungen arbeitete direkt in London. Die Drahtzieher waren Cousins von Paul.

Hier kümmerte man sich ausschließlich um den Schmuggel von weichen Drogen, was mir an sich weit eher zugesagt hätte. Allerdings nicht als Kurier, denn den intensiven Geruch des Marihuanas gegen Hunde abzudichten ist so gut wie unmöglich. Das Risiko bei einem Kurierdienst mit Marihuana erwischt zu werden ist deshalb auch wesentlich höher als beim Koks. Das Gras oder die Haschischplatten näht man nicht wie beim Kokain ins Reisegepäck ein und gibt sie dann beim Check-in-Schalter auf. Wenn, wird es im Handgepäck eingenäht, meistens aber in Form von mitgebrachten Souvenirs wie Busch-Trommeln oder Masken, wo die Droge in dem doppelwandigen Holz in den Hohlräumen versteckt werden kann.

Auch wird es ab und zu am Mann getragen, wie z.B. in voluminöse Frisuren mit eingeflochten, in Kleidung eingenäht oder am Körper angeklebt. Das Gras selber wird auf riesigen Plantagen im Landesinneren, mitten im Busch oder aber in abgelegenen Gebieten in den Blue Mountains angebaut und geerntet. Durch das Verwenden von Tarntüchern oder den Anbau inmitten einer Bananen- oder Palmenplantage versucht man der Regierung, deren Hubschrauber die Gegend abfliegen, ein Schnippchen zu schlagen.

Wird eine Plantage aus der Luft gesichtet, werden spezielle Anti-Drug-Force-Einheiten informiert, die sich dann über dem Gebiet abseilen. Meistens sind es nur kleinere Anbauflächen, die gesichtet werden, weil deren Farmer kein Geld für die Tarnung aufbringen können. Die Einheiten rücken den Pflanzen mit Flammenwerfern zu Leibe. Nur wer ein happiges Schmiergeld bezahlt, den schonen die Soldaten. Die großen Plantagen sind entweder gut mit bewaffneten Männern gesichert oder aber es sind von vornherein die zuständigen Super-Intendents geschmiert, so dass die Soldaten einen großen Bogen um diese Plantagen machen.

Nach der Ernte wird das Gras in getarnten Bambushallen getrocknet und anschließend „gepickt" (Entfernung der Blätter und überflüssiger Stöcke). Je nachdem ob es zu Haschischplatten weiter verarbeitet wird, kommt es in die Presse. Danach geht es in die Verpackung und wird zu einem geheimen Umschlagplatz transportiert, wo es dann zum Schmuggeln weiter aufbereitet wird.

In London hat man mittlerweile geeignete Kuriere rekrutiert, die ähnlich wie bei Pauls Zelle an einem der letzten beiden Urlaubstage die Schmuggelware von Jamaikanern vor Ort erhalten und wieder nach London bringen. Allerdings liegt die Anzahl der Kuriere hier wesentlich höher, da die Menge der Schmuggelware kleiner und auch der Gewinn geringer ausfällt.

Der Voodoo-Priester

Eine Woche vor der geplanten Kurierfahrt holte uns Paul sehr früh ab. Wir hatten einen Termin beim „Priester“, von dem Paul sehr ehrfürchtig und geheimnisvoll berichtete.

Es ging ein Stück entlang meiner Lieblingsstrecke von Negril nach Montego-Bay. In Orange Bay bogen wir rechts ab und fuhren in eine unebene Straße, die nach einigen Kilometern in einen Feldweg mündete. Überall lagen platt gedrückte Zuckerrohrstangen auf der Fahrbahn und wir sahen überlange Anhänger, in denen Zuckerrohr transportiert wurde. Das letzte Stück ging stetig bergauf, bis wir dann auf einer Anhöhe eine kleine Kirche erblickten. Paul parkte den Bus und wir gingen die letzten paar Meter den schmalen Feldweg entlang, bis wir einen Torbogen durchquerten.

Das Grundstück war stark abschüssig und nur die Kirche befand sich auf einer Art Plateau. Soweit wir dies durch die Öffnungen erkennen konnten, war das Gotteshaus noch nicht verputzt, hatte keine Fenster oder Türen und war sehr notdürftig eingerichtet. Es befanden sich ein paar alte, einfache Holzbänke, ein ebenfalls unverputzter Altar und ein paar Vorhänge, Kerzen und kirchliche Gegenstände im Inneren. Paul gab uns zu verstehen, dass wir vor dem Gebäude warten sollten.

Nachdem er respektvoll um Erlaubnis gerufen hatte, schritt er mehrere provisorische Treppenstufen hinunter. Die Sicht auf den unteren Teil des Grundstücks war durch Pflanzen und Sträucher ein wenig verdeckt. Man erkannte nur ein typisch jamaikanisches Holzhaus und ein kleineres, fast rundes Gebäude, das mich stark an die afrikanischen Krals erinnerte. Paul verbrachte eine ganze Weile dort unten. Da noch andere Leute die Dienste des Priesters in Anspruch nahmen, sollten wir auf dem Plateau warten. Wir kauerten uns an die Mauer der Kirche und genossen die beeindruckende Aussicht auf das saftiggrüne Innenland. Etwa eineinhalb Stunden später holte uns eine ältere Frau ab, die sich mühsam die Stufen hoch schleppte. Sie war ein wenig außer Atem und schnappte nach Luft, bevor sie uns freundlich begrüßte und sich als die Haushälterin des Priesters vorstellte. Die alte Dame war die „gute Fee“ des Yards und half dem „Obeah man“, wie die Jamaikaner ihre Wahrsager und Buschdoktoren nennen, bei den zeremoniellen Vorbereitungen.

Paul hatte uns im Vorfeld erklärt, dass er schon oft mit dem Voodoo-Priester zusammen gearbeitet habe. Alle Kuriere kamen kurz vor ihrem Transport hierher. Der Priester entschied dann, ob der Trip sicher und gefahrlos verlaufen würde und ob die Personen für den Deal geeignet seien. Ohne die Dienste des Obeah man krümmte Paul keinen Finger. Viel später versuchte ich einmal mit ihm darüber zu reden, da der Buschdoktor eine nicht unerhebliche Summe Geld kassierte. Pauls Glaube war tief verwurzelt, von dem Gottesmann und seinem Voodooschutz war er tatsächlich vollkommen überzeugt.

Die Spannung stieg, als wir die Stufen zur kleinen, runden Hütte hinabstiegen.

Der Weg zum Haupthaus war abgetreten und mit der typisch roten Erde bedeckt. Verschiedene Gegenstände zum Kochen sowie Glasbehälter mit irgendwelchen Extrakten lagen verstreut herum. Den Eingang zierte ein alter Duschvorhang mit Blumenmustern, der an einer Holzstange halb zugezogen war. Direkt daneben befand sich ein großes Holzhaus, das auf Betonpfählen auflag. Über die komplette Front gab es eine Betonveranda, zu der man über vier Stufen gelangte. Ein paar Hühner liefen aufgeregt zwischen dem Weg und den Sträuchern umher und ganz in der Nähe vernahm man das Blöken von ein paar Ziegen.

Die alte Frau zog ihre Badelatschen aus und schritt in das Heiligtum. Wir taten es ihr gleich und standen inmitten eines zweigeteilten Raums. Das erste, was mir ins Auge fiel, war ein kleiner Altar, der mit viel Fürsorge an der Wand aufgebaut war. Eine weiße Stoffdecke, die am Rand mit Ornamenten verziert war, schmückte den Opfertisch. Mittig befand sich eine mit Wasser gefüllte, silberne Opferschale.

Diverse Kräuter, Blätter und Kerzen waren um den Behälter drapiert. Darüber hing ein Bildnis vom äthiopischen Kaiser, Haile Selassi I., in seinem traditionellen Umhang. Ein paar einfache Stühle befanden sich im Raum verteilt und auf einer uralten Kommode standen ein paar verstaubte Bücher, die so alt wie die Bibel selber zu sein schienen. Nachdem die Haushälterin uns einen Platz angeboten hatte, verschwand sie hinter einem roten Stoffvorhang in die zweite Hälfte des Raumes. Kurz darauf kam der Priester zum Vorschein. Ein großer Jamaikaner, kräftig gebaut und mit einem Bauchansatz, der deutlich unter seinem schimmernden Gewand zu erkennen war.

Auf seinem Kopf trug er einen gewickelten Turban. Weiche Züge umrandeten die großen, nach vorne gewölbten Lippen. Ein Auge war stumpf und schien fast silberfarben zu sein. Trotzdem strahlte er eine Güte aus, wie man es häufig bei Gottesmännern findet. An den Händen hatte er verschiedene Goldringe. Einer davon war mit einem großen Rubinstein besetzt. Die Begrüßung war sehr herzlich, wobei die Stimme für einen Mann seiner Statur ungewohnt hoch und weich klang. Er hielt uns beide Arme ausgestreckt entgegen, so als ob er erwarten würde, dass wir seinen Ring wie dem eines Kirchenoberhauptes küssen würden. Ein wenig irritiert ergriffen Anja und ich fast gleichzeitig eine seiner Hände. Er drückte sie nur leicht, während er sagte:

„Ahh, Mikell und Anja, endlich treffen wir uns persönlich. Kendrik hat mir schon so viel von Euch erzählt. Ich spüre eine starke Aura von Euch ausgehend. Ich freue mich, Euch hier empfangen zu können."

Er hatte etwas Fürsorgliches, Vertrautes. Jegliches Misstrauen war wie weg geblasen. Seine Bewegungen, die Mimik und seine Art zu sprechen machten fast den Eindruck auf mich, als ob er homosexuell oder zumindest bisexuell sei ... aber hier in Jamaika? Bei all dem Hass auf Schwule und Lesben und in seiner Position als Kirchenmann ... ?

Es war der Anfang einer Freundschaft und obwohl dies alles sehr skurril und ungewohnt für uns war, stimmte die Chemie von Anfang an. Wir unterhielten uns ein wenig über Jamaika, über die Beweggründe unserer Auswanderung, doch er wusste schon über uns und unsere Gefühle genauestens Bescheid. Gut, dies hätte ihm Paul alles anvertrauen können, von dem ich jetzt wusste, dass sein Nachname Kendrik war. Doch dann erzählte er mir Dinge von meinem verstorbenen Vater, Sachen über Anja, die er einfach nicht wissen konnte. Als er mich fragte, ob ich denn Magenprobleme hätte und öfters aufs Klo müsste, war ich vollends verblüfft.

„Ja, manchmal dreimal am Tag", sagte ich ihm.

„Eher fünf bis sechsmal täglich in letzter Zeit, oder?", konterte er mit einem Lächeln, während er mein erstauntes Gesicht betrachtete.

„Du brauchst Dich nicht zu schämen. Ich schreibe Dir ein Kräutermittel auf, welches Du in der Drogerie in Negril bekommen kannst. In ein paar Tagen wird es Dir wieder besser gehen."

Mir war schleierhaft, woher er das wusste. Nicht einmal Anja hatte ich das erzählt. Dann wendete er sich meiner Freundin zu.

„Du wirst also bald nach Deutschland fliegen?", fragte er sie.

Auch Anja war wie in einen Bann gezogen und nickte nur mit dem Kopf.

„Du hast einen starken Willen und bist mutig. Trotzdem werden wir Dich erst reinwaschen und dann mit einem Schutzzauber belegen. Ich schreibe Dir ein paar Sachen auf, mit denen Du Dich am Morgen vor dem Flug wäschst und anschließend einreibst. Auntie wird Dich jetzt baden und von allem Bösen säubern. Danach komm bitte noch mal zu mir."

Sie stiefelte hinter der alten Frau aus dem Raum. Im Vorbeigehen schaute sie mich ein wenig fragend an. Ich nickte ihr aufmunternd zu. Der Priester und ich vertieften uns in ein Gespräch, in dem es um zwei verschiedene Welten ging. Die eine befindet sich im Dasein, dort wo wir Menschen leben, und die andere im Jenseits, erklärte er mir. Mit der anderen Seite, dort wo das Böse regiert und wo Mächte und Gestalten am Werk sind, mit denen man sich lieber nicht einlassen sollte, können nur diejenigen die Sprache und Rituale dieser anderen Welt kennen, die eins mit der Natur sind und von einer starken Aura umgeben sind. Nur solche „Medien" haben die Gabe, mit der dunklen Seite zu kommunizieren oder sogar dort hineinzutauchen, genau wie diese Wesen manchmal in unsere Welt kommen. Doch wirklich etwas anhaben und Unheil anrichten können sie nur bei denjenigen, die mit dem Jenseits vertraut sind und über eine starke Aura verfügen. Er erklärte mir, dass jeder Mensch eine mehr oder weniger ausgeprägte Aura besitzt, die sich auch farblich voneinander unterschieden.

„Deine ist sehr stark, sie leuchtet rötlich-orange und ist zum Medium geeignet."

Völlig verblüfft über soviel hinzugewonnenes „Insiderwissen" und zehn Zentimeter größer durch die Aussage, ich sei zum „Medium geeignet", hörte ich dem Pfaffen weiter interessiert zu:

„Nach ein wenig Übung kann man die Aura seines Gegenübers erkennen. Du musst Dich voll auf Deinen Gegenpol konzentrieren. Schau durch ihn hindurch und versuch, ins Innere zu gelangen. Dann wandere langsam nach außen. Du musst über die Körperhülle hinausschauen", erklärte er mir geduldig.

Ich versuchte es krampfhaft, sah aber natürlich nichts und ließ mich weiter mitnehmen in eine mir völlig neue, aber unglaublich interessante Sphäre.

„Du kannst das alles lernen, aber dafür müsstest Du Dich intensiv mit der Materie beschäftigen. Erstmal meditieren, Dein eigenes Ich finden. Dann nimmt man an verschiedenen Séancen teil, bevor man es selber versucht. Auch mit der Kräuterkunde sollte man vorher vertraut sein. Die Voraussetzungen für ein Medium stecken in Dir, doch es erfordert eine Menge Übung und Geduld."

Er erzählte mir von seinem Großvater, der ihn hauptsächlich schon als Kind in der Kräuterkunde unterrichtet und ihm auch alles andere beigebracht habe. Sein Vater sei nicht mit der Gabe des Sehens gesegnet gewesen und aus diesem Grunde auch nicht erfreut über den Weg, den er neben seinem Priesterseminar eingeschlagen hat. Vielleicht spielt ja auch ein wenig Eifersucht eine Rolle.

Dann beschrieb er, was „Mutter Natur“ dem Menschen alles in die Hand gelegt hat. Wir sprachen über verschiedene Heil-, Liebes- oder Schutztränke. Wie man sie zubereiten kann und was für Bestandteile sie benötigen. Natürlich gibt es auch unheilbringende Getränke, Salben und Prozeduren, um feindlichen Personen Schäden zuzufügen.

Das meiste von diesem jamaikanischem „Obeahism“ beinhaltet das zeremonielle Schlachten von allerhand Getier. Obwohl der mächtigste und schwärzeste Voodoozauber auf Haiti praktiziert wird, gibt es auf Jamaika genauso schwarze Praktiken: Flüche, Sprachlosigkeit, plötzlich eintretende schwere Krankheiten oder dauernde Erfolglosigkeit beim ärgsten Feind oder Nebenbuhler. Bis hin zum Tod ist alles für das gewisse Kleingeld zu bekommen. Man braucht zu den üblichen Kräutern, Cremes oder Tieren noch gewisse persönliche Zutaten für den gewünschten Zauber. Bei sehr mächtigen Beschwörungen werden Blut und Haare der zu verfluchenden Person benötigt. Bei schwächeren Flüchen reichen einfache persönliche Gegenstände wie eine getragene Haarschleife oder ein Ring.

Ich war gefangen in dieser Fantasiewelt. Alles war wahnsinnig interessant. Die Zeit verging wie im Flug und plötzlich stand Anja frisch gebadet in einer Art Kimono vor uns. Der Priester erklärte mir, dass er sich jetzt um Anja kümmern würde. Also standen wir beide auf und verabschiedeten uns herzlich voneinander, wobei wir uns am Ende umarmten. Dann ging ich völlig benommen zum Ausgang und wartete nicht weit entfernt auf meine Freundin.

Anja erzählte mir später, dass sie mit unverständlichen Worten gesegnet worden sei, während der Obeah man eine Mischung aus verschiedenen Kräutern verbrannte. Auch mit ihr unterhielt er sich nach der Waschung ausführlich, wobei er ihr ein paar Tipps für unsere Beziehung mit auf den Weg gab. Bevor wir wieder die Lehmtreppe hinaufstiegen und ein letztes Mal dem Priester und Auntie zuwinkten, sah ich noch, wie Paul alias Kendrik vom Buschdoktor gesegnet wurde. Vorher steckte er ihm allerdings noch einige Scheine zu.

Total beeindruckt und um eine Erfahrung reicher tauschten wir uns auf der gesamten Fahrt nach Hause aus. Die Laune war bei allen stratosphärisch gut und jeder schien zufrieden zu sein, mit dem was er gesehen und gehört hatte.

Es konnte also endlich losgehen.

Anjas Kurierfahrt

Mittlerweile ging ich nicht mehr zu Tourwise, um dort zu arbeiten. Wir hatten genügend Geld bekommen, um bis zum Flug die Zeit überbrücken zu können. Die Miete war bezahlt, der Kühlschrank voll und wir verbrachten gemütliche Tage mit unseren Freunden Barker und Woolf, denen ich erzählte, dass ich frei hätte. Zwischendurch kamen uns Paul, Michael und manchmal auch Clyve besuchen und wir fuhren auf eine der Strandpartys nach Negril.

Endlich war es so weit. George, ein weiterer wichtiger Mitarbeiter von Paul holte uns alleine und viel zu spät ab. Auf einem kleinen Schotterplatz außerhalb von Sav trafen wir auf Michael. Er gab Anja die präparierte Reisetasche, die sie schleunigst mit ihren mitgebrachten Sachen füllte. Zeitlich müsste es so gerade noch klappen können, obwohl es wegen der notorischen Unpünktlichkeit der Jamaikaner schon verdammt eng wurde. Wir schafften es gerade noch rechtzeitig anzukommen, ohne großartig aufzufallen und Anja checkte bei LTU ein. Unter diesen Umständen war es eine kurze, aber innige Verabschiedung zwischen uns beiden.

Da George den Bus unterwegs abgestellt hatte, fuhren wir zur selben Stelle zurück, von wo ich mit Michael alleine im Bus nach Savannah-La-Mar weiterfuhr. Dort angekommen, quartierte er mich in das Great House Orchids ein. Das war ein altes Herrenhaus mit einem kleinen botanischen Garten. Er bezahlte für ein paar Tage im voraus und verließ mich dann mit dem Versprechen, mir später etwas zu Essen vorbeizubringen. Das Hotelgelände sollte ich nicht verlassen. Wie sollte das gehen mit den paar Kröten, die ich noch besaß? Da Nebensaison war, befanden sich nicht viele Gäste im Haus. Trotz des schönen Gartens mit vielen Orchideen war das Haus ein Hotel der Mittelklasse mit einem großen Swimmingpool. Das Zimmer war Standard. Ein Raum mit einem Tisch, Bett, Stühlen einem kleinen Fernseher mit 12 Programmen und einem Badezimmer mit WC und Dusche.

Anja sollte sich nach dem erfolgreichen Passieren des Zolls am nächsten Morgen melden. Also war Warten angesagt. Weder der Swimmingpool, die Glotze, das wunderschön angelegte Grundstück noch das gute Marihuana, das mir Michael dagelassen hatte, konnten mich beruhigen. Ich lief wie auf heißen Kohlen durch mein Zimmer auf und ab, bis ich es nicht mehr aushielt und ein wenig durch die Gegend schlich. Ich war hypernervös und musste andauernd an meine Freundin denken. Das Gefühl, nichts machen zu können, nur da zu sitzen und zu warten, brachte mich um den Verstand. Es war schlimmer als jeglicher Unfug, jedwede brenzlige Situation, in die ich bis dahin geraten war und alle Nervenkitzel, die ich bis jetzt in meinem Leben erlebt hatte. Michael kam auch nicht wie versprochen zwei bis drei Stunden später. Es wurde später Abend, bevor er endlich mit einer Portion Jerk chicken und Reis eintraf. Er hatte nicht viel Zeit und verschwand nach einer halben Stunde wieder, was meine Stimmung erst recht nicht anhob.

Die Nacht wurde noch schlimmer. Tausende Gedanken schwirrten mir im Kopf rum und ich switchte von einem TV-Kanal auf den anderen. Ich konnte mich auf nichts konzentrieren oder mich irgendwie ablenken. Ich machte kaum ein Auge zu und war um 4 Uhr am nächsten Tag schon wieder auf den Beinen, total gerädert und uneins mit mir und dem Rest der Welt. Durch die Zeitverschiebung von sieben Stunden zwischen Jamaika und Deutschland war ab 6 Uhr jamaikanischer Zeit mit Anjas Anruf zu rechnen. Wenn ich mich selber einem Risiko aussetze oder mich in einer gefährlichen Situation befinde, habe ich normalerweise Nerven wie Drahtseile, aber als um halb zehn Michael ins Hotel kam und ich noch immer keine Nachricht von Anja hatte, war ich nur noch ein Häufchen Elend. Michael schaute mich fragend und ein wenig schuldbewusst an, bevor er sagte:

„Du hast mich nicht angerufen, dass ist der Grund, warum ich so spät dran bin."

So wie er mich von oben bis unten anschaute, muss ich mich wohl in einem sehr traurigen Zustand befunden haben. Mit den Worten:

„Du musst hungrig sein", legte er einen Arm um meine Schulter und schob mich mit sanfter Gewalt in Richtung Speisesaal. Dort angekommen bestellte er ein Frühstück für uns, doch ich bekam keinen Bissen runter. Ich saß fast regungslos am Tisch, nippte ab und zu mal an meinem Kaffee und starrte völlig apathisch auf das Handy, dass mir Michael am Vorabend überlassen hatte.

Um 10 Uhr war ich nur noch ein Nervenbündel und hatte die schlimmsten Befürchtungen und Mordgelüste. Zwanzig Minuten später klingelte dann endlich das Telefon. Gott sei Dank, es war Anja. Sie hatte es geschafft! Aufgrund der knappen Zugverbindung von Düsseldorf nach Aachen konnte sie die amerikanischen Dollars, die man ihr gegeben hatte, nicht mehr umtauschen und daher auch nicht telefonieren. Am Bahnhof in Aachen angekommen wollte sie so schnell wie möglich die Tasche wegbringen. Im Umkreis von 50 Kilometern ist Aachen Zollgrenzbezirk, was bedeutet, dass eine Menge Bundesgrenzschutzbeamte dort herumschwirren. Aus diesem Grund nahm Anja öffentliche Verkehrsmittel und fuhr Richtung Eifel. Michael hatte ihr nicht gerade viel Geld mitgegeben, so dass wir ihr später noch per Blitzüberweisung bei der Western Union Bank Geld für die Überfahrt nach London zukommen ließen. Als sie mich anrief, befand sie sich in der Wohnung meines Stiefsohnes Thorsten und war erstmal sicher. Natürlich war ich leicht angesäuert. Ich hatte ihretwegen Todesängste ausgestanden. Das versuchte ich ihr am Telefon klar zu machen und bat sie, mich nie wieder so im Ungewissen zu lassen. Zum Glück sah sie es ein und versprach, es nicht mehr zu tun. Auf der anderen Seite war ich so froh, ihre Stimme zu hören und zu wissen, dass sie wohlauf war! Auch dies teilte ich ihr mit ein paar weiteren Liebesbeteuerungen mit. Die Welt war wieder in Ordnung! Der ursprüngliche Plan sah eigentlich vor, dass Anja die Ware nur bis Deutschland bringt. Jemand anderes sollte dann das Koks weiter nach London transportieren. Anjas Aufgabe in Deutschland war es, vorsichtig abzuchecken, wer überhaupt für solch einen Kurierdienst in Frage käme. Seitdem wir Deutschland verlassen hatten, standen wir in regelmäßigem Kontakt mit Thorsten und Richie, einem guten Freund der Familie. Aus diesem Grunde war auch ihre erste Anlaufstation Thorstens Wohnung, wo sie mit ihm über alles reden wollte.

So kam es, wie es kommen musste. Als Anja ihn traf, befand er sich in einer sehr beschissenen Situation. Er war natürlich Feuer und Flamme als er hörte, um was es geht, wie die Verdienstmöglichkeiten aussehen und was er in Jamaika für Zukunftsperspektiven haben könnte. Thorsten war noch nie ein einfaches Kind gewesen. Er brauchte viel Beachtung, baute ständig Mist in der Schule und war sozusagen der Prügelknabe der Lehrer. Ich war bereits der dritte Ehemann seiner Mutter Brigitte. Thorsten wechselte in acht Jahren viermal die Schule. Seinen leiblichen Vater kannte er nur vom Hörensagen. Er sah viele Männer kommen und gehen, ohne wirklich eine engere Beziehung zu ihnen aufbauen zu können. Nahe kam ich ihm auch erst, als meine Ehe mit seiner Mutter zerbrach.

Anja und ich beratschlagten uns am Telefon. Wir kamen beide überein, ihn nicht alleine nach London fahren zu lassen. Nach Absprache mit Paul sagte ich dann zu, als Anja entschied, mit Thorsten zusammen den Trip nach England auf sich zu nehmen. Für den Kurierdienst sollte Thorsten 5.000 DM erhalten. Mit dem neuen Geld, das von der Western Union Bank kam, kauften sich beide ein Zugticket von Aachen über Brüssel nach London. Noch am selben Tag ging es los.

Der Altersunterschied zwischen Thorsten und Anja betrug nur vier Jahre. So konnten die beiden sich in London als Pärchen ausgeben und ohne sich verdächtig zu machen ganz normal bewegen. Thorsten nahm allerdings einen Zug, der zwei Stunden vor Anjas Zug abfuhr. In Brüssel trafen sich die beiden dann kurz und nahmen gemeinsam den Eurostar nach London. Allerdings saßen sie in getrennten Abteilen und wollten sich außerhalb der Waterloo Station in London treffen, nachdem Thorsten die Zollkontrolle passiert hatte. Anja bekam die Telefonnummer von Jimmy, einem Cousin von Paul, den sie nach ihrer Ankunft telefonisch kontaktieren sollte.

Trotz des Anrufs verbrachten die beiden etwa zwei bis drei Stunden innerhalb des Bahnhofgeländes, bevor Jimmy und ein gewisser Danny erschienen. Die ganze Organisation stand scheinbar noch auf sehr wackeligen Beinen. Paul hatte uns verschwiegen, dass mit seiner ursprünglichem Connection in London etwas nicht stimmte. Auch hier waren die Leute sehr skeptisch und das Märchen, dass ich und eventuell Anja einer Drogenbekämpfungsorganisation angehören, war bis England gedrungen. Keiner wollte sich die Finger an uns verbrennen. Nur die Familienverhältnisse und das gute Zureden von Paul sorgten dafür, dass Anja und Thorsten nicht länger dumm mit dem Kilo Koks in London rumzustehen zu mußten. Die beiden wurden erstmal eine ganze Weile observiert, bevor man bereit war, mit ihnen Kontakt aufzunehmen und sie in das kleine Corona-Hotel in die Belgrave Road brachte. Die beiden Jamaikaner gaben Anja und Thorsten Geld, um das Hotel zu bezahlen und um etwas Essbares aufzutreiben. Die Tasche mit dem Kokain nahmen sie mit.

Am nächsten Tag wurden sie abgeholt und zu Father gefahren. Father war ein schwarzer Jamaikaner, der schon etliche Jahre in England lebte und hauptsächlich für die Verteilung von weichen Drogen wie Haschisch und Gras verantwortlich war. Er war der Kopf einer weiteren wichtigen Gruppe der Organisation. Father war damals um die Fünfzig und wie der Name schon sagt, sehr fürsorglich und ein „väterlicher" Typ. Am Gebäude angekommen passierten Thorsten und Anja mit einem mulmigen Gefühl einige Checkpoints. Diese Kontrollpunkte waren innerhalb des runtergekommenen Hauses von den eigenen Leuten strategisch besetzt. Es sollte Fremden sowie Drogenkäufern erschweren, sich ohne Weiteres, frei im Haus zu bewegen. Es schien den beiden eine Ewigkeit zu dauern bis sie endlich einen gemütlich aussehenden Raum betraten – den Eingang zu Fathers Privatgemächern. Das ungute Gefühl bei Thorsten und Anja war wie weggefegt. Sie bekamen die leckersten jamaikanischen Speisen serviert, Getränke frei Wahl und sie wurden reichlich mit Hasch und Gras versorgt. Aus den riesigen Lautsprechern hörten sie Aktuelles aus den Charts und natürlich die allerneuesten Reggaesongs. In einem anderen Zimmer spielten Thorsten und Anja an der Playstation und wurden in die Familie integriert. Father zeigte ihnen sogar ein paar Sehenswürdigkeiten in London und sie verbrachten dort dank der Verzögerung ein paar tolle Tage.

Wie gesagt, Jimmy, Danny sowie Father waren eigentlich für den Vertrieb von weichen Drogen zuständig und es musste noch der richtige Abnehmer gesucht und gefunden werden. Paul wollte nämlich nicht mehr mit seiner alten Connection zusammenarbeiten. Es gab Streit über einen alten, lang zurückliegenden Deal.

Am Ende des dritten Tages flogen Anja und Thorsten von London Heathrow nach Frankfurt zurück. Sie landeten am Rhein-Main-Flughafen und fuhren zusammen mit einem Taxi nach Stolberg. Später erfuhr ich, dass Anja dafür mal eben 300 DM bezahlte. Eine Zugfahrt wäre ja auch zu anstrengend für Madame gewesen. In der Zwischenzeit verbrachte ich mein tristes Dasein meistens alleine auf dem Hotelgelände im Orchids. Viel tun konnte ich nicht. Es war ein ständiges Warten auf meine nächste Mahlzeit, wobei sich Michael unterschiedlich lange mit mir unterhielt. Paul kam irgendwann auch hinzu und durch ihn erfuhr ich weitere Hintergründe. Es gab Komplikationen mit den Abnehmern in London, wobei ich Paul sämtliche Informationen aus der Nase ziehen musste. Nichts war mehr mit Ausflügen oder Partys. Ich wurde bewusst knapp bei Kasse gehalten und konnte nirgendwo hin. Anja war in der Obhut der Jamaikaner, quasi ein Druckmittel gegen mich. Ich hatte keine Ahnung, wie es meinen Leuten ging.

Erst ab dem dritten Tag wurde es besser. Michael holte mich ab und wir fuhren zu einem Calling-Center nach Sav. In Jamaika gab es zu dieser Zeit hauptsächlich Prepaid-Karten fürs Handy. Ich war froh, Anjas Stimme zu hören. Sie klang fröhlich und begeistert. Nachdem ich auch noch kurz mit Thorsten gesprochen hatte, stieg meine Stimmung. In den nächsten Tagen nahm sich auch Paul wesentlich mehr Zeit für mich. Wir fuhren zum Haus seiner Familie, wo ich seine Frau Anne und seine drei Kinder kennenlernte. Ich spielte mit seiner jüngsten Tochter, während Paul geschäftlich unterwegs war. Seine Frau war tagsüber in ihrer eigenen Modeboutique tätig, obwohl mir Paul verriet, dass die Geschäfte dort schlecht liefen. Der Klamottenladen diente nur zur Tarnung für Pauls Drogenbusiness, auch wenn er davon nichts seiner Frau erzählte. Der Kontakt zwischen mir, Paul und Michael wurde intensiver. Ich erfuhr, dass Michael eine solch hohe Stelle in Pauls Organisation einnahm, da er fünf Jahre für ihn in Panama im Knast abgesessen hatte. Außerdem war er mit einer von Pauls Schwestern zusammen.

Ab und zu holte ich mit Michael die Kids von der Schule ab oder fuhr mit Paul zum Essen an den Strand von Negril. Endlich erfuhr ich detailliert seine wahren Pläne, die wohl von Anfang an in seinem Kopf schwirrten. Da sich Paul mit seinen ursprünglichen Abnehmern überworfen hatte und ein neuer Vertriebspartner in England gesucht und gefunden werden musste, war der zu erwartende Gewinn wesentlich geringer als ursprünglich gedacht. Erst nach einer gewissen Anlaufzeit war der neue Kontakt bereit, mehr für die Unze Kokain zu bezahlen. In London bzw. England wird nach Unzen (1 Unze = 28 Gramm) abgerechnet. Will man also ein Kilogramm auf dem Markt verkaufen, muss man letztendlich 36 Unzen, also 1008 Gramm auf die Waage bringen. Pauls Mittel waren damals knapp. Er vertraute mir an, dass er mit seinem letzten Geld den Drogendeal finanziert hätte. Der Deal musste also klappen. Das erklärte natürlich einiges. Im Prinzip lief alles darauf hinaus, dass er sein Versprechen, uns 10.000 Pfund für den Kurierdienst auszubezahlen, nicht ohne Weiteres hätte einhalten können. Durch die Blume bat er mich, unser Geld wieder zu reinvestieren. Er könnte uns sehr, sehr reich machen und wir würden ein sorgenfreies Leben in Jamaika oder wo auch immer verbringen. Na ja, ich hatte damals keine Ahnung von dem Geschäft, besaß kaum Bares und Anja war 8.500 km von mir entfernt. Mein Visa war Ende Juni wieder abgelaufen und die Arbeitsgenehmigung, die die Firma Tourwise beantragt hatte, war auch noch nicht durch.

Zwischenzeitlich waren Anja und Thorsten wieder in Deutschland angekommen. Thorsten hatte eine 2-Zimmer-Wohnung in einem kleinen Dorf kurz vor der Eifel gemietet. Anja konnte nicht bei ihren Eltern wohnen. Sie wussten zu dem Zeitpunkt, dass wir keine 1.000 US-Dollar mehr besaßen. Daher nahm sie gerne das Angebot an, bei Thorsten zu übernachten. Das Einzige, was Anja bis dahin für ihren Drogentransport bekommen hatte, waren 2.000 Pfund. Jimmy hatte ihr den Betrag gegeben und beide Flugtickets bezahlt. Der Verkauf des Kilos Kokain auf den Straßen Londons war bei dem Rückflug noch nicht abgeschlossen. Paul hatte aber eh nicht vor, uns die versprochene Summe auszubezahlen. Auch die 5.000 DM für Thorsten standen noch aus. Deshalb hatte Jimmy das Geld erstmal vorgeschossen. Den Erlös aus dem Kilo Kokain sollte er behalten, bis ihm Paul genaue Anweisungen geben würde.

Um Anja aus der Gefahrenzone zu halten und auch um gegen Paul ein kleines Druckmittel in der Hand zu haben, vereinbarte ich mit ihr, erstmal bei meinem Ziehsohn zu bleiben bis ich sie wieder anrufen würde.

Pauls Angebot

Etwa eine Woche nach meiner Einquartierung ins Orchid Hotel kam Paul abends vorbei. Er war noch besser als sonst gekleidet und grinste mich an:

„Yoo, Mikey, es gibt gute Neuigkeiten. Spring schnell unter die Dusche und zieh Dir was Vernünftiges an", sagte er voller Elan und mit einer ausgesprochen guten Laune. Fragend schaute ich ihn an.

„Wir haben was zu feiern. Los beeil Dich, wir gehen essen. Alles Weitere erkläre ich Dir unterwegs", strahlte er glücklich und ausgelassen.

Ich beeilte mich, schmiss mich in Schale und marschierte neugierig zum Parkplatz, wo Paul schon ungeduldig auf mich wartete. Unterwegs erfuhr ich, dass Jimmy ihn eben angerufen hatte und dass das Koks komplett verkauft war, also nicht nur unsere Tasche, die Anja transportiert hatte, sondern auch die Mengen der anderen Kuriere. Der gesamte Erlös sei auf dem Weg nach Jamaika. Er schlug mir auf die Schulter und nickte mir zu, als er sagte:

„Das ist zu einem großen Teil Euer Verdienst. Deswegen möchte ich Dir auch einen besonderen Vorschlag machen. Wir besprechen alles beim Essen, okay?"

„Wohin fahren wir eigentlich?" fragte ich.

„Ins Cosmos nach Negril. Ich hoffe, Du isst gerne Fisch. In ganz Westmoreland findest Du kein besseres Fischrestaurant", beantwortete er meine Frage.

Das Cosmos liegt fast am Ortsausgang von Negril auf dem Norman Manley Boulevard, direkt am Sandstrand. Obwohl der Bau und die Einrichtung sehr einfach gehalten waren, strahlte das Restaurant ein gewisses exklusives Ambiente aus. Eine Jamaikanerin brachte uns die Speisekarte. Mit einem Lächeln nahm sie schon mal die Bestellung der Getränke entgegen. Paul entschied sich für ein Red Stripe Bier, während ich einen Fruit-Punch aus frisch gepressten Mangos, Bananen, Melonen, Orangen und Passionsfrüchten verlangte. Die Speisekarte umfasste hauptsächlich Fisch. Paul empfahl mir den Hummer mit Knoblauchsauce. Er bestellte einen Red Snapper mit Reis und Gemüse. Er hatte wahrlich nicht übertrieben. Auch wenn der Hummer eher die Größe einer Languste aufwies, so war er doch sehr, sehr lecker.

Nachdem wir gegessen hatten und Paul noch einen Blue Mountain Kaffee für uns geordert hatte, fing er an, über sein Vorhaben mit mir zu reden. Er machte ein ziemliches Theater darum, bevor er endlich mit der Sprache rausrückte. Er versuchte mir zu schmeicheln indem er versicherte, dass es nur wenige Leute auf dieser Welt gäbe, denen er vertraue und solch ein einzigartiges Angebot machen würde. Er könne uns unvorstellbar reich machen.

Er bot mir an, das Geschäft fortzuführen, wobei wir uns mit einem Drittel an den Kosten beteiligen sollten. Pro Kurier sollten wir den Erlös aus einem Kilo Koks erhalten. Dieser sollte maximal drei Kilo mit sich führen und nicht öfters als zweimal im Jahr eingesetzt werden. Natürlich war sein Angebot nicht aus reiner Nächstenliebe entstanden. Wir sollten die Kuriere stellen und die Organisation und Koordination der Drogentransporte von Europa nach Jamaika und zurück nach England managen. Die Beschaffung, Verpackung, Betreuung in Jamaika und der Verkauf in London waren die Aufgaben der Organisation.

Das war das Angebot. Um mehr zu erfahren, fragte ich ihn nach der Quelle des Kokains und vor allen Dingen, wie der Transport nach Jamaika ablief. Paul erklärte mir, dass er Anfang der 90er nach Bogota und dann weiter nach Cali geflogen war, um dort bessere Preise und rentablere Transportwege von Kolumbien nach Jamaika auszuhandeln. Michael, der ihn begleitete, war jedoch dazu verdammt, im Hotelzimmer auf die Rückkehr von ihm zu warten. Paul wurde von drei schwer bewaffneten Kolumbianern abgeholt und in einem offenen Jeep ging es durch die Stadt. Sie passierten Straßensperren und sahen Männer in Tarnuniformen mit Schnellfeuerwaffen im Anschlag. Paul gestand mir, dass er damals das erste Mal richtig Schiss hatte und um sein Leben bangte. Nachdem man die Stadt hinter sich gelassen hatte, ging es raus aufs Land. Paul wurde auf eine eindrucksvolle Hazienda gebracht, wo ihn ein gut gekleideter Kolumbianer, der für die Transporte von Kokain in die Karibik zuständig war, empfing.

Durch die Rivalität zum Medellin-Kartell waren potenzielle Abnehmer des Cali-Kokains durchaus willkommen. Zu der Zeit war der Machtkampf zwischen dem Medellin- und dem Cali-Kartell auf seinem Höhepunkt. Das Cali-Kartell, in den 70ern von Gilberto Rodriguez Orejuela, seinem Bruder Miguel und José Santacruz Londoño gegründet, war ein Zusammenschluss verschiedener Kokainproduzenten. Sie unterstützten die paramilitärische Los Pepes (Perseguidos par Pablo Escobar – Verfolgte von Pablo Escobar) und versorgten die amerikanische DEA mit Infos über Aktivitäten von Escobar und seinem Medellin-Kartell. Los Pepes schaltete gezielt Escobars Kommandostände, Geschäfte sowie seine Leutnants aus. Mit Hilfe der kolumbianischen Regierung, der DEA und nicht zuletzt Los Pepes zerschlug das Cali-Kartell das Medellin-Kartell und Pablo Escobar wurde schließlich auf der Flucht erschossen. Die Cali-Führer waren gewiefte Geschäftsleute. Sie investierten massiv in politischen Schutz und kauften ganze Landstriche. Über den Zeitraum einer Dekade haben der frühere kolumbianische Präsident Ernesto Samper und Hunderte Kongressabgeordnete und Senatoren von den Orejuala Brüdern großzügige Wahlkampfspenden angenommen.

Mitte der 90er wurden die Führer des Cali-Kartell allerdings aufgespürt und zu langen Haftstrafen verurteilt. Viele Experten glauben, dass sie mit der kolumbianischen Regierung einen Deal ausgehandelt haben. Die Regierung sicherte ihnen zu, dass die Führungsriege nicht an die USA abgeschoben wird. DEA-Agenten gehen davon aus, dass sie ihr Imperium nach wie vor aus dem Gefängnis heraus leiten.

Nach der Zerstörung von Cali- und Medellin-Kartell erkannten junge Offiziere, dass große Organisationen zwangsläufig angreifbarer für US- und kolumbianische Behörden waren. Aus diesem Grunde bildeten sie weit kleinere, viel schwerer einsehbare Gruppen, die völlig autark zu arbeiten vermochten. Die kolumbianische Polizei und die DEA glauben, dass heute mehr als 300 aktive Drogenschmuggel-Organistionen in Kolumbien operieren. Das Kokain wird in jede Industrienation der Welt verschifft und die Gewinne sind nach wie vor gigantisch hoch.

Ähnlich war auch die jamaikanische Organisation mit Paul als Boss als dezentrale Gruppe aufgebaut. Nur dass sie nicht selber Kokain anbaute bzw. produzierte. Paul überließ man bestimmte Mengen zu einem guten Preis. Dieser lag locker unter der Hälfte des Preises, den man in Jamaika für ein Kilogramm auf den Tisch legen musste. Auch der Transportweg wurde ausführlich besprochen. Die kostengünstigste und zudem auch sicherste Lösung für die Kolumbianer, das Kokain zu den Umschlagplätzen zu bringen, lag auf dem Wasserweg. Das fertig verpackte Kokain gelangte über den Landweg zu den Küsten im Norden Kolumbiens.

Dort wird die Ware in Speedboote verfrachtet und entlang der Küste Richtung Norden in die USA gebracht oder zu den karibischen Inseln, von wo es dann nach Europa weitergeleitet wird. Die meisten Dealer-Boote nutzen die kubanischen Gewässer, da sie genau wissen, dass die US-Coast-Guard-Einheiten nicht in die 12-Meilen-Zone, die Hoheitsgewässer von Kuba eindringen dürfen. Die Speedboote sind etwa 10-15 Meter lang und mit zwei oder mehreren Motoren ausgerüstet. Die Boote sind bis zu 70 Knoten schnell und können Ladungen bis zu 1500 Kilo transportieren. Diese langen, schlanken Boote bestehen aus Kunststoff- oder Fiberglas, um das Oberflächen-Suchradar zu verwirren oder gar auszutricksen. Die Boote sind viel wendiger und schneller als die meisten Schiffe der Küstenwache. Nur eine rauhe See kann sie behindern. Bis zu 1000 PS haben die Außenbordmotoren. Bestückt mit mehreren Fässern Treibstoff und Schmieröl können die Schnellboote bis zu 700 Meilen mit durchschnittlich 25 Knoten zurücklegen. Die Boote haben weder Flaggen noch Zahlen oder sonstige Kennzeichnungen. Meistens werden sie in den Farben des Ozeans lackiert, um es schwieriger zu machen, sie aus der Luft zu entdecken.

Im Schutz der Dunkelheit sind die Anlaufstationen Black River, St. Margarat's Bay, Belmont, Yallahs, Rocky Point oder andere Stellen der 1022 km Küstenlinie Jamaikas. Man schätzt, dass circa 70-100 Tonnen Kokain jährlich auf Jamaika umgeschlagen werden. Mit solchen Mengen ist man die Nr. 1 in der Karibik.

Paul war heilfroh, als er zurück in seinem Hotelzimmer in Cali war. Der Deal hatte geklappt. Man hatte ihn und Michael unbehelligt abfliegen lassen, aber die äußeren Umstände des Besuchs hatten ihn dazu bewogen, nie wieder nach Kolumbien zu fahren. Mittlerweile schlossen sich auch verschiedene, kleinere jamaikanische Kokainschmuggler zusammen, um sich die Kosten größerer Lieferungen per Speedboot aus Kolumbien zu teilen. Aber nicht nur Speedboote, sondern sogar kleine U-Boote, aber genauso auch Fischerboote werden heute, wie vor zehn Jahren, als Transportmittel genutzt. Ein Speedboot kann die Strecke zwischen Kolumbien und Jamaika und zurück unter einem Tag schaffen. Die Boote können fast jede US- oder jamaikanische Defence-Force-Coast-Guard-Einheite überholen oder ausmanövrieren.

Seit jenem Treffen in Kolumbien hatte die Organisation, mit der ich es zu tun hatte, auf jeden Fall feste Vereinbarungen mit dem Cali-Kartell laufen.

Jamaika – London

Als ich etwa eine Woche nach Pauls Angebot mit Anja telefonierte, erklärte ich ihr die Situation. Sie war natürlich genauso „begeistert" wie ich über die Änderung der ursprünglichen Abmachung. Aber was sollten wir tun? Sie hätte sich höchstens in das nächste Flugzeug setzen können und sich von Thorsten mit einem warmen Händedruck verabschiedet. Nach Abzug des Flugtickets wären dann etwa 4.000 DM übrig geblieben und ob uns Paul so einfach hätte gehen lassen, ist zu bezweifeln. Außerdem waren wir uns auch nicht sicher, ob wir nur ausgenutzt wurden und am Ende vielleicht überhaupt nichts von dem Geld abkriegen würden.

Trotzdem entschieden wir uns weiter zu machen. Allerdings stellte ich zwei Bedingungen, die mir Paul nach kurzem Überlegen zubilligte. Die erste Bedingung war, dass mein Stiefsohn Thorsten und sein bester Freund Richie für zwei bis drei Wochen nach Jamaika kommen würden, bevor wir starteten. Für Kost und Logis, einen Mietwagen und genügend Geld, um ein wenig feiern zu können, sollte Paul aufkommen. Die zweite Bedingung war, dass weder Anja noch ich je wieder als Kuriere eingesetzt würden. Wenn er uns dann hinterginge, hätten wir wenigstens vorher noch Spaß gehabt. Doch Paul betonte sogar, dass er uns nicht als Angestellte sehen würde, sondern dass wir in seinen Augen echte Partner wären.

Erneut telefonierte ich mit meiner Freundin, um sie auf den neuesten Stand zu bringen. Mit den Telefonaten waren wir extrem vorsichtig, gerade wenn es ums Geschäft ging. Ich rief sie meistens von einem Calling-Center auf ihrer Handynummer an, die sie sich zwischenzeitlich besorgt hatte. Bei einem bestimmten Codewort ging sie in eine öffentliche Telefonzelle und rief mich zurück oder gab mir die Telefonnummer der Zelle. So brauchten wir keine Angst zu haben abgehört zu werden.

Da ja Thorsten eine ganze Weile bei mir früher gewohnt hatte, kannte ich viele seiner Freunde, vor allem Richie. Wir verbrachten in Eschweiler, wo ich länger gewohnt hatte, einige Zeit miteinander und ich mochte ihn sehr. Anja und Thorsten hatten ihn zwischenzeitlich über unsere Aktivitäten informiert. Auch er war hellauf begeistert und bereit, einen Transport durchzuführen. Anja sollte sich um alles kümmern. Die Papiere mussten in Ordnung sein und die Flugtickets für alle drei Personen sollten so schnell wie möglich gebucht werden. Schließlich wollte ich Anja endlich wieder in meine Arme schließen.

Es gab ein paar Probleme mit Thorstens Reisepass, so dass er eine Woche nach Anja und Richie fliegen sollte. Sie hatte keine Lust auf ihn zu warten und bestätigte die Buchung für einen Flug, der ein paar Tage später ging. Allerdings sollte sie das Geld für die Tickets vorstrecken, was mir damals gar nicht schmeckte. Paul versicherte mir hoch und heilig, alles zurückzubezahlen. Es wäre doch Quatsch, Geld nach Deutschland zu überweisen, wenn Anja dies vor Ort hätte und außerdem nur mit weiteren Kosten verbunden. Recht hatte er, doch konnte ich ihm trauen? Spätestens nach dem Verkauf der zweiten Lieferung sollten wir alles zurückbekommen, inklusive die 5.000 DM für Thorstens Kurierfahrt. Ich verdrängte meine Skepsis und versuchte positiv zu denken. Immerhin hatten wir in den letzten Wochen eine Menge erlebt und mein Ziehsohn und Richie würden nach Jamaika kommen. An so etwas hatten wir Monate zuvor nicht im Traum gedacht.

Paul erfüllte die erste Bedingung. Er besorgte den PKW und mietete uns ein geräumiges Appartement auf zwei Ebenen, inklusive einer großen Küche. Es befand sich in einer besseren Lage von Montego-Bay mit einer tollen Aussicht über die Küste. Paul, Michael und ich holten die beiden vom Flughafen ab. Die Begrüßung war höchst emotional. Richie, der schon seit Jahren keinen Urlaub mehr gemacht hatte, war sichtlich begeistert und umarmte mich lange. Auf dem Weg zur möblierten Wohnung hielten wir an einem kleinen Supermarkt und deckten uns mit allerhand Getränken und Lebensmitteln ein. Nachdem wir unsere Sachen verstaut hatten, unterhielten wir uns ein wenig mit Michael und tauschten unsere Erlebnisse untereinander aus.

Bevor sich Michael wieder auf den Nachhauseweg machte, drückte er mir ein Bündel Dollars in die Hand und gab mir eins seiner Handys. Wir sollten uns zwischendurch melden und erstmal die schönen Seiten Jamaikas genießen. Auch eine Tüte von dem Spitzengras überließ mir Michael zur freien Verfügung. Daran war besonders Richie interessiert. Also bauten wir uns einen dicken, fetten Joint und stießen so auf unser Wiedersehen an. Nach einigen Spliffs, etlichen Red Strip-Bieren und spannenden Geschichten über Jamaika verbannten wir Richie in sein Bett in der unteren Etage des Appartements. So angeheitert und beflügelt, vögelten Anja und ich uns erstmal den Verstand aus dem Leib, was Richie wohl in der Nacht dazu brachte, sich in sein Kopfkissen zu vergraben. Auf jeden Fall beschwerte er sich lauthals am nächsten Morgen beim Frühstück.

Die erste Woche verbrachten wir in der näheren Umgebung. Wir zeigten Richie ein wenig Mo-Bay, gingen zum Strand und hatten abends Spaß in

Clubs. Über die Sache an sich sprachen wir relativ wenig. Wir wollten nicht alles zweimal erzählen und warteten, bis Thorsten eine Woche später die Insel erreichte. Auch er war glücklich in Jamaika zu sein. Er freute sich sehr, mich wiederzusehen und war beeindruckt von dem ganzen Luxus um uns herum. In der zweiten Woche spielten wir für die Jungs den Tourguide und zeigten ihnen die schönsten Plätze. Es war eine tolle und harmonische Zeit und eigentlich hatten wir vor, das Ganze noch eine Woche weiter zu machen, aber Paul drängte. Er wollte anfangen; erst mit Richie und dann die Woche drauf mit Thorsten.

Paul und Michael kamen nach Mo-Bay ins Appartement. Wir saßen alle zusammen und hielten „Kriegsrat". Grob wussten die beiden ja Bescheid. Anja hatte schon das ein oder andere bei ihrem Besuch in Germany erklärt und ich versuchte den beiden so gut es ging all ihre Fragen zu beantworten. Keiner von den Jungs musste großartig überredet werden. Im Gegenteil, sie waren Feuer und Flamme, erst recht, als sie von der Bezahlung in Höhe von 12.500 DM pro Kurier hörten. Alle stimmten den Bedingungen zu. Der Start war gemacht. Ich brauchte lediglich jemanden, der Richies Zeug von Deutschland nach London brachte. Die beiden sagten mir, dass Christian, den ich als Freund von Thorsten kannte, generell Interesse hätte, sich Geld auf diese Weise zu verdienen. So kam es, dass ich zwei Tage vor Richies Rückflug zusammen mit Paul nach London flog. Anja blieb währenddessen mit Thorsten in Jamaika.

In London holte uns ein Fahrer vom Flughafen ab. Er war ein Afrikaner, der uns seine Wohnung im Londoner Bezirk Clapham zur Verfügung stellte, während er irgendwo anders unterkam. Egal wo wir hin mussten, ein Anruf genügte und er stand uns zur Verfügung. Am nächsten Tag lernte ich Jimmy kennen, den Cousin von Paul. Er war supernett, ein richtiger Kumpeltyp und behandelte mich sehr respektvoll. Ich glaube, erst in London wurde mir das erste Mal so richtig bewusst, in was für Kreise ich mich reinmanövriert hatte. Paul wurde in dieser Zeit immer unzugänglicher. Er hatte Probleme. Der neue Abnehmer war zu gierig, so dass er noch mal mit seiner alten Connection ins Geschäft kommen wollte. Doch die waren nach wie vor mir gegenüber skeptisch. Oft musste ich bei den Treffen mit Pauls Gesprächspartnern in dem zweiten Zimmer ausharren oder aber die Wohnung verlassen. Nur mit Jimmy oder Danny hatte ich Kontakt.

Der Tag von Richies Rückflug war gekommen. Paul wollte, dass ich nach Deutschland fliege. Ich sollte ihn im Auge behalten und kontrollieren, ob er heil die Zollkontrolle passiert. Außerdem musste ich mich um den Weitertransport des Kokains nach London kümmern. Ich richtete es ein, dass ich fast gleichzeitig mit Richie am Düsseldorfer Flughafen eintraf. Nur mit meinem Handgepäck checkte ich aus und begab mich zu der Stelle, an der die Fluggäste aus Montego-Bay die Sicherheitszone verlassen würden. Während ich auf die Urlauber wartete, entdeckte ich Richies Mutter in der Menge.

Da wir in der Nähe von Aachen damals Nachbarn waren und Thorsten und Richie in die gleiche Schule gingen, kannten wir uns flüchtig. Ich überlegte kurz, was ich machen sollte. Noch hatte sie mich nicht gesehen und ich könnte mich unauffällig zurückziehen, doch ich beschloss, in die Offensive zu gehen und sie anzusprechen. Ein wenig erstaunt begrüßte sie mich. Ich erklärte ihr, dass ich kurzfristig aus geschäftlichen Gründen nach Aachen musste und vorher für meinen neuen Boss noch etwas in England erledigt hatte. Ich spekulierte auf eine Mitfahrgelegenheit nach Aachen, um der Tasche und Richie nahe zu sein. Sie bot mir tatsächlich an, mich mitzunehmen.

Wir fuhren also nach Eschweiler. Dort kochte Richies Mutter erst mal für uns. Sie war sehr an der Kultur Jamaikas interessiert und wollte ihren Sohn auch nach zwei Wochen ein wenig um sich haben, bevor dieser gleich wieder abhaute. Nachdem ich ihr nach etwa anderthalb Stunden erklärte, dass ich noch etwas in Aachen zu erledigen hätte, ließ sie uns ziehen. Wir schnappten uns die Tasche und fuhren auf direktem Wege zur Junggesellenwohnung von Christian. Auch ihn kannte ich noch von früher. Ich erklärte ihm kurz und bündig, worum es gehen würde. Richie versicherte ihm, dass die Sache narrensicher und easy sei, entsprechend schnell willigte er ein.

Wir machten die Sache genauso wie Anja und Thorsten schon zuvor. Ich nahm den Zug zwei Stunden später nach Brüssel und traf nach einer Zollkontrolle Christian am Bahnsteig nach London. Wir hielten nur Augenkontakt miteinander und stiegen getrennt in den Eurostar ein. In London wollten wir uns dann vor der Waterloo Station treffen. Da ich mich in einem der hinteren Zugabteile befand, erreichte Christian vor mir das Ende des Gleises. Ich befand mich etwas hinter ihm und konnte beobachten, wie ihn zwei Männer anhielten und in ein Gespräch verwickelten.

Einer von ihnen hielt Christian einen geöffneten, schwarzen A5-Ordner entgegen und tippte auf eine bestimmte Stelle. Danach schaute er ihn fragend an. Ich verlangsamte mein Tempo. Erst dachte ich, dass es sich bei den beiden Männern um irgendwelche Verkäufer handeln würde. Danach kam mir in den Sinn, dass die beiden so eine Art Zeugen Jehovas wären, die ihn mit Bibelsprüchen bekehren wollten. Ich ging ganz normal weiter. Doch plötzlich sah ich im Vorbeigehen, bei einem der Männer kurz einen Halfter mit einer Schusswaffe unter dem Jackett aufblitzen. Nicht weit von den Dreien war eine Infotafel. Langsam schlenderte ich darauf zu und tat so, als ob ich den Fahrplan studieren würde. Aus einem Augenwinkel beobachtete ich weiter das Geschehen. Sie waren immer noch mit dem Ordner zugange und unterhielten sich. Christian machte keinen glücklichen Eindruck.

Plötzlich ergriff der größere Mann Christians Tasche und kramte all seine Sachen auf den Boden der Bahnhofsstation. Aus seinem Koffer holte er eine Art Handstaubsauger hervor und fuhr damit den Boden der Reisetasche entlang. Ich schaute mir die beiden genauer an. Der Große hatte einen typisch englischen „Bulldog" Gesichtsausdruck, während der Kleinere mich irgendwie an Mr. Bean erinnerte. So langsam dämmerte mir, wer diese Kerle waren. Es konnte sich nur um Scotland Yard- Beamte in Zivil handeln. „Scheiße, das war's dann wohl", dachte ich mir.

Ich empfand ein tiefes Bedauern für Christian. So viele Leute liefen unbehelligt aus dem Bahnhofsgelände herum, warum hielt man gerade ihn an? Eigentlich hätte ich mich schleunigst aus dem Staub machen müssen, doch ich blieb da wo ich war. Ich wechselte lediglich auf die andere Seite der Fahrplantafel. Dann beobachtete ich, wie Mr. Bean eine Art Lackmuspapier aus dem „Handstaubsauger" zog und es neben eine Tabelle hielt. Noch nie zuvor hatte ich so ein Gerät gesehen. Es war konstruiert worden, um verschiedenste Drogen nachzuweisen. Im Prinzip dasselbe System, das auch heute bei Verkehrskontrollen eingesetzt wird. „Bulldogface" grinste hämisch. Spätestens jetzt war ich mir sicher, dass alles geplatzt war. Auf einmal packte Christian aber alle seine Sachen zurück in die Tasche und ging Richtung Ausgang.

Die Beamten schauten ihm kurz nach und kümmerten sich dann um andere Passanten. Ich verstand die Welt nicht mehr, war aber heilfroh. Nachdem ich mich vergewissert hatte, dass die Beamten ihn nicht verfolgten, setzte ich mich wieder in Bewegung. Draußen traf ich Christian. Wir tauchten erstmal unter – bloß weg vom Bahnhof. Ich rief die Nummer an, die mir Paul zuvor gegeben hatte. Nachdem ich meinem Telefonpartner alles erklärte, verabredeten wir uns beim Busbahnhof vor der Waterloo Station.

Da saßen wir nun mit guten zwei Kilo Kokain in der Reisetasche. Es nieselte leicht, typisches Englandwetter und wir hockten ziemlich bedröppelt auf einer überdachten Bank. Der Platz war zwar öffentlich, aber für die Übergabe des Kokains nicht gerade geeignet. Durch den Entschluss, Christian nicht alleine nach London fahren zu lassen, musste ich von dem wenigen Geld, das Paul mir gegeben hatte, ein zweites Zugticket kaufen. Normalerweise hätte ich dort keine zehn Minuten gewartet und wäre mit meinem Kurier gleich in ein kleines Hotel gegangen, doch dafür reichte das Geld bei weitem nicht aus.

Christian verkraftete den kleinen Zwischenfall relativ gut. Man sah ihm die Erleichterung deutlich an. Der Junge war ein richtig cooler Typ; von der Clique wohl derjenige mit den besten Nerven.

„Was hatte es eigentlich mit dem schwarzen Ordner auf sich?", fragte ich ihn.

„Ach, da waren so Standardfragen drin. Auf der linken Seite in Englisch und rechts in mehrere Sprachen übersetzt", sagte er.

„Was wollten die Cops denn so wissen?", hakte ich nach.

„Die üblichen, blöden Fragen eben. Woher ich komme, was ich in London will und wie lange ich hier bleiben würde."

„Und ... was hast Du denen erzählt?", fragte ich weiter.

„Ich hab denen gesagt, dass ich einen alten Schulfreund, der nach London gezogen ist, besuchen will. Die wollten dann die Adresse wissen, doch ich hab denen verklickert, dass ich nur seinen Namen habe und wüsste, dass er irgendwo in Soho in einer Art Wohngemeinschaft lebt.", erklärte er.

„Gut. Hast Du eigentlich eine Ahnung, warum sie ausgerechnet Dich kontrolliert haben?", wollte ich von ihm wissen.

Ein wenig beschämt schaute er zur Seite:

„Ich glaube, ganz so clever war ich doch nicht. Auf der Fahrt von Brüssel nach London habe ich mich mit einem Marokkaner unterhalten."

Fragend schaute ich ihn an.

„Na ja, wir haben unter anderem über Haschisch und die Kifferei gelabert. Die Bullen haben das Gespräch leider mitbekommen. Das war dann auch der Grund, warum sie meine Tasche gecheckt haben."

„Das kann doch wohl jetzt nicht Dein Ernst sein, oder? Du meine Fresse, da siehst Du mal, was aus einem vermeintlich harmlosen Gespräch werden kann. Bei Kurierfahrten kümmert man sich ausschließlich um seine eigenen Sachen. Da werden keine Gespräche über Drogen geführt und erst recht nimmt man keine zu sich", maßregelte ich ihn.

„Sorry, tut mir echt leid. Mir war so langweilig und ich wollte mich ein wenig ablenken", gab er zu.

„Na ja, das ist ja gerade noch mal gut gegangen. Ich hoffe, das war Dir eine Lehre."

Das System an sich war perfekt. Wenn die Polizei Drogendealer oder Kuriere hochnahm, lag das meistens an den Leuten selber. Entweder sie verhielten sich auffällig, gaben zu viel Geld in zu kurzer Zeit aus oder sie verpfiffen sich gegenseitig. Christian hatte diesmal verdammt großes Glück gehabt und ich hoffte, dass er sich das auch zu Herzen nahm.

Ich befahl ihm, an Ort und Stelle zu warten und sich auf keinen Fall in ein Gespräch verwickeln zu lassen. Zwischenzeitlich ging ich in die Bahnhofshalle, um erneut zu telefonieren. Ich solle mich noch ein wenig gedulden, war die Antwort. Sie hätten nicht so schnell einen Fahrer auftreiben können. Nach zwei weiteren Anrufen und insgesamt drei Stunden Wartezeit kamen dann endlich zwei Schwarze, die uns in einem Hotel in der Belgrave Road einquartierten. Sie hatten immer noch Bedenken, dass ich ein Spitzel sei, deswegen auch die Zeitverzögerung.

Die ganze Zeit über hatten sie uns beobachtet. Im Hotel bekamen wir ein paar Pfund in die Hand gedrückt, bevor sie mit der Reisetasche verschwanden. Wir sollten uns in unmittelbarer Nähe des Hotels aufhalten. Am nächsten Morgen wollten sie sich dann wieder melden. Christian und ich duschten uns erstmal. Danach zogen wir uns was Frisches über und speisten in einem nahegelegenen chinesischen Restaurant. Wir ließen den Tag noch mal Revue passieren. Ein wenig später erschienen die beiden Jamaikaner. Sie hielten ihr Versprechen und Christian bekam seine 5.000 DM in englischen Pfund ausbezahlt. Anschließend fuhren wir gemeinsam zum Flughafen. Das Ticket war schon für ihn hinterlegt worden. Etwa eine Stunde betrug die Flugzeit von London-Gatwick bis Düsseldorf. Wir verabschiedeten uns voneinander und ich versprach, sobald ich wieder in Deutschland sei, mich zu melden. Dann ging es wieder zurück ins Hotel, wobei sie mir eine kleine Tüte Gras zusteckten. Bis auf die drei Stunden Wartezeit waren die beiden in Ordnung; nett, sympathisch, aufmerksam. Nachdem keine Komplikationen aufgetreten waren, behandelten sie uns wie ihresgleichen.

Paul befand sich nicht in London. Ich glaube, er war in Birmingham, um irgendwelche Verhandlungen mit seiner alten Connection aufzunehmen. Die meiste Zeit über blieb ich im Hotel. Ich rauchte mir ein paar Joints und schaute fern. Noch eine weitere Nacht schlief ich im Hotel und wurde dann von unserem afrikanischen Fahrer zu Paul gebracht. Er hatte sich in der Zwischenzeit eine andere Unterkunft besorgt. Wieder von einem gut situierten Schwarzen, der in London lebte. Trotz des geglückten Geschäftes war Paul nicht gerade in bester Laune. Die Abnahme der Drogen schien noch immer nicht nach seinen Vorstellungen zu laufen. Er war mürrisch und mies gelaunt und wollte nicht mit mir über die Sache reden. Von wegen Partnerschaft, dachte ich mir. Eigentlich hatte ich nicht vorgehabt, mich in irgendeiner Art und Weise bei ihm zu beschweren, doch seine herablassende Art brachte mich auf die Palme.

„Meinst Du eigentlich, Du bist der einzige, der hier Probleme hat? Hast Du eigentlich eine Vorstellung davon, was Christian und ich vorgestern alles durchgemacht haben?"

Erstaunt zog er beide Augenbrauen nach oben, sagte aber kein Wort.

„Das Geld, was ich für den Transport des Kokains erhielt, war so knapp bemessen, dass wir bei der Ankunft in London noch nicht mal selber ein Hotel buchen konnten und stattdessen mit zwei Kilogramm vor dem Bahnhof von etlichen fremden Leuten angesprochen wurden.

Nicht nur, dass Scotland Yard die Reisetasche untersucht hat, nein, wir durften ganze drei Stunden auf unseren Kontaktmann warten. Das ist ja überhaupt nicht auffällig vor der Waterloo Station oder? Und Du? Du bist noch nicht einmal da, geschweige denn erreichbar. So etwas Unprofessionelles habe ich mein Lebtag noch nicht gesehen."

„Hoo hoo, calm down Mikey, easy mon", war alles was Paul von sich gab. Ich schaute ihn angriffslustig an, beruhigte mich dann ein wenig und sagte:

„So kann das auf keinen Fall weitergehen, Paul."

Er war sichtlich irritiert von meinem Wutanfall und schien in sich zu gehen. Einen Moment wusste ich nicht, ob er jetzt ausrastet, mir Recht gibt oder anfängt zu lachen. Irgendwie war es eine Mischung aus allem. Kurz überlegte er wohl alles hinzuschmeißen, doch er hätte nicht so schnell einen Ersatz für mich gefunden. Seine Zukunftspläne und das Geld waren wohl zu wichtig, also schluckte er seinen Ärger runter, bevor er antwortete:

„Hör zu Mikell. Das, was Dir passiert ist, tut mir leid. Die Leute hier hatten bis jetzt immer noch Bedenken was Dich angeht. Das Geld war deswegen so knapp, weil der neue Abnehmer einen so verfickten Preis für die Unze bezahlt. Bei meiner alten Connection habe ich noch eine Rechnung offen und komme nur sehr schleppend mit denen ins Geschäft. Außerdem, warum musstest Du auch in Jamaika unbedingt die Sau rauslassen? Das hat auch ne Menge Knete verschlungen."

„Warte mal; wer hat denn immer gesagt, dass alles kein Problem sei und dass wir alle verdammt reich werden würden?", argumentierte ich.

„Mann, Du hast überhaupt keine Ahnung von dem Geschäft. Misch Dich gefälligst nicht in meine Sachen ein. Weißt Du überhaupt, was das für Typen sind? Die sind nicht so kultiviert wie Du und ich. Besser Du kümmerst Dich um den Ablauf in Deutschland", raunte er mich an.

„Du hast doch immer von Partnerschaft geredet, schon vergessen? Meine Abmachung habe ich erfüllt. Unter diesen Bedingungen kann ich einfach nicht arbeiten. Ich habe keine Lust, dass ich oder meine Leute in den Knast wandern, bloß weil wir noch nicht einmal genügend Kohle in der Tasche haben, um ein Hotelzimmer zu bezahlen. So langsam sollte doch klar sein, dass ich kein Spitzel bin. Mach das endlich deinen Leuten klar!", schnauzte ich zurück.

Röte stieg in Paul's Gesicht. Ich stellte mich innerlich darauf ein, dass er jeden Moment auf mich losgehen würde. Ich weiß zwar nicht wie, doch er schaffte es, seine Fassung zu bewahren. Er schluckte zweimal, schaute mich mit einem tödlichen Blick an und sagte dann trotzdem ruhig:

„Pass auf, bevor Thorsten nächste Woche ankommt, habe ich alles geregelt. Du hast Recht, was die Organisation angeht, muss sich etwas ändern. Vertrau mir einfach, beim nächsten Mal läuft alles perfekt, okay!?!"

Ich war zwar immer noch mächtig wütend, doch wollte ich die Situation nicht eskalieren lassen. Ich nickte ihm nur stumm zu. Mein Vertrauen in ihn war allerdings verschwunden. Ich war auf der Hut.

Er behandelte mich weiterhin ziemlich mies. Die Stimmung war auf dem Nullpunkt angekommen. Wenn Leute kamen, musste ich mich in den Nebenraum verdrücken oder sollte spazieren gehen. Ich verlangte einen Mietwagen, bekam diesen dann auch und verbrachte so oft es ging meine Zeit außerhalb der Wohnung. Ich fuhr quer durch die Stadt und beschäftigte mich mit mir selber.

Wir warteten darauf, dass Thorsten mit der nächsten Lieferung Deutschland erreichte. Es war abgemacht, dass Richie den Transport weiter nach London durchführen würde und auch dann beide Kurierlöhne erhalten sollte.

Die Woche mit Paul war die Hölle. Der einzige, mit dem ich vernünftig reden und den ich sehen durfte, war Jimmy, der Cousin von Paul. Wir verstanden uns von Anfang an prima, aber leider hatte er nichts mit den Kokain-Deals zu tun. Er kümmerte sich ausschließlich um den Absatz von Cannabis. Ich sehnte den Tag herbei, an dem Anja von Jamaika nach London kommen sollte. In den letzten zwei Wochen waren so viele neue Dinge auf mich eingestürzt, dass ich unbedingt mit einer mir vertrauten Person reden musste.

Außerdem fehlten mir meine Streicheleinheiten. Wenn ich mich schon einem Gangster-Milieu mit all den Gefahren und dem Stress aussetzte, so wollte ich auch die angenehmen Seiten genießen. Ich stand unter einem gewaltigen Druck und war geladen wie eine Haubitze. Die Art und Weise, wie Paul mit unserem Leben spielte und der schlecht organisierte Ablauf in London kotzten mich an. Am liebsten hätte ich alles hingeschmissen, doch solange Anja nicht an meiner Seite war, konnte ich dies aus Angst vor Repressalien nicht wagen. Außerdem war die Verlockung des Geldes riesengroß. Wir waren schon so weit gegangen und hatten uns gewaltigen Risiken ausgesetzt. Nun wollte ich die Früchte unseres Einsatzes auch ernten.

Die Lage sollte sich allerdings noch um einiges verschlimmern! Es fing damit an, dass ich zwei Tage vor Thorstens Abflug nach Deutschland erwähnte, wie sehr ich mich auf Anja freuen würde.

„Da wirst Du Dich wohl noch eine Weile gedulden müssen", kam prompt die Antwort von Paul.

Ungläubig schaute ich ihn an.

„Was soll das heißen?", wollte ich wissen.

„Anja wird eine Woche nach Thorsten nach London fliegen", erklärte er mir.

„Das ist doch wohl nicht Dein Ernst! Die Kuriere haben doch fast ihre Aufgabe erfüllt. In drei bis vier Tagen ist die Ware in London", argumentierte ich.

„Trotzdem muss das Kokain erstmal umgewandelt und dann verkauft werden. Das dauert mindestens eine Woche", entgegnete mir Paul.

„Und wo liegt das Problem? Was hat denn Anja mit dem Verkauf am Hut?"

„Ich habe keine Lust, das Geld andauernd aus dem Fenster zu werfen. Wenn wir eine größere Summe zusammen haben, dann können wir auch ans Ausgeben denken", keifte Paul mich an.

„Aus dem Fenster werfen??? Ich glaube nicht, dass das Geld aus dem Fenster geworfen ist, wenn die Frau, die das alles ermöglicht hat, nach London kommt", sagte ich ihm. Ich war total vor den Kopf gestoßen über so eine Einstellung und schaute ihn ungläubig an. Wo war der charmante, verständnisvolle Jamaikaner geblieben, der uns in Jamaika angesprochen hatte?!? Doch Paul wurde nur noch wütender:

„Du scheinst wohl vergessen zu haben, wer hier die Connections hat. Ohne mich würdet Ihr doch weiterhin in Jamaika am Hungertuch nagen."

„Ach so siehst Du das", sagte ich ihm mit einem wütenden Blick.

„Glaubst Du wirklich, dass es uns jetzt viel besser geht? Wir sind getrennt und haben bis jetzt noch keinen Penny aus den Deals erhalten. Anja soll mit ihren 22 Jahren ganz alleine, 8.500 Kilometer von ihrer Heimat, in einer kleinen, miesen Pension verbringen. Um sie herum lauter notgeile Jammis, die sie mehrmals täglich anmachen. Echt toll, Mann und ich verbringe in einer Stadt voller Inselaffen, eingesperrt wie ein Köter in seinem Zwinger, die meiste Zeit mit einem selbstsüchtigen, mies gelaunten Typen. Super Body, ist das etwa Deine Vorstellung von reich und glücklich machen?“, knallte ich Paul, jetzt selber richtig sauer geworden, an den Kopf.

„Ich habe keine Lust, dauernd mit Dir zu diskutieren. Anja bleibt da und damit basta! Ich hätte auch Lust meine Freundin bei mir zu haben, aber wir sind hier nicht bei einem Kaffeekränzchen. Das ist Business, kapierst Du das!?!“

„Erstmal sind es ja wohl zwei verschiedene Dinge zwischen Deiner Freundin und Anja. Sie ist mit in das Geschäft involviert. Außerdem brauche ich sie, um unser weiteres Vorgehen abzustimmen und zweitens liegt es ganz alleine an Dir, ob Du deine Freundin nach London kommen lässt“, versuchte ich es noch einmal. Nach Pauls Gesichtsausdruck zu urteilen, wusste ich, dass ich mit dem Feuer spielte. Ich war in der Defensive und musste damit rechnen, dass er Anja in Jamaika ließ.

Mich könnte er einfach rausschmeißen, und zwar ohne jede Bezahlung. Auf der anderen Seite hätte er dies schon längst tun können, sofern er es wollte. Mir war bewusst, dass auch er sich in einer brenzligen Situation befand. Er hatte seiner alten Connection endlich klarmachen können, dass von mir und Anja keine Gefahr ausgeht. Die neuen Geschäftsbedingungen waren auf dieses Vertrauen und die Tatsache, dass ab jetzt regelmäßige Kokslieferungen nach London kommen, aufgebaut.

So schnell hätte Paul niemals einen Ersatz für uns gefunden. Bei weiteren Problemen oder Verzögerungen wäre es das endgültige Aus für ihn in London gewesen. So hieß es „leben und leben lassen“, was die Stimmung natürlich nicht gerade anhob. Es war an der Zeit, einen Kompromiss zwischen uns zu finden. Ich musste jetzt jedes Wort abwägen. Wie weit konnte ich gehen, ohne Anja, mich oder einen der Kuriere zu gefährden? Unser Gespräch ging noch eine Weile hin- und her, bis Paul mir letztendlich ein vernünftiges Angebot machte:

„Pass auf Mikell, wir machen folgendes: Warte ab bis morgen, dann weiß ich sicher, ob der Vertrieb endgültig steht. Wenn Thorsten ohne Probleme in Deutschland angekommen ist, setze ich Anja sofort in den Flieger nach London. Abgemacht?“, gab er am Ende nach.

„Einverstanden“, sagte ich und hielt ihm meinen ausgestreckten Arm mit meiner Faust entgegen. Er nickte und drückte seine Faust gegen die meine, während er grinsend sagte:

“You are a tough, stubborn motherfucker, Mikey.”

Die Sache war erstmal ausgestanden. Da Paul eh bald Besuch erwartete, schnappte ich mir die Autoschlüssel und verdünnisierte mich aus der Wohnung.

„See ya later", rief ich ihm im Vorbeigehen zu und machte mich so schnell es ging aus dem Staub. Ziemlich rasant kurvte ich mindestens zwei Stunden durch die Innenstadt von London. Immer wieder schaute ich auf den Stadtplan und prägte mir die wichtigsten Straßen ein. Nachdem ich mich ein wenig abgeregt hatte, fuhr ich zum Kensington Park. Ich stellte den Wagen ab und ging im Park spazieren. Schon seit jeher konnte ich mich in der Natur entspannen. Dort kamen mir die besten Einfälle. Nun wusste ich, wie ich die ganze Angelegenheit angehen musste und wie ich mir den weiteren Weg mit Paul vorstellte. Ich empfand plötzlich eine gewisse Gelassenheit. Nach meinem Spaziergang besuchte ich einen englischen Pub.

Ich bestellte einen Kaffee und beobachtete die Gäste. Gelangweilt machte ich mich auf den Rückweg. Unterwegs fiel mir ein chinesisches Schild an einem urigen Gebäude auf. Mir wurde bewusst, dass ich den ganzen Tag noch nichts gegessen hatte. Deshalb fuhr ich in die nächste Seitenstraße, parkte und betrat das Chinalokal. Es war eine Mischung aus einem Bistro und einem Restaurant. Im Zentrum des Raumes befand sich eine quadratische Theke. Die ausgeklügelte Beleuchtung gab dem Szenelokal seine Atmosphäre. Die Karte umfasste eine üppige Auswahl von chinesischen Gerichten und Steaks.

Das Saté, das ich bestellte, war vorzüglich und wurde in einer kleinen Casserole auf einem Holzbrettchen serviert. Dazu trank ich ein Glas Rosé. Es gefiel mir dort. Es sollte nicht das letzte Mal sein, dass ich mich hier unter Mittelständlern und Yuppies aufhalten würde. Etwa zwei Stunden später verließ ich total gesättigt das Restaurant und fuhr gemächlich in die neue Wohnung zurück. Paul war ausnahmsweise gut gelaunt und schien sogar ein wenig besorgt wegen meiner langen Abwesenheit zu sein. Er begrüßte mich freundlich und bot mir sogar einen Kaffee an.

„Alles wird ab jetzt besser laufen", eröffnete er das Gespräch.

„Der Deal steht, so dass wir wieder, wie früher schon, mit Profis zusammenarbeiten werden."

„Respect mon, congratulations. Das ist eine echt gute Neuigkeit", freute ich mich.

„Ya mon, lass uns richtig Geld machen. Ich hab Michael schon Geld überwiesen, damit er für Anja ein Ticket kaufen kann. Sie wird am selben Tag wie Thorsten in London ankommen", verkündete Paul feierlich.

„Thanks mon“, bedankte ich mich.

„Ach übrigens, meine Freundin Shenira wird mit meinem Sohn Brandon von New York aus herfliegen.“

„Ich wusste gar nicht, dass Du eine Freundin und einen Sohn in New York hast“, sagte ich.

„Ja, ich vermisse ihn wirklich. Er ist jetzt fast ein Jahr alt und ich habe Brandon erst einmal, kurz nach seiner Geburt gesehen“, erklärte mir Paul.

„Und was ist mit Shenira, lebt sie allein?“, fragte ich ihn.

„Nein, bei ihren Eltern in Manhattan. Sie sind recht vermögend und wissen nicht, womit ich mein Geld verdiene.“

„Weiß eigentlich Deine Frau von der Sache?“, bohrte ich weiter. Grinsend schaute mich Paul an.

„Sagen wir mal so, sie weiß nicht alles. Nur dass es da jemanden in Amerika gibt. Weißt Du, unsere Ehe läuft nicht mehr wie früher. Wir haben quasi ein Abkommen miteinander getroffen. Ich unterstütze Anne und die drei Kinder und sie kümmert sich nicht um meine Angelegenheiten und stellt keine unnötigen Fragen“, erklärte er mir.

Ich schüttelte leicht meinen Kopf und sagte grinsend:
„Du bist mir vielleicht ein Casanova, unglaublich!“

Irgendwie tat mir Anne leid. Ich wusste zwar nicht, was zwischen den beiden im Laufe der Jahre passiert war, aber das hatte sie nun wirklich nicht verdient.

Der Abend verlief ereignislos. Ich konnte nicht einschlafen, da am nächsten Morgen der große Tag war. Thorsten würde früh in Deutschland ankommen, Anja war für den Nachmittag eingeplant und Pauls Freundin und sein Sohn sollten aus New York zu Besuch kommen.

Zoff ohne Ende

Paul verließ sehr früh die Wohnung, um seine Freundin und seinen Sohn vom Flughafen abzuholen. Er nahm den Mietwagen, während ich alles fürs Frühstück besorgte. Shenira war eine attraktive, etwa 25jährige Afroamerikanerin. Auch Brandon war richtig knuffig und der Mutter wie aus dem Gesicht geschnitten. Nach der Begrüßung verstauten wir alle Sachen in Pauls Raum und frühstückten erstmal ausgiebig. Wir unterhielten uns über New York, Germany und den Grund meiner Auswanderung nach Jamaika. Shenira war kein Typ, der es lange in Jamaika aushalten würde. Sie brauchte die Großstadt und die Annehmlichkeiten um sich herum. Als die Unterhaltung immer mehr ins Private ging und man über frühere gemeinsame Erlebnisse sprach, verabschiedete ich mich von der glücklich wiedervereinten Familie. Ich verschwand in meinem Leihwagen in der City von London. In der Nähe vom Picadilly Circus hielt ich an und spazierte ziellos umher. Zwischenzeitlich klingelte das Handy. Thorsten war planmäßig in Düsseldorf gelandet und bereits sicher mit dem Kokain bei Richie angekommen. Ich instruierte die beiden über das weitere Vorgehen. Richie sollte Thorsten und die Tasche zu Christian bringen und anschließend den nächsten Flug nach London für ihn buchen. Währenddessen sollte Thorsten seine Klamotten aus der Tasche nehmen und Christian beim Packen helfen. Sobald Richie zurück war, wollte Thorsten mich anrufen, um mir die genauen Ankunftszeiten durchzugeben. Eine Stunde später wusste ich Bescheid.

Christian würde noch vor Anja in London landen. Ich informierte Paul, der unserem afrikanischen Fahrer die Flugdaten mitteilte und ihm auftrug, Christian vom Flughafen abzuholen und ihn in ein kleines Hotel in der Belgrave Road zu bringen. Alles ging glatt. Paul teilte mir mit, dass er die Kokainpaste in der Wohnung habe und bat mich, wie schon zuvor, einige Sachen für die Umwandlung zu besorgen.

Christian wurde sofort der Kurierlohn plus seine Spesen ausbezahlt, was er mir wenig später telefonisch mitteilte. Er wollte noch ein wenig in London bleiben, bevor er sich wieder auf die Rückreise nach Deutschland machte. Er bedankte sich und fragte nach, ob wir uns später vielleicht sehen würden.

„Diesmal nicht, mein Freund. Anja kommt später und wir haben einiges zu besprechen. Ich meld mich bei Dir, sobald wir in Deutschland sind. Hau rein und gebt nicht zu viel Geld aus“, sagte ich ihm, bevor ich das Gespräch beendete.

Ich brachte Paul die gewünschten Gegenstände vorbei, die man brauchte, um die Kokainpaste umzuwandeln. Paul hatte hierfür einen Spezialisten. Die ganze Umwandelaktion geschah im Beisein seiner Freundin und des Kindes. Ich verdrückte mich lieber. Der Kokaingeruch verteilte sich im ganzen Haus und jeder, der sich unmittelbar in der Nähe befand, musste zwangsläufig „breit wie tausend Russen“ sein. Es war sowieso an der Zeit zum Flughafen zu fahren. Für nichts in dieser Welt wollte ich mir entgehen lassen, Anja in meine Arme zu schließen. Telefonisch hatten wir schon über den Stand der Dinge gesprochen und so war die Wiedersehensfreude riesengroß. Wir fuhren erstmal in das chinesische Szenelokal, das ich entdeckt hatte. Während wir das leckere Essen genossen, unterhielten wir uns lange und ausführlich.

Erst spät in der Nacht kehrten wir in die Wohnung zurück. Die Stimmung dort war mit Verlaub beschissen. In der Luft lag förmlich ein gefährliches Knistern und wir sprachen nur das Nötigste miteinander. Durch den Aufenthalt in den Kokaindämpfen war Paul aggressiv und unberechenbar. Brandon war aufgedreht und quengelte. Shenira schien ebenfalls reichlich genervt. Wir hielten es für das Beste, auf unser Zimmer zu gehen, um jegliche Konfrontation zu vermeiden. An Schlaf war nicht zu denken, der Kleine schrie wie am Spieß, Paul hatte sich mit seiner „babymother“ in den Haaren und der Spezialist versuchte fertig zu werden. Es herrschte Chaos. Eine teuflische Atmosphäre kroch durch jede Ritze und legte sich wie eine Nebelwand auf die ganze Wohnung. Es war mittlerweile schon nach 2 Uhr in der Nacht, als Paul mich rief. Die ersten zwei Mal antwortete ich einfach nicht. Doch Pauls Forderungen wurden von mal zu mal lauter und drängender.

„God damned, M I C H A E L“, schallte es durch unsere Tür. Bevor er das ganze Haus zusammenschrie, beschloss ich besser mal nachzusehen, was er wollte.

„Bist Du taub? Wie oft muss ich denn noch rufen, bevor Du kommst?“, schnauzte er mich an, als ich aus dem Zimmer kam. Seine Augen waren blutunterlaufen, sein Kopf puterrot. Seine ganze Haltung und sein Gesichtsausdruck hätten „Medusa“ alle Ehre gemacht. Die Droge zeigte ihre wirklich teuflische Wirkung. Deshalb fragte ich ihn so beiläufig, wie ich nur konnte, was denn los sei.

„Geh in die Küche und mach das Kochgeschirr vom Kokain sauber, hilf dem Mann“, kommandierte er.

„Hast Du mal einen Blick auf die Uhr geworfen?“, fragte ich Paul ein wenig gereizt.

„Das ist mir scheißegal, mach jetzt das verdammte Geschirr sauber“, keifte er ungehalten.

Ich hatte das Gefühl, als ob ich mich am Rand eines jeden Moment ausbrechenden Vulkans befand. Ich wollte nichts heraufbeschwören und versuchte diplomatisch aus der Situation herauszukommen.

„Paul, es ist schon verdammt spät. Ich bin hundemüde und würde mich auch gerne um Anja kümmern. Sofort nach dem Aufstehen werde ich als erstes das Geschirr spülen, versprochen!?!“

Ich wartete erst gar nicht seine Antwort ab, sondern drehte mich um und ging zurück ins Zimmer. Draußen hörten wir Paul lauthals fluchen. In der ganzen Wohnung befanden sich keine Schlüssel, so dass man bis auf die Haustür nichts abschließen konnte. Es dauerte nicht lange bis Paul wie ein wilder Stier ins Schlafzimmer stürmte. Anja, die mittlerweile nur noch mit ihrem Slip bekleidet war, verschränkte die Arme vor ihren Brüsten. Paul schien dies alles nicht zu interessieren; von Schamgefühl keine Spur. Im Hintergrund vernahm man wieder das Geschrei von Brandon und Shenira, die versuchte, ihren Sohn ohne Erfolg zu beruhigen. Alles erschien irgendwie unwirklich, wie in einem Tollhaus, doch der aufgeputschte, voll aggressive Jamaikaner, der mit seinen geballten Fäusten, wutschnaubend vor uns stand, war mehr als real.

„Du bewegst jetzt sofort Deinen Arsch in die Küche und spülst das gottverdammte Kochgeschirr!“, schrie er, während sich seine Stimme überschlug.

„Ehh, what‘s up, bredgen. You wanna disrespect me? Einen Scheiß werd ich tun. Anja steht quasi nackt vor Dir, ist total eingeschüchtert und Du blökst hier rum wie ein Geisteskranker. Hab mal ein wenig Anstand und verlass augenblicklich den Raum“, platzte es jetzt auch aus mir heraus.

„Bomboclath, Du kleiner, weißer Niemand. Du hörst jetzt gefälligst auf das, was ich Dir sage. Wenn nicht in den nächsten fünf Minuten alles sauber ist, passiert hier was. Ich bin verdammt noch mal der Boss und Du tust, was ich Dir auftrage! Was glaubst Du wohl was passiert, wenn die Cops hier einfliegen?“, schrie er mich hasserfüllt an.

„Bei Deinem Gebrüll würde mich das überhaupt nicht wundern. Außerdem, der Ton macht die Musik“, entgegnete ich ihm trotzig.

„Wir sind im Drogenbusiness verflucht noch mal und Du willst mit Samthandschuhen angepackt werden? Du verhältst Dich total unprofessionell; willst die große Kohle scheffeln, bist aber nicht bereit, Dir die Finger schmutzig zu machen“, kam es jetzt ganz unverhohlen aus ihm raus. Noch nie zuvor hatte ich solch hasserfüllte Augen gesehen. Diese Blicke hätten töten können. Es war mir auch nicht bewusst, dass Schwarze solch einen roten Kopf bekommen können. Natürlich war ich eingeschüchtert. Ich spürte förmlich die Gefahr, die von Paul ausging. Ich schaute kurz zu Anja rüber, die wie angewurzelt schräg hinter mir stand. Blankes Entsetzen und pure Angst spiegelten sich in ihren Augen wider. Ich spürte, wie sich in mir etwas veränderte. Alles ging blitzschnell und kam dann in einer geballten Ladung hoch. Mein Stolz war mächtig angekratzt, meine Beschützerinstinkte waren hellwach und ich sah überhaupt nicht ein, mir das alles gefallen zu lassen. Ich verlor meine Beherrschung und schrie Paul jetzt voller Inbrunst an:

„Was glaubst Du eigentlich, mit wem Du hier redest? Ich bin doch nicht Deine Küchenschabe oder irgendein Sklave, mit dem Du so umspringen kannst! Ausgerechnet Du redest von Unprofessionalität. Seit heute Mittag schon stinkt das ganze Haus nach Koks. Ich würde das die Leute dort machen lassen, wo es geht, in einem Labor, aber doch nicht hier. Wirklich sehr professionell! Nicht nur Ihr, sondern auch ein einjähriges Kind wird den ganzen Tag den giftigen Dämpfen ausgesetzt; herzlichen Glückwunsch!"

Das wirkte. Bei dem Wort Sklave und der Erwähnung seines Sohnes zuckte Paul zusammen. Er schien nachzudenken. Seine Gestik und Mimik änderten sich von Satz zu Satz und er tat unbewusst einen Schritt nach hinten, was mich ermutigte, noch einen draufzusetzen:

„Seit einer guten Woche behandelst Du mich wie ein Stück Dreck. Anja steht hier halb nackt und ist völlig verängstigt, aber Dich scheint das in keinster Weise zu interessieren. Du benimmst Dich wie der größte Prolet. Ich schwöre bei Gott, wenn Du nicht augenblicklich dieses Zimmer verlässt, dann prügele ich die Scheiße aus Dir raus."

Paul schluckte zweimal und trat dann ohne ein Wort zu sagen den Rückzug an. Ich knallte die Türe hinter ihm zu und nahm erstmal Anja in den Arm. Sie zitterte am ganzen Körper und dicke Tränen standen in ihren Augen. Ganz langsam beruhigten wir uns beide und legten uns dann zusammen ins Bett, doch an Schlaf war nicht zu denken. Brandon brüllte aus voller Lunge, während Paul jetzt seine Wut lautstark an Shenira ausließ.

Obwohl es nur eine verbale Auseinandersetzung war, tat sie mir unendlich leid. Hätte ich mitbekommen, dass er sie schlägt, wäre ich auf der Stelle in sein Zimmer gestürmt. Während ich mit Anja beratschlagte wie es jetzt weiter gehen sollte, versuchte ich mit einem Ohr das Geschehen vor der Tür zu verfolgen. Wir besprachen in Ruhe unsere Möglichkeiten und kamen überein, dass wir so schnell wie möglich nach Deutschland fliegen sollten. Von da aus würden wir dann alles Weitere organisieren. Nach einer ganzen Weile wurde es zwar ruhiger, aber wir hatten trotzdem das Gefühl, als ob jeden Moment die Türe aufgerissen wird und Paul sich mit einem Messer auf uns stürzt. Ich konnte den Rest der Nacht kein Auge zumachen und befand mich in höchster Alarmbereitschaft. In meiner Hand hielt ich ein altes Möbelbein, das ich in einer Ecke des Zimmers gefunden hatte.

Gegen 8 Uhr morgens muss mich dann wohl doch der Schlaf übermannt haben und ich wachte erst wieder auf, als ich ein sanftes Klopfen an unserer Tür wahrnahm.

„Mikell, Anja, good morning – breakfast is ready“, hörte ich Sheniras Stimme auf der anderen Seite des Raumes. Total gerädert küsste ich Anja wach und verschwand im Badezimmer. Als wir wenig später in die Küche kamen, war der Tisch fürstlich gedeckt. Paul saß gut gelaunt zwischen seiner Familie und bot uns einen Platz an. Im Gegensatz zur letzten Nacht, hatte er sich wieder um 180 Grad gedreht. Er war der Mann, den ich aus Jamaika kannte; charmant, zuvorkommend und mit erstklassigen Manieren. Anja und ich schauten uns verdutzt an, waren aber heilfroh, dass sich die Lage so schnell gebessert hatte. Kurz darauf entschuldigte er sich für sein Verhalten und versprach uns, dass so etwas nie wieder passieren würde. Am Ende des Frühstücks stießen wir sogar auf eine erfolg- und ertragreiche Partnerschaft an.

Paul, Shenira und Brandon wollten den Nachmittag in der Stadt verbringen.

Der afrikanische Fahrer sollte sie in einer halben Stunde abholen. Während die beiden Frauen den Frühstückstisch abräumten, verabredeten Paul und ich ein gemeinsames Abendessen bei meinem neu entdeckten Chinesen. Eine wohltuende Stille legte sich auf das Appartement, als die drei endlich verschwunden waren. Ich suchte den fetzigen Radiosender, den ich immer während meiner Exkursionen durch die englische Hauptstadt hörte und setzte mich auf die Couch. Während ich uns einen Joint aus drei großen Rizzla-Papers baute, kam Anja freudestrahlend in einem aufreizenden Dessous aus unserem Zimmer und kuschelte sich an mich. Wir genossen die beruhigende Wirkung des Marihuanas und holten dann alles nach, was wir in den zwei Wochen verpasst hatten.

Wir blieben noch ein paar Tage, bis das Geld vom Verkauf der Ware ankam. Da Pauls Rechenkünste nicht die besten waren, übernahm ich jetzt, so wie die nächsten Male, die Abrechnung. Unsere noch ausstehenden Anteile und den noch offen stehenden Kurierlohn von Thorsten behielt ich ein. Da die komplette Summe aus englischen Pfund bestand, machten wir uns daran, den Großteil in deutsche Mark umzuwechseln. Ich hätte nie gedacht, dass dies so schwer sein könnte. Ohne aufzufallen oder von den Banken gemeldet zu werden, konnten wir nur kleinere Beträge umtauschen. Dies taten wir dann in Dutzenden von kleinen Wechselstuben über mehrere Tage hinweg.

Mit Paul war für Deutschland alles abgesprochen. Er hatte trotz großer Anfangsschwierigkeiten sein Wort gehalten. Wir sollten uns melden, sobald wir ein Handy mit einer nicht zurückzuverfolgenden Nummer besäßen. Es war auch klar, dass wir uns weiterhin nach neuen Kurieren umschauen würden und die ganze Koordination managen. Am nächsten Tag verabschiedeten wir uns von den Dreien. Der Fahrer brachte uns zum Flughafen, wo es mit der British Airways direkt nach Köln ging.

Rekrutierungsarbeit

Zurück in Deutschland, besuchten wir erstmal unsere Familien. Meine Mutter und mein Bruder legten keinen Wert darauf, Anja zu sehen. Meiner Familie und den Leuten, die mich kannten, erzählte ich, dass ich für einen reichen Jamaikaner Steuerzahlungen einsparen würde. Dieser hätte in London Hotels, Taxiunternehmen und Textilwäschereien, wobei er viel zu hohe Nebenkosten produzieren würde. Ich arbeitete dort als Wirtschaftsberater, also die Tätigkeit, die ich schon vor meiner Auswanderung ausgeübt hatte. Die Entlohnung durch Paul sei erstklassig. Nun hätte ich erstmal Urlaub und wollte so die Zeit nutzen, um überraschend am Geburtstag meine Mutter teilzunehmen. Natürlich freute sie sich riesig, ihren Sohn nach fast einem halben Jahr wiederzusehen. Ich verbrachte die erste Zeit im Gästezimmer unseres Hauses an der deutsch-holländischen Grenze.

Wir lebten förmlich auf. Man traf alte Bekannte, kleidete sich komplett neu ein und brauchte nicht mehr jeden Pfennig umzudrehen. Das Wichtigste aber war, dass der Druck, der von Paul ausgegangen war, allmählich von uns abfiel. Die Kuriere taten zwar nichts Sinnvolles, aber sie hingen zumindest nicht mehr ab und stopften sich mit Drogen voll. Das unterband ich komplett. Wer dabei sein wollte, musste clean sein. Hier und da mal einen Joint rauchen war erlaubt, nur nicht während des Jobs. Die Stimmung stieg. Es wurden bereits Pläne für die Zukunft in Jamaika geschmiedet. Anja und ich bläuten Thorsten und Co. immer wieder ein, nicht zu leichtsinnig zu sein und zu viel Geld auszugeben. Vor allen Dingen aber sollten sie den Mund halten. Bis auf ein paar kleine Ausrutscher hielten sich alle daran, auch das Drogenverbot wurde befolgt.

Ende August teilte uns Paul mit, dass wir ein Pärchen rekrutieren sollten. Wir fragten Christian, ob er eine Frau kennt, die Lust hätte, mit ihm nach Jamaika zu fliegen. Nach Thorsten und Richie war er als nächster an der Reihe, den großen Trip machen zu dürfen. Er sprach eine alte Schulfreundin an, die sich gerne bereit erklärte, mit ihm zwei Wochen Urlaub auf Jamaika zu machen. Als wir das Okay bekamen, gingen wir zu einem mir bekannten Reisebüro. Melanie, die Inhaberin, kannte ich noch aus der Zeit vor der Auswanderung. Sie freute sich über den Besuch und lud uns in ihre Privaträume ein, die sich unmittelbar über dem Reisebüro befanden. Nach dem ersten Smalltalk bot ich ihr ein Geschäft an. Erstens sollte sie eine gewisse Anzahl von Flügen für uns buchen, im Gegenzug dafür ein wenig mit dem Preis runtergehen und zweitens die drei Cottages in Negril (Mi Yard) vermarkten. Miss Pam, die jamaikanische Pächterin des Mi Yards hatte nämlich Schwierigkeiten, die Häuser zu vermieten. Da sie so verständnisvoll und nett war und uns freundlicherweise eines der Häuser so billig zur Miete überlassen hatte, wollten wir ihr auf diese Weise helfen. Melanie war sehr interessiert an der Zusammenarbeit. Wir überließen ihr Fotos und Informationen zu den Häusern. Um ihr zu zeigen, dass wir es ernst meinten, buchten wir gleich für Christian und seine Bekannte zwei Plätze von Düsseldorf über Frankfurt nach Montego-Bay im Palm Beach Hotel. Es war ein „All-inclusive"-Angebot am weißen Sandstrand von Negril. Ich bezahlte sofort.

Danach machten wir uns daran, geeignete Reisetaschen zu besorgen, da das Koks nur in bestimmte Gepäckstücke eingenäht werden konnte. Wir klapperten allerlei Geschäfte ab, bis wir letztendlich die richtigen Reisetaschen der Marke Chiemsee gefunden hatten. Chiemsee bot sie in Blau oder Grau mit großen Känguruhmotiven an. Die Taschen machten echt was her, waren allerdings auch nicht ganz billig, doch für unsere Zwecke optimal geeignet.

Richie brachte die beiden Urlauber zum Düsseldorfer Flughafen. Nach etwa 11 Stunden Flugzeit wurden sie von Craig und Michael abgeholt und zum Hotel nach Negril gebracht. Wie alle anderen Kuriere auch, verbrachten sie ganz normal ihren Aufenthalt im Hotel. Dann ging es kurz vor dem Rückflug zum Priester. Paul hielt dies weiterhin für absolut notwendig.

Der Obeah man würde die Leute „reinwaschen" oder, wie er es ausdrückte, „die bösen Geister vertreiben", ihnen eine Art Schutz-Voodoo verleihen. Wenn irgendetwas schief gehen sollte, so konnte es der Priester vorhersagen. Von diesem Glauben konnte man Paul nicht abbringen, immerhin war das Ritual eine willkommene Abwechslung. Es brachte die Leute kurz vor ihrem Abflug auf andere Gedanken, da jeder von dem Gottesmann beeindruckt war.

Einen Tag vor dem Abflug, manchmal sogar erst am selben Tag, wurden die Taschen abgeholt und präpariert. Anschließend ging es dann mit Michael zurück zum Airport nach Mo-Bay. Er wartete so lange, bis die Reisetaschen beim Check-In-Schalter abgegeben waren. Erst dann machte er sich auf den Rückweg.

Zwei Wochen später landeten Christian und seine Schulfreundin am Flughafen Düsseldorf. Ohne Umweg wollten sie so schnell wie möglich das für sie zuständige Gepäckausgabeband finden, um dann mit den Reisetaschen den Zoll zu durchqueren. Nach etwa fünfzehn Minuten des Wartens erschienen weder Christians noch Sonjas Gepäck. Wie oft hatte ich dies schon erlebt, dass meine Koffer zu den letzten Gepäckstücken gehörten, die auf dem Fließband erschienen? Doch bis auf zwei große Rucksäcke, die schon dreimal die Runde gemacht hatten, kam jetzt kein weiteres Gepäck mehr hinzu. Als das Band schließlich stehen blieb, beschloss Christian erstmal zu telefonieren. Richie, Thorsten, Björn, quasi die ganze Clique wartete schon sehnsüchtig im Flughafengelände auf die beiden Urlauber. Irgendwann hatte ich Richie am Telefon, den ich fragte:

„Sind Christian oder Sonja von irgendwem angesprochen worden?"

„Nein, überhaupt nicht!"

„Wo sind die beiden jetzt genau? Haben sie schon die Zollkontrolle passiert oder sind sie noch innerhalb des Geländes?", wollte ich wissen.

„Beide haben den Zoll schon passiert und stehen direkt neben uns."

„Okay, dann kann der Zoll unmöglich gecheckt haben, dass etwas in den Taschen war, sonst hätte man die beiden schon längst verhört und festgenommen. Christian soll bei einem Infostand mal fragen wohin er muss, wenn sein Gepäck nicht auf dem Ausgabeband erschienen ist."

„Okay, ich kümmere mich darum und ruf Dich zurück, sobald wir etwas rausbekommen haben."

„Ist gut, mach das!"

Nach etwa einer halben Stunde rief mich Richie wieder an.

„Wir wissen jetzt wo die Taschen sind", sagte er hörbar erleichtert.

„Wo sind sie denn nun?", wollte ich wissen.

„Beim Zoll hier am Flughafen."

„Waaas? Was machen die Taschen denn beim Zoll?"

„Ja, ähh, der Zoll hat sie konfisziert und wir sollen in ein paar Tagen noch mal anrufen, um sie dann abzuholen", erklärte mir Richie nervös.

„In ein paar Tagen? Leute, wenn das ein Scherz ist, dann finde ich den gar nicht witzig. Was ist da bei Euch los?", wollte ich erbost wissen.

„Nun, die Taschen sind beim Zoll gelandet, weil die beiden Urlauber Muscheln mitgenommen haben, die unter das Artenschutzgesetz fallen und deren Einfuhr illegal ist."

„Mann oh Mann, das glaube ich jetzt nicht! Seht zu, dass ihr die Taschen heute noch da rausbekommt. Wenn die erst checken, was es wirklich mit den Taschen auf sich hat, dann sind wir alle am Arsch."

Nach ewiger Warterei kam endlich der erlösende Anruf von Richie:

„Wir haben sie!", war alles was er sagte.

„Dann kommt auf dem schnellsten Weg hier her und vergewissert Euch, dass Euch keiner folgt, bevor ihr in die Wohnung geht."

Christian und Sonja mussten wegen des Verstoßes gegen das Artenschutzgesetzes eine Geldstrafe bezahlen und bekamen nach einer Moralpredigt die Taschen mit den 6 Kilo Kokain vom Zoll ausgehändigt.

Während Christian den Trip nach Jamaika unternahm, lebten Anja und ich in seiner Wohnung in Aachen, wo wir uns alle trafen. Für die Weiterfahrt nach London standen die Kuriere schon fest. Einmal Björn, ein weiterer Freund der Clique und dann Michael. Ein Typ, den mir Christian wärmstens empfohlen hatte, da dieser schon einmal mit Kurierfahrten zu tun hatte. Anja und ich wollten vor den beiden in London sein und fuhren daher schon in aller Herrgottsfrühe mit dem PKW los. Wir genossen die Fahrt durch Belgien und Frankreich und erreichten nach ein paar Zwischenstopps Calais. Mittlerweile waren wir stets super-eingekleidet und hatten genügend Geld in der Tasche, um ein sorgenfreies Leben führen zu können. Es war ein erhabenes Gefühl, denn kurz nach unserer Ankunft in London sollte schon wieder ein weiterer Haufen Geld auf uns warten. Auch die Fahrt mit dem Luftkissenboot nach Dover und die anschließende Fahrt durch die schöne Landschaft bis zur Hauptstadt versetzten uns in Hochstimmung.

Paul hatte sich in der Zwischenzeit im Stadtteil Kensington ein kleines Häuschen zugelegt. Er freute sich uns zu sehen und wir verbrachten den Nachmittag zusammen, bis es an der Zeit war, Björn und den Neuen abzuholen. Wir bekamen unseren vereinbarten Anruf und fuhren die beiden per Taxi ins Comfort Inn, ein kleines Hotel, das in der Nähe der Victoria Station liegt. Ein wenig später holte unser afrikanischer Fahrer die beiden Taschen ab, um sie im Haus von Paul abzugeben, wo sich nun ein kleineres Labor befand. Man fing sofort an, das Kokain „verkaufsgerecht" zu bearbeiten. Da wir die letzte „Produktion" noch allzu gut im Gedächtnis hatten, bezogen Anja und ich ein Zimmer in demselben Hotel und verbrachten einige Zeit mit den beiden Kurieren. Am nächsten Morgen fuhren wir gemeinsam mit ihnen in die Innenstadt, bummelten durch die Straßen und luden sie in ein gutes Restaurant ein. Nach drei Tagen zahlten wir die beiden für ihre Dienste in englischen Pfund aus. Sie bedankten sich etliche Male bei uns und fuhren dann per Zug zum Flughafen, von wo es zurück nach Deutschland ging.

Nachdem Paul uns unser Drittel vom Gewinn gegeben hatte, machten wir uns wieder auf den Nachhauseweg. Das nächste Mal sollte eine noch größere Lieferung nach England geschickt werden. Aus diesem Grund sollten wir uns schon frühzeitig um zwei Pärchen kümmern, die für den Transport geeignet erschienen.

Die vier Jungs (Thorsten, Christian, Björn und Richie), die als Kuriere gearbeitet hatten, rückten sehr nahe zusammen. Sie griffen sich gegenseitig unter die Arme und bezahlten alle Mahnungen, Handyrechnungen und was sonst noch alles aufgelaufen war. Das Drogenverbot wurde eingehalten und die Typen, mit denen sie vorher noch rum gehangen hatten, verschwanden. Alle vier kleideten sich wesentlich besser und modebewusster, die Mädchen, mit denen sie ausgingen, waren reifer, ja selbst ihre Umgangsformen wurden spürbar kultivierter.

Sie waren kaum wiederzuerkennen und jeder erntete Lob und Anerkennung von Eltern, Freunden und Bekannten. Es war eigentlich abgemacht, dass keiner von ihnen den großen Trip nach Jamaika zweimal in einer kurzen Zeitspanne unternimmt. Thorsten, der eindeutig die meisten Schulden gehabt hatte, bat uns dennoch, noch einmal nach Jamaika fliegen zu dürfen. Er hatte vor, seinen Führerschein zu machen, um sich dann ein vernünftiges Auto zu kaufen. Sein Kurierlohn war schon fast für die Tilgung seiner Schulden aufgebraucht. Außerdem hatten die Jungs den Plan, in eine gemeinsame Wohnung zu ziehen, die erst noch möbliert werden musste. Ich sagte ihm, dass ich es mir gründlich überlegen würde.

Da wir es für am unauffälligsten hielten, nur Paare als Kuriere zu schicken, mussten jetzt noch zwei Mädels gefunden werden. Richie, der für seine Fahrten zum Flughafen, die Abholung der Taschen und den Transport der Leute ein paar Tausender extra bekam, bot sich an, die Organisation der Buchungen für die Kuriere zu übernehmen.

Bei unserem ersten Treffen nachdem wir aus London zurückkamen, sprach ich die vier auf die bevorstehende Fahrt an:

„Na Jungs, bald geht es wieder los."

Alle schauten mich erwartungsvoll an, aber ich sagte keinen Ton. Thorsten war der erste, der das Wort ergriff:

„Und? Hast Du Dir überlegt, ob ich die nächste Tour machen kann?"

„Ja, hab ich. Wenn Du einen guten Grund hast, warum Du schon wieder nach Jamaika fliegst, hast Du meinen und Pauls Segen", antwortete ich.

„Jaaahhh mon, echt cool", quoll es aus ihm heraus, während er eine Boris-Becker-Faust machte.

„Ich kann ja sagen, dass ich meinen Stiefvater besuche."

„Ähhh, absolut falsche Antwort", entgegnete ich.

„Vor allen Dingen, weil ich mich in dieser Zeit gar nicht in Jamaika aufhalten werde."

„Und wenn ich erzähle, dass ich geschäftlich unterwegs bin?"

„Das nimmt Dir mit Sicherheit keiner ab. Welcher 19jährige ohne Schulabschluss und Ausbildung fliegt innerhalb von drei Monaten zweimal in die Karibik? Nein, wir müssen uns was anderes einfallen lassen."

Thorsten schmollte ein wenig rum, sah aber dann ein, dass ich Recht hatte.

„Ich hab' da eine Idee", sagte ich, „ihr fliegt genau in der Zeit, wenn das Reggae-Summer-Splash-Konzert in Mo-Bay stattfindet. Wir machen also Folgendes: Das Mädchen, das mit Dir fliegt, ist ein absoluter Reggaefan. Da sie gehört hat, dass Du schon mal in Jamaika Urlaub gemacht hast, hat sie Dich gefragt, ob Du nicht als ihr Begleiter mitkommen kannst. Am Besten wäre natürlich, wenn sie oder ihre Eltern über genügend Geld verfügen würden, dann könnten wir sagen, dass sie Dich eingeladen hat."

Thorstens Stimmung hob sich augenblicklich. Er und Björn schauten sich kurz an und grinsten.

„Kein Problem, wir wüssten da schon, wen wir fragen", meinte Thorsten.
„Kenne ich die beiden?", fragte ich nach.

„Nein, das sind zwei heiße Bräute, die wir vor kurzem kennengelernt haben", erklärte mir Björn.

„Ob die zwei heiß sind, ist mir ziemlich wurscht. Entsprechen sie unseren Ansprüchen und vor allen Dingen, sind die zwei in Ordnung?", wollte ich wissen.

„Absolut, die kommen sogar aus einem guten Elternhaus und machen echt was her", sagte Thorsten und wippte vor lauter Vorfreude auf seinem Stuhl hin und her.

„Seid Ihr Euch sicher? Ansonsten besorge ich Euch zwei Frauen", warf ich ein.

„Nein, brauchst Du echt nicht. Beim letzten Mal haben wir uns über unseren Urlaub in Jamaika unterhalten und sie waren total begeistert und sagten, dass sie auch gerne dorthin wollten", entgegnete Thorsten euphorisch.

„Okay, nach Jamaika wollen sie schon mal, aber wie stehen sie zu einem Drogentransport? Ihr wisst, dass ich keine ahnungslosen Leute in so etwas reinziehen will. Nur wenn sie von der Sache wissen ist das in Ordnung."

„Wir wollten uns eh am Wochenende treffen, dann können wir den beiden ja ein wenig auf den Zahn fühlen", meinte Björn.

„Wann genau soll es denn losgehen?", fragte mich Thorsten.

„Das Koks liegt bereits transportfähig im Labor, also so bald wie möglich.

Richie, Du findest bitte heraus, wann die nächsten Flüge nach Jamaika starten und wie viele Plätze noch frei sind."

„Geht klar. Ich fahr gleich anschließend los und ruf Dich dann an."

„Mir wäre es lieber, wenn wir uns hier bei Thorsten wieder treffen, aber klingele trotzdem mal durch, ob ich auch da bin", sagte ich Richie.

„Okay, mach ich!"

„Thorsten, es wäre besser, wenn Ihr die beiden Frauen heute noch checkt. Meint ihr, ihr bekommt das hin?"

„Null problemo", war die Antwort. „Ich häng mich gleich ans Telefon und mach ein Date für heute Abend aus", versicherte mir Björn.

„Okay, dann haben wir soweit alles. Gibt es noch irgendwelche Fragen?" Keiner sagte etwas.

„Also los. Lasst uns ein wenig Geld verdienen."

Richie verschwand mit Christian, um sich um die Flüge zu kümmern, während Björn die Telefonnummer von Véronique, einem der zwei Mädchen, wählte.

„Hör mal Thorsten, ich müsste ein paar Tage bei Dir übernachten. Geht das in Ordnung? Anja kommt später vorbei und ich habe keine Lust, in ein Hotel zu gehen", fragte ich ihn.

„Na klar, auch wenn ich die zwei Wochen in Jamaika bin, kannst du hier bleiben. Wir müssen lediglich meiner Mutter Bescheid geben, da sie ab und zu vorbei kommt und nach dem Rechten sieht."

Am frühen Abend kam Anja vorbei, die den Tag bei ihren Eltern verbracht hatte. Wenig später erschien Richie. Er berichtete, dass für die nächste Woche nur noch zwei Flüge in einem All-inclusive-Hotel buchbar waren. Einer von Brüssel mit der City Bird und dann mit der LTU von Düsseldorf. Das Kontingent sei aber bei beiden Flügen gering; nur noch acht Plätze waren frei. Kurz nach dem Erhalt dieser Informationen fuhren Thorsten und Björn zu ihrem Date mit Véronique und Stefanie. Sie wollten erst am nächsten Tag wieder zurück sein. Wir unterhielten uns ein wenig mit Richie, der dann gegen 10 Uhr abends nach Hause fuhr. Am nächsten Morgen rief mich Thorsten an. Alles wäre in Ordnung, die beiden Freundinnen seien bereit, kurzfristig mitzukommen. Da ich am Telefon nicht ins Detail gehen wollte, hakte ich nur nochmals nach, ob auch wirklich alles klar gehen würde, so dass wir die Buchungen vornehmen könnten.

„Ja, ja, alles ist bestens", versicherte mir Thorsten.

„Habt ihr genügend Geld mit?", wollte ich wissen.

„Etwa 1.000 DM", hörte ich am anderen Ende der Leitung.

„Gut, dann ruf jetzt Richie an. Er soll Dich und Björn abholen und zu Melanies Reisebüro fahren. Und denkt an die Geburtsdaten der beiden Mädchen. Die 1.000 DM soll Melanie als Anzahlung verbuchen. Wenn Ihr fertig seid, treffen wir uns in Deiner Wohnung."

„Okey dokey, bis gleich dann."

Eine gute Stunde später klingelte das Telefon.

Es war Richie, der mittlerweile im Reisebüro angekommen war. Es gab Probleme mit der Buchung. Es waren keine vier Plätze mehr im selben Hotel vorhanden; nur noch jeweils zwei Zimmer in Hotelanlagen in Montego-Bay, die nicht allzu weit voneinander entfernt lagen. Ein Flug startete von Brüssel, der andere von Düsseldorf mit zwei Tagen Unterschied. Ich ließ mir Melanie geben, die aber außer einer Reservierung der vier Plätze nichts anderes anbieten konnte.

„Eine Woche später ist es überhaupt kein Problem, aber in diese Woche fällt genau das Reggaekonzert", erklärte sie mir. Ich versprach ihr, mich binnen Minuten wieder zu melden. Ich ging in die nächste Telefonzelle und informierte Paul über die Situation. Ich riet ihm, die Aktion um eine Woche zu verschieben, doch er bestand darauf, die vier mit der erstbesten Maschine zu schicken.

Also bestätigte ich die Flüge und Melanie buchte sie fest. Nachdem die ganze Bande zurück in Thorstens Wohnung war, ließ ich mir von Björn und meinem Ziehsohn nochmals die Bestätigung geben, dass die Mädels über die neue Situation Bescheid wissen, ihre Reisepässe in Ordnung seien und sie mit allem einverstanden sind. Alles war bestens, ich bräuchte mir keine Sorgen zu machen, die ganze Sache würde reibungslos ablaufen.

Ich gab Paul die genauen Daten durch und versprach ihm, ein paar Tage vor der Lieferung in London zu sein. Alles war mal wieder perfekt organisiert. Bei vier Kurieren würden Anja und ich ein kleines Vermögen verdienen. Noch zwei oder drei Fahrten in dieser Größenordnung und wir könnten uns entspannt zurücklehnen und das Leben in vollen Zügen genießen. Die Stimmung war euphorisch und ausgelassen. Alle waren voll konzentriert bei der Sache, vielleicht ein wenig angespannt, doch voller Vorfreude auf den anstehenden Drogentransport mit dem in Aussicht gestellten Gewinn für alle Beteiligten.

Die Chaos-Tour

Thorsten war mit einer Spanierin namens Esther zusammen. Ihre Eltern waren streng katholisch und obwohl sie den Umgang ihrer Tochter mit Thorsten billigten, waren sie nicht gerade wegen der Beziehung begeistert. Esther war eine selbstbewusste, junge Frau und nur ein Jahr jünger als Thorsten. Anders als andere Mädchen hielt sie Thorsten lange Zeit hin, bevor sie ihn „ran ließ". Vielleicht war das der Grund, warum er so in sie vernarrt war.

Es gab immer wieder Streit, weil sie sich nicht so frei bewegen konnte wie andere Frauen in ihrem Alter. Sie musste selbst mit 18 Jahren um Punkt 23 Uhr zu Hause sein. Thorsten, der so viel Zeit wie möglich mit Esther verbringen wollte, drängte viel zu sehr, so dass sie sich immer mehr zurückzog. Ein paar Wochen vor Thorstens Reise nach Jamaika verbot der Vater schließlich jeglichen Kontakt. Sie telefonierten zwar heimlich miteinander, sahen sich aber immer seltener.

Thorsten nahm das sehr mit und obwohl er es keinem eingestand, hatte er ein schlechtes Gewissen, jetzt mit einem anderen Mädchen nach Jamaika zu fliegen. Allerdings versprach er sich dadurch eine Veränderung. Mit seinem nächsten Kurierlohn wollte er Esther überreden, mit ihm zusammen zu ziehen und nicht, wie er eigentlich vorhatte, mit den Jungs eine Wohngemeinschaft zu bilden.

Kurz vor seinem Abflug lief er jedenfalls wie ein liebestoller Kasper durch die Gegend. Björn und Véronique flogen zwei Tage später nach Montego-Bay. Da Thorsten schon das Prozedere kannte, war abgemacht, dass er den normalen Bustransfer zum Hotel benutzt. Zusammen mit Michael und Craig sollte er dann seine Freunde vom Flughafen abholen. Als die beiden Jamaikaner jedoch kurz vor Björns Ankunft das Hotel aufsuchten, gab es von Thorsten und dem Mädchen weit und breit keine Spur. Nachdem sie die anderen zum Hotel gebracht hatten, rief mich Michael sofort an:

„Ehh Mikey, ich kann Deinen Sohn nicht finden. Die haben niemals das Hotel erreicht."

„Sind die Zimmer denn gebucht?", wollte ich von ihm wissen.

„Ja mon, aber sie sind nie hier eingetroffen", erklärte er mir.

„Das andere Pärchen hat auch keine Ahnung, wo sie sein könnten."

„Hast Du die Maschine gecheckt? Ist die City Bird von Brüssel regulär gelandet?", fragte ich weiter.

„Ich kenne jemanden im Airport, der das für mich abklären kann. Ich fahr sofort zum Flughafen und ruf Dich gleich wieder an", meinte Michael und beendete das Gespräch. Eine knappe Stunde später klingelte mein Handy.

„Ja mon, it's me. Beide stehen neben mir. Ich hab sie am Flughafen bei der Ankunft getroffen. Sie wollten Björn und das Mädchen abholen."

„Was ist denn schief gelaufen?", fragte ich Michael.

„Das erzählt Dir Thorsten am besten selber. Alles hab ich nämlich nicht verstanden."

"Okay thanks and good job bredgen."

„No problem Mikey", verabschiedete er sich und gab mir Thorsten.

„Was um Gottes Willen läuft denn da bei Euch für eine Scheiße?", fragte ich sauer.

„All meine Hotelunterlagen samt dem Bustransfer waren verschwunden und ich konnte mich nicht mehr an den Namen des Hotels erinnern", erklärte er mir.

„Wahrscheinlich hast Du sie irgendwie verschlampt. Mann, so was kann auch nur Dir passieren. Warum hast Du mich denn nicht angerufen?", wollte ich wissen.

„Bevor wir ein Hotel gefunden hatten, das noch ein Zimmer frei hatte, war es schon verdammt spät. Wir waren total kaputt und haben erstmal bis zum Mittag durchgeknackt. In der Stadt habe ich dann kein Calling-Center gefunden und Stefanie wollte unbedingt an den Strand. Na ja, da Björn schon am nächsten Tag kommen sollte, dachte ich, dass ich bis dahin auch noch warten könnte."

„Du kannst von Glück reden, dass Michael nochmals zurückgefahren ist", machte ich ihm klar.

„Spätestens dann hätte ich angerufen", verteidigte sich Thorsten.

„Na wenigstens hast Du das mit dem neuen Hotel hingekriegt", sagte ich versöhnlich.

„Das hat mich auch fast mein ganzes Taschengeld gekostet. 360 Dollar, 120 pro Tag."

„Na, das bist Du ja wohl selber schuld! Dann checkt jetzt in Euer ursprüngliches Hotel ein und ruf mich gegen Ende der Woche an. Und Thorsten, lass Dir die Telefonnummer vom Hotel geben!"

„Okay mach ich, bis dann", verabschiedete sich Thorsten.

Keine Stunde später klingelte das Telefon erneut. Durch die Zeitverschiebung war es mittlerweile weit nach Mitternacht in Deutschland und ich lag schon im Bett.

„It's me again", hörte ich Michaels Stimme.

„Sorry, aber es gibt ein paar Probleme. Da sich Thorsten zwei Tage lang nicht gemeldet hat, ist das Hotelzimmer weiter vermietet worden. Das Hotel, wo Thorsten bis jetzt war, ist auch ausgebucht und durch das Reggae-Festival scheint in ganz Mo-Bay kein einziges Zimmer mehr frei zu sein."

„Mist, und das nur, weil Thorsten seine Hotelunterlagen verschlampt hat. Meinst Du, Ihr könnt sie in Negril unterbringen?", fragte ich Michael.

„Ich versuch mein Bestes."

„Ich ruf mal Kendrik an, vielleicht fällt ihm ja was ein. Fahr erstmal nach Negril mit den beiden. Ich meld' mich dann wieder bei Dir", teilte ich Michael mit. Paul, alias Kendrik war natürlich von den tollen Neuigkeiten genauso begeistert wie ich. Trotzdem war er den Umständen entsprechend umgänglich. Er kannte die Besitzerin einer kleinen Pension in Negril und leitete alles Weitere in die Wege. Sie hatte noch Plätze frei und Michael brachte Thorsten und Stefanie dort unter.

Alle vier Kuriere waren jetzt sicher untergebracht und der Deal konnte ganz normal über die Bühne gehen. Zumindest dachte ich das, als ich mich wieder unter die Bettdecke begab. Einen ganzen Tag ließ mich das Schicksal in diesem Glauben, bis ich wieder Michael am Telefon hatte:

„Yooh Mikey, wir haben schon wieder Schwierigkeiten hier."

„Was ist es diesmal?", fragte ich.

„Die beiden Mädchen machen einen Aufstand, weil sie nicht zusammen ihren Urlaub verbringen können, und Thorsten braucht unbedingt Geld", erklärte mir Michael.

Mir platzte der Kragen:

„Sag den Mädchen, dass sie sich nicht auf einer Vergnügungstour befinden, und wofür braucht Thorsten denn so viel Kohle?"

„Er sagt, dass er nach Deutschland telefonieren muss. Ich hab' ihm gestern schon wieder Geld gegeben."

„Verdammt noch mal, er hat 1.000 DM bekommen, und dass er fürs Hotel bezahlen musste ist er selbst schuld. Also mich hat er nicht angerufen, wohin um Gottes Willen vertelefoniert er denn die ganze Kohle?"

„Er erzählte mir etwas von einer Esther, die er unbedingt erreichen müsste ... und die Sache mit den zwei Frauen ist auch nicht so einfach. Die wissen überhaupt nichts von dem Transport."

„Was?", schrie ich total aufgebracht ins Telefon.

„Wo bist Du im Moment?"

„In der Pension bei Thorsten", verriet er mir.

„Hol mir Thorsten sofort ans Telefon. Ich ruf Dich in 5 Minuten wieder an", befahl ich ihm ziemlich unwirsch. Ich war mittlerweile stocksauer und hatte eine Riesenwut im Bauch. Was bildete sich der Junge überhaupt ein? Er verhielt sich total unprofessionell und hatte mich in Bezug auf die Mädchen auch noch angelogen. Jetzt konnte ich mich mit Paul auseinandersetzen, der eh schon angepisst war und ihm irgendwie klarmachen, dass wir diesen Trip ohne das Kokain beenden müssten. Doch als erstes rief ich Michaels Handynummer nun von einer Telefonzelle aus an und verlangte nach Thorsten, um ihm gehörig den Kopf zu waschen.

„Jetzt hör mal gut zu, mein Freund. Du hast mich quasi um diese Tour angebettelt und nun baust du andauernd Scheiße. Nicht nur, dass Du die Unterlagen verschlampt hast, das Hotel futsch ist und Du Deine komplette Kohle auf den Kopf haust, um mit Esther zu telefonieren, nein Du hast mich auch noch wegen der beiden Frauen angelogen. Ich habe Dich etliche Male gefragt, ob alles in Ordnung ist und jetzt erzählt mir Michael, dass sie von gar nichts wissen. Ich glaub Du tickst nicht mehr sauber."

„Ja, ja schon, aber ich hatte Angst, wenn Du die Wahrheit erfährst, lässt Du mich nicht mehr fahren und ich brauch das Geld verdammt dringend. Außerdem sind die beiden total zickig und wollen uns nur ausnutzen. Warum sollen wir denen dann noch die Hälfte des Kurierlohns in den Rachen schmeißen?"

„Erstens habe ich Dir angeboten, andere Frauen zu besorgen, und wer hat mir denn immer wieder beteuert, dass die zwei voll in Ordnung sind? Und zweitens, wer nutzt denn hier wen aus? Hast Du Dir mal überlegt, was passiert, wenn die beiden irgendwelchen Scheiß bauen und sie Euch am Zoll hochnehmen? Nicht nur, dass Dein Arsch dann im Knast steckt und die Ware verloren ist, sondern Du bist auch für die Verhaftung von zwei unschuldigen Frauen verantwortlich. So lange man das Risiko kennt und bereit ist, es einzugehen, ist das in Ordnung, aber jemanden damit reinziehen, der von nichts eine Ahnung hat, ist mehr als schäbig! Verdammt Thorsten, das ist nicht irgendeins Deiner Computerspiele, das ist tödlicher Ernst. Was glaubst Du wohl, was Paul über die Sache denkt?"

„Der wird nicht begeistert sein", gab er von sich.

„Da hast Du verdammt noch mal Recht."

„Sorry, das war total bescheuert. Ich wollte doch nur genügend Geld verdienen, um mit Esther zusammen zu ziehen."

„Darüber mach Dir mal keinen allzu großen Kopf. Das wird schon hinhauen und zur Not bin ich ja auch noch da“, versuchte ich ihn zu beruhigen.

„Wie geht's jetzt weiter?“, wollte Thorsten wissen.

„Keine Ahnung. Nach dem Gespräch werde ich erstmal mit Paul telefonieren. Mal hören, was er sagt. Ich melde mich wieder bei Dir. Übrigens, hast Du die Telefonnummer von der Pension?“

Er gab sie mir und ich bereitete mich seelisch und moralisch auf das Gespräch mit Paul vor. Ich erzählte ihm, was passiert war und riet ihm, das Geschäft mit anderen Kurieren durchzuführen.

„Noch mehr Geld zum Fenster rausschmeißen? No mon! Michael soll alle vier zusammen in der Pension unterbringen und dann werden sich alle gefälligst am Riemen reißen“, ordnete er verärgert an.

„Und was ist mit den Mädchen? Die wissen doch überhaupt nicht Bescheid“, fragte ich ihn.

„Das hätte sich Thorsten vorher überlegen sollen. Wenn der Deal durchgeht, interessiert das eh keinen mehr“, meinte Paul.

„Also ich halte das für keine so gute Idee. Bei dem ganzen Trouble, der schon gelaufen ist, kann die Sache nur schief gehen“, versuchte ich ihn noch umzustimmen.

„Ich kann den Transport nicht noch weiter verschieben. In London wartet man schon dringend auf die Ware. Pass auf, ich kümmere mich darum, dass die vier zusammen sind und danach fährt sie Michael zum Priester. Dann werden wir ja sehen, was passiert.“

Das war sein letztes Wort. Ich informierte Michael und bat Thorsten, ab jetzt seine Füße still zu halten. Er war hörbar erleichtert, dass Björn und Véronique nach Negril kommen sollten und der Deal nicht geplatzt war. Nach drei Tagen Ruhe ohne Hiobsbotschaften klingelte erneut mein Handy. Auf meinem Display erkannte ich, dass dieser Anruf aus England kam. Es konnte sich also nur um Paul handeln. Da wir mittlerweile alle paar Tage miteinander telefonierten, dachte ich an nichts Schlimmes und nahm das Gespräch entgegen:

“Hey Mikell, it's me Paul.”

„Greetings my friend“, sagte ich gut gelaunt.

„Sag mal, was zum Teufel ist eigentlich mit Deinem Sohn los?“

Ich schluckte und ließ einen langen Seufzer los:

„Neeeiin, was hat er jetzt wieder angestellt?“

„Er ist in ein Hotelzimmer eingebrochen, um von da aus telefonieren zu können. Außerdem streiten sich Björn und Thorsten andauernd mit den Mädchen. Sie haben ihnen die Reisepässe weggenommen und sie angeblich die Nacht im Hotelzimmer eingesperrt", berichtete mir Paul wütend.

„Das darf doch alles nicht wahr sein. Ist die Polizei involviert?", wollte ich wissen.

„Nein, wir konnten das ohne die Cops klären, aber auch nur, weil mich die Besitzerin direkt angerufen hat und ich ihr Geld für die entstandenen Schäden versprochen habe", erklärte er mir. Ich war stocksauer und hätte Thorsten am liebsten in der Luft zerrissen. Zum Glück hatte sich die Beziehung zu Paul seit dieser einen Geschichte in London erheblich verbessert.

„Na wenigstens etwas", brachte ich hervor.

„Es tut mir echt leid, dass Thorsten sich so daneben benimmt. Ich hab ihm oft ins Gewissen geredet. Ich versteh' einfach nicht, was manchmal in dem Jungen vorgeht. Ich werde mich sofort darum kümmern und in Negril anrufen", versprach ich Paul.

„Mach das, aber ich möchte, dass Anja runterfliegt und zwischen den beiden Parteien vermittelt. Ich will, dass wieder Ruhe einkehrt und wir wie geplant den Deal durchziehen."

„Wenn Du wirklich jemanden vor Ort haben willst, dann werde ich fliegen. Ich kenne Thorsten am besten und werde das wieder hinbiegen", bot ich ihm an.

„Nein, es ist besser, wenn eine Frau zwischen den Vieren zu schlichten versucht. Anja soll den nächsten Flug nach Mo-Bay buchen und uns auf dem Laufenden halten. Du versuchst erstmal, am Telefon die Gemüter zu beruhigen."

„Wie Du willst. Ich ruf Dich dann später zurück."

Also rief ich wieder in Negril an, um von Thorsten zu erfahren, was los war. Ihn anzuschreien hätte keinen Sinn gemacht; auch erneut an sein Verantwortungsbewusstsein zu appellieren oder ihm den Kopf zu waschen hätte nichts gebracht. Ich blieb also vollkommen gelassen und war die Ruhe selbst, was Thorsten sichtlich irritierte. Nachdem ich erfahren hatte, was genau passiert war, sagte ich ihm lediglich, dass Anja runterkommen und alles Weitere ganz alleine in seiner Hand liegen würde. Natürlich verstand er nur „Bahnhof" und fragte nervös nach, wie ich das denn meinen würde.

„Ganz einfach, Thorsten. Mit Deinem ganzen Mist, den Du seit Deinem Abflug gebaut hast, nimmst Du mir jede Mitentscheidung, was Euch Kuriere angeht. Ich bin dafür verantwortlich. Normalerweise! Doch jetzt in Deinem Fall kann ich meine schützende Hand nicht mehr über Dich halten. Paul ist stinkesauer! Kein Wunder, denn 12 Kilo feinster Ware stehen auf dem Spiel. Also solltest Du Dir noch irgendwas zu Schulden kommen lassen, weiß ich nicht, wie er reagieren wird."

Stille, kein Mucks, man spürte förmlich, wie Thorstens Gehirnzellen fieberhaft ratterten. Nach etlichen Sekunden Pause:

„Ist ... ist okay. Ich ... ich werde ab jetzt kein, keinen Mist mehr, mehr bauen", stotterte er.

Er sollte endlich merken, dass das Ganze kein Spiel war. Nun, was war passiert? Die beiden Frauen waren ziemlich abgezockt. Von Anfang an interessierten sich die zwei weit weniger für Thorsten und Björn, als vielmehr für deren Knete. Als Steffie und Veronique die Einladung nach Jamaika erhielten, war der weitere Ablauf schon vorprogrammiert.

Sie wollten sich auf Kosten der beiden Jungs einen schönen Urlaub machen, die Sonne genießen, in Clubs rumschwirren und ein paar Jamaikaner vernaschen. Nachdem sie endlich zusammen in der Pension untergekommen waren, verlangten sie von Thorsten und Björn Geld, um alleine auf die Piste gehen zu können.

Natürlich schmeckte das den Jungs überhaupt nicht. Gerade Thorsten, der eh ein schlechtes Gewissen wegen Esther hatte, brachte diese Einstellung auf die Palme. Die Freundinnen kapselten sich immer mehr ab und wollten sogar bei irgendwelchen Schwarzen unterkommen, so dass Thorsten kurzerhand beschloss, ihnen die Reisepässe abzunehmen und sie vor ihrem bevorstehenden Date ins Zimmer einzuschließen.

Mitten in der Nacht, als die Jungs schon schliefen, klauten die beiden Frauen das letzte Geld und schlichen aus ihrer Unterkunft. Die Situation artete völlig aus. In seinem Stolz verletzt, fern von seiner Freundin und seines letzten Geldes beraubt, rastete Thorsten aus. Er brach am nächsten Tag in ein Zimmer ein, um mit seiner geliebten Esther telefonieren zu können. Es war also dringend nötig, dass Anja sich um die Streithähne kümmerte.

Melanie schaffte es, sehr kurzfristig einen Platz bei der LTU für Anja zu buchen. In Negril angekommen, berichtete sie mir telefonisch weitere Details: Nachdem die Frauen, die kein Geld mehr besaßen und feststellen mussten, dass die Jamaikaner überhaupt nicht leicht zu manipulieren sind, nach zwei Tagen wieder im Hotelzimmer erschienen, entbrannte ein lautstarker Disput. Thorsten ließ sich dazu hinreißen, etwas ausgesprochen Dummes zu sagen. Er wollte den beiden Mädels klarmachen, dass sie nicht so cool, toll und wichtig sind, wie sie es anscheinend glaubten.

„Was meint ihr beiden Nutten eigentlich, wer ihr seid? Der einzige Grund, warum wir Euch mitgenommen haben, ist doch nur, um kostenlos ein paar Nummern schieben zu können. Außerdem, um Ware nach Deutschland zu schmuggeln. Dafür seid ihr gerade noch gut genug."

Die beiden wurden schnell kleinlaut und bekamen es nach Sätzen wie: „Was glaubt ihr wohl, woher wir Michael und Craig kennen? Macht nur weiter so, dann seht ihr bald, was ihr davon habt", mit der Angst zu tun. Thorsten und Björn hatten wieder Oberwasser, aber zu welch einem Preis!?!

Anja konnte bei ihrer Ankunft zwar einiges kitten und stellte Thorstens Spruch als Bluff während eines Wutanfalls dar, aber plötzlich besannen sich die ach so coolen, abgezockten Mädchen wieder ihrer Mama und riefen diese in Deutschland an. Auch die gemeinsame Fahrt zum Priester konnte das Unvermeidliche nicht mehr aufhalten und so nahm das Schicksal seinen Lauf.

Nachdem Anja von Düsseldorf abgeflogen war, fuhr ich in das Haus meiner Mutter nach Holland. Sie verbrachte die meiste Zeit in der Villa ihres Freundes, so dass ich alleine mit meinem Bruder Philipp war.

Ein paar Tage vor Thorstens und Steffies Rückflug erhielt ich abends einen seltsamen Anruf auf meinem Handy. Eine tiefe Männerstimme mittleren Alters, mit einem Aachener Akzent sagte:

„Hallo, spreche ich da mit Michel?"

„Ja, am Apparat", sagte ich.

Keine Antwort, Stille. Nur ein leichtes Rauschen im Hintergrund. Ich legte auf. Der Mann nannte mich Michel, also musste es sich auf jeden Fall um einen älteren Bekannten handeln. Irgendwie kam mir die Stimme vertraut vor, doch ich konnte sie nicht einordnen. Komisch, aber warum hatte er sich dann nicht gemeldet? Ich dachte noch ein wenig darüber nach, vergaß die Sache aber nach einer Viertelstunde wieder.

Mein Bruder Philipp und ich saßen vor dem PC und zockten „Battle Tech Commander". Das waren Momente, wo wir die Welt um uns herum vergaßen und die Stunden nur so dahin flogen. Ich weiß nicht, wie viel Zeit nach dem ersten Anruf verging, doch plötzlich klingelte mein Handy erneut. Diesmal war eine Frau am anderen Ende der Leitung. Ich schätzte sie auf Ende 30, ebenfalls mit einer tiefen, markanten Stimme:

„Hier ist Jeanette, spreche ich mit Michel?"

„Ja, kennen wir uns von irgendwo?"

„Wir haben uns mal kurz bei Wolfram, meinem früheren Lebensgefährten, kennengelernt", verriet sie mir.

Noch immer wusste ich nicht, mit wem ich es zu tun hatte.

„Wolfram? Hilf mir mal ein wenig auf die Sprünge, bei mir ist der Groschen noch nicht gefallen."

„Wolfram, von der Spedition Schäfer. Du hast Frank damals bei Dir in Eschweiler aufgenommen. Er hat für Wolfram als Fahrer gearbeitet", erklärte mir Jeanette.

Jetzt machte es „Klick" und ich wusste auch wieder, woher ich die Männerstimme vom vorherigen Anruf kannte. Wolfram war Stammgast in einer kleinen Disco gewesen, in der ich kurz vor meiner Auswanderung hinter der Bar gearbeitet hatte. Durch ihn lernte ich Frank kennen. Wir wurden gute Freunde und ich bot ihm an, für 500 DM bei mir einzuziehen, anstatt jeden Monat 2.000 DM Miete zu zahlen, wo er doch eh die meiste Zeit auf der Straße für die Spedition unterwegs war. Wolfram nutzte Frank damals regelrecht aus. Obwohl er weiter für ihn arbeitete, wurde Wolfram aus irgendeinem Grund richtig eifersüchtig und trieb einen Keil zwischen uns. Die gemeinsame Auswanderung nach Jamaika fiel dadurch ins Wasser. Folglich waren wir nicht gerade die besten Kumpels. Ich wunderte mich, was er bzw. seine Exfreundin von mir wollte.

„Alles klar Jeanette, jetzt hab' ich's. Wie kann ich Dir helfen?"

„Dein Sohn und ein Freund von ihm sind zusammen mit zwei Mädels in Jamaika, nicht wahr?!?"

„Ja, das ist richtig", sagte ich ein wenig verdutzt.

„Und Thorsten hat die Mädchen eingeladen, oder?"

„Auch das ist richtig. Zur Zeit hat er die Spendierhosen an, da er von seinem richtigen Vater einen Batzen Geld bekommen hat", log ich.

„Kannst Du mir vielleicht sagen, was sie dort machen?", fragte sie weiter.

Noch immer konnte ich mir nicht erklären, was dieser Anruf bezwecken sollte. Allerdings war ich jetzt hellwach.

„Nun, was man so auf einer Karibikinsel macht – ausspannen und seinen Urlaub genießen", sagte ich vorsichtig.

„Also da ist mir was ganz anderes zu Ohren gekommen. Ich warne Dich, wenn eines der Mädchen was Illegales mit nach Hause bringt, bist Du dran", sagte sie.

„Was Illegales mit nach Hause nehmen?? Kannst Du mir vielleicht mal erklären, was das Ganze soll? Du rufst mich mitten in der Nacht an, stellst eine Menge Fragen und drohst mir dann auch noch. Mal ganz davon abgesehen, was Dich das angeht!?", sagte ich völlig ruhig, aber mit einer hörbaren Empörung in meiner Stimme.

„Das kann ich Dir sagen. Véronique ist meine Tochter und sie hat mich gestern angerufen und etwas vom Schmuggeln erzählt."

Verdammte Kacke; das kann doch jetzt nicht wahr sein, schlimmer konnte es ja kaum noch kommen, dachte ich.

„Sollte also irgendjemand was Verbotenes durch den Zoll schmuggeln, kannst Du Dich warm anziehen. Mein jetziger Partner ist Zollfahnder am Düsseldorfer Flughafen. Wenn Thorsten und Steffie in ein paar Tagen landen, kannst Du sicher sein, dass alles auf den Kopf gestellt wird. Auch die Kollegen in Brüssel wissen schon Bescheid. Und dafür, dass die beiden Kerle den Mädchen die Reisepässe abgenommen, sie eingesperrt und beschimpft haben, werden sich ein paar Freunde hier in Deutschland um sie kümmern", keifte sie jetzt in voller Rage.

„Nochmals, ich versichere Dir, dass keiner von den Vieren irgendwelche Schmuggelware mit nach Deutschland bringen wird. Dass es dort unten Streit gegeben hat, ist Dir ja anscheinend bekannt, aber man sollte immer beide Seiten anhören. Dass Deine Mädchen meinen Jungs Geld geklaut haben und bei irgendwelchen Schwarzen unterkommen wollten, hat Dir Deine Tochter sicherlich nicht erzählt. Und beschimpft haben sie sich gegenseitig."

Ich war noch immer die Ruhe selbst, was nicht nur Jeanette unsicher werden ließ, sondern auch meinen Bruder sichtlich beeindruckte, der das Gespräch direkt mitbekam.

„Ja, aber ähhh trotzdem, das geht doch nicht so", sagte sie sehr zaghaft.

Dann war erst mal Sendepause und ich hörte im Hintergrund eine männliche Stimme auf Jeanette einreden.

„Hallo, Jeanette?", sagte ich und die Stimme im Hintergrund war weg.

„Redest Du jetzt mit mir oder möchtet ihr Euch lieber nochmals absprechen? A ist das unhöflich und B hab ich wirklich Besseres zu tun, als mir mitten in der Nacht Grimms Märchen und die Probleme zwischen Teenagern anzuhören."

„Dir werden Deine kriminellen Machenschaften schon noch vergehen und Deinen Jungs kannst Du ausrichten, dass sie sich auf eine gehörige Tracht Prügel einstellen können", zischte Jeanette ins Telefon.

„Es reicht mir jetzt endgültig, mich von Dir beleidigen und bedrohen zu lassen. Anscheinend ist Dir nicht klar, mit wem Du hier redest. Außerdem wäre ich an Deiner Stelle ganz vorsichtig mit irgendwelchen Drohungen. Du befindest Dich hier auf meinem Terrain und denk' mal daran, was noch alles bis zum Rückflug passieren kann."

Totenstille am anderen Ende. Man hätte eine Stecknadel fallen hören können und für mehrere Sekunden war absolute Sendepause, bis Jeanette dann ziemlich eingeschüchtert fragte:

„Und es ist ganz sicher, dass nichts geschmuggelt wird?"

„100prozentig sicher. Pass auf Jeanette, ich mach Dir einen Vorschlag zur Güte und zwar nach dem Motto: Leben und leben lassen. Ihr lasst meine Jungs in Ruhe und ich verspreche Euch, dass Deinen Mädchen kein Haar gekrümmt wird. Was meinst Du? Einverstanden?"

„Ist okay, aber wenn ..."

„Dann sind wir uns ja einig", unterbrach ich sie.

„Ich wünsche noch eine angenehme Nachtruhe", sagte ich und legte auf. Ein paar Minuten noch diskutierten Philipp und ich über das Telefonat. Wir konnten uns jedoch keinen Reim darauf machen.

Am nächsten Morgen rief ich Paul an und berichtete ihm von dem Anruf. Ich musste mir einige Verwünschungen anhören, aber letztendlich stimmte er mit mir überein, diesen Trip als Nullrunde zu verbuchen. Ich sollte mich so schnell wie möglich um Ersatz kümmern. Ich informierte Michael und Anja, die dann zusammen mit Thorsten und Steffie zurückflogen. Véronique wollte partout nicht den Rückflug mit Björn antreten.

Sie wartete allein am Sangster Airport in Mo-Bay auf ihre Mutter, die ein paar Stunden später dort ankam. Die beiden blieben noch zwei Wochen in Jamaika, bevor sie über Mexiko nach Deutschland zurückflogen. Nach allem, was mir meine jamaikanischen Kontaktleute mitteilten, ließen sich Mutter und Tochter von einigen Rastas verwöhnen, während Thorsten, Steffie und Anja von dem besagten Zöllner in Düsseldorf genauestens durchsucht wurden.

Zu seiner Enttäuschung waren die drei allerdings total clean. Auch die Kollegen in Brüssel gingen leer aus und hatten sich umsonst bemüht. Wir hatten zwar Geld verloren, aber es hielt sich in Grenzen, da die Ware ja nach wie vor in Mo-Bay war. Es sollte und konnte also weitergehen.

DJ Amok

Noch während sich Thorsten und Björn in Jamaika befanden, fuhr ich bei meinem früheren Geschäftspartner Marco vorbei, der mittlerweile als Verkäufer in einem BMW-Autohaus arbeitete. Er organisierte mir einen 328i als Mietwagen und überließ ihn mir zu speziellen Konditionen. Ich wollte ein repräsentables und schnelles Auto für alle Fälle haben. Am Abend war ich mit meinem Bruder Philipp verabredet. Er hatte die nächsten zwei Tage frei und wir wollten – wie in alten Zeiten – etwas zusammen unternehmen. Da ich vorher noch einiges in der City zu erledigen hatte, fuhr ich über die Roermonder Straße in Aachen nach Holland. Ich musste tanken und hielt deshalb an einer der vielen Tankstellen an. Es war schon dunkel, nur der Nachtschalter war besetzt. Nachdem ich voll getankt hatte, kramte ich das Geld aus meiner Brieftasche und begab mich zum Schalter. Ein wenig verdutzt blickte ich in das mir bekannte Gesicht des Kassierers als dieser sagte:

„Das macht 52,60 bitte!"

Obwohl wir uns etliche Jahre nicht gesehen hatten, erkannten wir uns wieder.

„Michel, bist Du das?", fragte er mich.

„Ja mon, Marcel???"

„Ja genau, Mann, das ist ja 'n Ding. Gut siehst Du aus. Braungebrannt, super Klamotten und ne echt geile Karre, wie ich auf dem Monitor gesehen habe", sagte Marcel freudestrahlend, während er in Richtung des BMWs zeigte.

„Dir scheint es ja blendend zu gehen. Was treibst Du denn so?"

„Nun, von meiner Auswanderung nach Jamaika hast Du sicherlich schon gehört. Ich hab da einen reichen Typen kennengelernt, der in London ein paar Geschäfte am laufen hat. Ich helf' ihm beim finanziellen Teil", erklärte ich,

„ und wirst dabei fürstlich entlohnt", vollendete Marcel meinen Satz.

„Hab schon von Deiner Auswanderung gehört. Du hast nicht zufällig einen Job für einen alten Kumpel? Du siehst ja, in was für einem Dilemma ich stecke und dabei kann ich noch froh sein, dass ich überhaupt eine Arbeit habe. Deutschland hat sich ganz schön verändert."

„Wem sagst Du das", stimmte ich zu und dachte kurz nach.

Mit Marcel verbrachte ich noch vor meiner Heirat viel Zeit. Er gehörte damals zu unserer Clique, die dann nach und nach durch Hochzeiten und Geburten auseinander brach. Als ich Marcel kennenlernte, war er Türsteher einer Disco in Aachen und vertickte schon damals kräftig Drogen an die Gäste. Ich hatte ihn als loyalen und korrekten Kumpel in Erinnerung, mit dem ich so manches Mal herzlich gelacht hatte. Deshalb sagte ich:

„Mit einem Job für Dich lässt sich vielleicht was machen."

Seine Augen glänzten und er blickte mich erwartungsvoll an.

„Echt???"

„Wann hast Du hier Feierabend?", fragte ich.

„Um 4 Uhr werde ich abgelöst."

„Dann wirst Du sicherlich ausschlafen wollen! Pass auf, wir machen folgendes: Ich geb' Dir meine Handynummer und Du rufst mich an, wenn Du wach bist. Dann können wir was ausmachen und in Ruhe über alles reden. Ich hab's ein wenig eilig und hier ist nicht der richtige Ort, um über so etwas zu sprechen. Was hältst du davon?"

„Hört sich wie Musik in meinen Ohren an", sagte Marcel und grinste. Ich schob ihm 60 DM in das Fach des Nachtschalters und sagte:

„Also dann bis morgen!"

Philipp erwartete mich schon sehnsüchtig. Er hatte alles für einen Computerabend vorbereitet und ich war heilfroh, mal wieder Zeit mit meinem geliebten Brüderchen verbringen zu können. Erstmal rauchten wir einen ordentlichen Wasserbong, bevor wir den Computer anschmissen. Vorgefertigte Joints lagen schon fein säuberlich neben der Tastatur und schrien förmlich danach, angezündet zu werden. Obwohl Philipp viel später angefangen hatte zu rauchen, kenne ich niemanden, der schönere, größere und kunstvollere Joints bauen kann.

Erst in den frühen Morgenstunden gingen wir nach einem letzten „Gute-Nacht-Spliff" ins Bett. Als wir beide gegen Mittag aufwachten, dröhnte der Schädel bis in die Haarspitzen. Noch ein wenig benommen schleppte ich mich unter die Dusche. An Essen war nicht zu denken. Wir waren zuvor so dermaßen auf einen Fresskick gekommen, dass wir jetzt noch wie zwei Mastgänse vollgestopft waren. Wir pflanzten uns faul auf die große Couch, hörten ein wenig Musik im Hintergrund und führten gerade eines unserer tiefschürfenden Gespräche, als mein Handy klingelte. Marcel war an der Strippe und so wie es sich anhörte, war wohl auch er gerade erst von den Toten erwacht. Wir verabredeten uns für den späten Nachmittag in seiner Wohnung.

Ich parkte den Wagen in der von Marcel angegebenen Straße. Er wohnte Parterre und als erstes fiel mir sein ziemlich teures Mountainbike auf. Das Bike der Marke Canondale stand mitten in der Diele. Es war eine typische Männerwohnung mit einem kleinen, schmutzigen Bad, einer Küche und einem Wohn-Schlafraum, der durch einen Vorhang abgetrennt war. Die Küche war die reinste Katastrophe. Das Wohnzimmer sah auch nicht viel besser aus. Der Teppichboden schrie förmlich nach einem Staubsauger. Marcel bat mich auf seiner alten, abgesessenen Ledercouch Platz zu nehmen. Nachdem ich mich ein wenig umgesehen hatte, schätzte ich den Wert seines Fahrrads weit höher ein als die komplette Wohnungseinrichtung. Unter seinem aus der Mode gekommenen, schweren Wohnzimmertisch kramte er ein großes Holzbrett mit fertiger Dope-Mischung und einer Keramikwasserpfeife hervor. Er stopfte ein großes Metallköpfchen voll, drehte es mit dem Gewinde auf den Wasserbong und reichte ihn mir samt Feuerzeug rüber.

„Ist vielleicht nicht so gutes Gras wie in Jamaika, trotzdem habe ich nur gute Erfahrung damit gemacht", sagte er zu mir.

„Na denn, auf alte Zeiten", erwiderte ich, während ich ihm mit der Wasserpfeife zuprostete.

„Nicht schlecht, was ist das für Gras?", wollte ich wissen.

„White widdow aus Kerkrade", verriet mir Marcel.

„Gutes Zeug, echt sanft und ohne diesen „Kawumm-Effekt", merkte ich an.

„Wart erstmal ab. Die Wirkung verteilt sich schön langsam und macht Dich richtig kreativ; und das über Stunden", erklärte mir Marcel.

Während wir noch ein wenig fachsimpelten, stopfte Marcel das nächste Köpfchen und sagte:

„Erzähl mal ein wenig von Deiner Wahlheimat. Wie lebt es sich so in Jamaika?"

Ich erzählte Marcel die ganze Geschichte meiner Auswanderung. Er hörte aufmerksam zu und stellte hier und da ein paar Fragen. Als ich dann von Paul, Michael, der ganzen Organisation und den Leuten in London sprach, wurde er hellwach. So eine Chance zu bekommen, wie er sich ausdrückte, das hätte er nur in seinen kühnsten Träumen zu hoffen gewagt. Er war von der Sache total begeistert und hatte vor, mir auf jeden Fall potenzielle Kuriere zu besorgen. Ich war natürlich sehr an neuen Kurieren interessiert. Solche, die mich nicht kannten und die aus einer anderen Schiene als aus Thorstens Bekanntenkreis stammten.

Marcel telefonierte noch während meines Beiseins mit Alf. Er meinte, dass er der optimale Kandidat für den Job sei. Alf hätte einen Urlaub mehr als nötig, brauche dringend Geld und war angeblich „cool as ice". Er machte mit ihm ein Date für den kommenden Tag aus. Wir plauderten noch eine ganze Weile. Marcel wollte sich noch um weitere Kuriere kümmern und mich auf dem Laufenden halten, um bei Interesse ein Treffen mit mir zu organisieren. Über die Tauglichkeit wollte ich mir selber ein Bild machen. Also verabschiedete ich mich von meinem alten Kumpel und fuhr zurück nach Holland.

Ein paar Tage später lernte ich dann Alf kennen. Er hatte ein kleines Appartement mitten in Aachen, wohin mich Marcel mitschleppte. Alf war etwa Mitte 30, schlank und blond gefärbt. Sein Auftreten war selbstsicher, aber auch ein wenig arrogant; zu sehr für meinen Geschmack. Ein Typ, der angeblich vieles schon gesehen hatte, alles kannte und Tausende Beziehungen hatte. Ich mochte ihn nicht besonders, doch ich musste ihn ja nicht heiraten, sondern nur als Kurier abchecken.

Dafür war er geeignet und bereit, alles andere war erstmal nebensächlich. Ich wollte ihn auf die Probe stellen und seine großkotzigen Beziehungen mal im Kleinen testen. Vielleicht um ihm ein wenig sein Maul zu stopfen, weniger aus Vorsicht heraus. Er war nämlich der Ansicht, dass es doch hirnrissig sei, Kokain über Deutschland nach England zu transportieren. Dass Jamaika jedoch bis 1962 englische Kolonie und dass das Risiko weitaus höher war, es auf direktem Wege dorthin zu schicken, bedachte er nicht. Selbst als ich ihm das erklärte, blieb er dabei. Man könnte es ja in Deutschland vermarkten, meinte er nur.

„Wenn sich der Vertrieb aber nun mal in London befindet, hat man ein kleines Problem, oder!?!“, erklärte ich ihm angefressen. Was mischte sich der Kerl überhaupt ein; und das schon beim ersten Treffen?

„Kein Problem, ich hab ‘ne Connection, die das Kokain hier in Deutschland abnimmt“, prahlte er.

„Hey DJ Amok, Du kennst doch Dirk?“

„Mmhh“, machte Marcel, „ich weiß nicht so recht.“

„DJ Amok?“, fragte ich und grinste Marcel an.

„Ja, so nennen mich ein paar Leute“, erklärte er mir.

„Egal. Welche Mengen könnte Dirk abnehmen und vor allen Dingen für was für einen Kilopreis?“, richtete ich mich mit meiner Frage jetzt wieder an Alf.

„Den Preis kann ich Dir nicht genau sagen, aber ein paar Kilos im Monat sind schon drin“, verkündete er mit geschwellter Brust.

„Na, einen ungefähren Preis sollte ich schon haben!“, sagte ich gereizt.

„Dafür müsste ich telefonieren, aber grob etwa 60.000 DM das Kilo.“

„Jetzt pass mal auf Alf! Erstens sind ein paar Kilo im Monat Peanuts und bei 60.000 das Kilo habe ich gerade mal meine Kosten gut gedeckt. Vielleicht sollest Du vorher mal nachdenken, dann verstehst Du auch, warum das Koks nach England geht und nicht nach Deutschland."

Marcel war die ganze Sache peinlich. Schon bei vorangegangenen Äußerungen von Alf verdrehte er die Augen und versuchte Alf auf die wesentlichen Fragen zurückzuholen. Als Alf jetzt auf meinen letzten Kommentar antworten wollte, fiel Marcel ihm einfach ins Wort.

„Lass es gut sein Alf. Du kannst Dir ja in Ruhe überlegen, ob Du den Trip machen willst oder nicht. Das System steht und ist gut so. Ich glaube nicht, dass einer von uns sich herausnehmen sollte, es zu ändern", sagte er bestimmend.

„Ich mein ja nur. Kritik wird ja noch erlaubt sein", sagte Alf trotzig.

„Gegen Kritik hat keiner etwas; nur sollte sie auch konstruktiv sein", bemerkte ich.

„Pass auf Alf, wenn Deine Beziehungen wirklich so ausgezeichnet sind, dann kann ich später immer noch das ein oder andere umstellen. Lass uns doch mal sehen, wie gut Du bist. Meinst Du, dass Du Markenklamotten innerhalb einer Woche an den Mann bringen kannst? Versace hauptsächlich."

„Wenn es sonst nichts ist. Wie viel und zu was für einem Preis?", fragte er nach.

„Also die Sachen haben einen Verkaufswert von etwa 10.000 DM. Nimmst Du alles im Paket ab, überlasse ich es dir für 4.000 DM", erklärte ich Alf.

„Soviel Geld habe ich im Moment nicht hier", ließ er raus.

„Was? Ein guter Geschäftsmann wie Du kann noch nicht mal 4.000 DM auftreiben?", stichelte ich jetzt. Ich machte bewusst eine längere Pause, bevor ich dann gönnerhaft sagte:

„Na gut, dann gebe ich Dir die Ware auf Kommission für eine Woche. Schaffst Du das?"

„Für Originale?"

„Natürlich nicht. Die Klamotten sind jedoch im selben Land bei derselben Fabrik hergestellt. Die Etiketten der Marke sind nachträglich eingenäht worden", klärte ich ihn auf.

„Wann kann ich die Sachen haben?"

„Wenn Du willst sofort. Sie liegen im Kofferraum meines Wagens."

„Ok, dann lass sie uns holen", sagte Alf und sprang von seinem Stuhl auf.

„Hoooh, langsam. Du wartest hier. Marcel und ich werden die Sachen holen. Komm DJ Amok", sagte ich und grinste ihn an.

„Wir sind gleich wieder zurück, Alf!"

Ich traute diesem Typen nur so weit, wie ich ihn werfen konnte. Dies erklärte ich auch Marcel, während ich ein paar Minuten den Hauseingang beobachtete, ob Alf uns eventuell folgen würde. Marcel entschuldigte sich für Alfs Verhalten, meinte aber auch, dass ich mir keine Sorgen machen brauchte. Dafür hätte Alf viel zu viel Dreck am Stecken. Nun, Vorsicht war in meinem Business nicht die schlechteste Sache.

Nachdem wir zurück waren, schien Alf zufrieden zu sein, mit dem was er sah. Selbst die durchsichtige Verpackung war mit dem Firmenlogo bedruckt und er meinte, dass es null Probleme gäbe, das ganze Zeug in einer Woche loszuwerden. Ich hatte die Sachen nach einem gemeinsamen Essen mit meiner Mutter und ihrem damaligen Lebensgefährten von einem Pärchen erworben. Der Mann besaß wohl mehrere Fabriken in Asien und er hatte wirklich gute Beziehungen. Ein Glück für mich, dass er immer genügend Ware im Kofferraum seines 500er Benz dabei hatte. So kam es, dass ich ihm Ware für 2.000 DM kurz nach dem Essen abkaufte; ein absoluter Freundschaftspreis.

Mittlerweile waren Marcel und ich Richtung Holland unterwegs. Alf wollte einen seiner ach so wichtigen Leute anrufen und Marcel sofort Bescheid geben, wenn die Markenklamotten an den Mann gebracht waren. Aber außer ein paar einzelnen Stücken hatte Alf nichts los werden können. Seine Super-Connection wollte die Ware nicht nehmen, da die Firmenetiketten zwar Originale waren, aber angeblich nicht immer am richtigen Artikel angenäht waren. Selbst wenn das gestimmt haben sollte; nur ein absoluter Profi könnte das erkennen. Nicht einmal die Boutiquebesitzer der Nobelmarken wissen, welcher Artikel welches Etikett besitzt, wenn sie es nicht explizit nachschauen. Außerdem hatte ich die Ware ja auch gar nicht als Original angepriesen.

Der Originalpreis lag zweieinhalbfach höher; also welcher Trottel verkauft Originalware so tief unter dem Preis? Dazu kam, dass Alf die einzelnen Stücke zum eigentlichen Paketpreis verkauft hatte. Angeblich wollte ihm keiner mehr dafür geben. Er hielt sich wirklich für ein ganz ausgebufftes Kerlchen. Egal, sollte sich der Laberfrosch meinetwegen die paar Mark einstecken. Ich hatte erstmal meine Genugtuung und sicherlich würde mir noch etwas einfallen, um mein Geld wiederzubekommen. Das passierte relativ schnell, da mittlerweile feststand, dass Thorsten und Björn ohne Ware zurückfliegen würden und Paul auf einen schnellen Ersatz drängte. Auch wenn ich Alf absolut nicht mochte, blieb mir keine große Wahl.

Von den Jungs hatte jeder schon den großen Trip gemacht und Marcel war diesbezüglich nicht meine erste Wahl. Erstens war er strafrechtlich schon mit Drogen aufgefallen und zweitens konsumierte er mir zu viel Speed, im Prinzip ein Abfallprodukt von Kokain. Also sollte Alf mit seiner thailändischen Freundin nach Mo-Bay fliegen. Alles war arrangiert, doch im letzten Moment hatte Shong-Lee Probleme mit ihrem Visa und konnte den Flug nicht antreten. Ich musste mir auf die Schnelle etwas einfallen lassen und entschied mich entgegen der Vernunft, Marcel mit Alf loszuschicken. Vorher redete ich ihm ins Gewissen und bekam sein Ehrenwort, dass er während des Trips die Finger von jeglichen Amphetaminen lassen würde. Von den 500 DM Taschengeld pro Kurier erzählte ich Alf nichts, so dass ich letztendlich wesentlich mehr Geld raus hatte als die paar Kröten, die Alf beim „Versace-Deal" unterschlagen hatte.

Richie brachte die beiden zum Flughafen, während Anja und ich uns in Marcels Wohnung einquartierten. Den halben Tag verbrachten wir damit, seine Wohnung auszumisten und zu säubern. Die paar Tage, die Anja alleine in Jamaika verbrachte, taten unserer Beziehung durchaus gut. Beide hatten wir ein wenig Zeit zum Nachdenken gehabt und genossen jetzt wieder die Nähe.

Ein paar Tage vor Marcels Rückkehr rief mich spät in der Nacht mein Bruder ziemlich aufgelöst an. Er habe soeben einen anonymen Anruf erhalten, in dem man mich gewarnt hätte. Anja und ich würden gesucht. Philipp war richtig nervös und machte sich ernsthafte Sorgen um mich. Deshalb nahm ich die Warnung ernst. Wir packten alle Sachen zusammen und verschwanden noch mitten in der Nacht in ein Hotel nach Holland. Seit diesem Anruf verbrachten wir nirgendwo länger als eine Woche. Meistens war es eine kleine Pension in Belgien oder eine Art Center Park in Holland oder wir buchten ein Hotelzimmer in Köln oder Düsseldorf.

Der Deal lief perfekt. Christian und Richie brachten die sechs Kilo nach England und bekamen sofort ihr Geld ausbezahlt. Alf und Marcel erhielten ihr Geld von mir und bezahlten erstmal ein paar Schulden ab. Marcel war überglücklich, wobei unsere Freundschaft an alte Zeiten anknüpfte. Er war begeistert von den Veränderungen in seinem Appartement und er war sehr dankbar, dass ich ihm aus der Patsche geholfen hatte.

Im Prinzip war Marcel die Antwort auf all unsere Probleme mit der Dealerei. Ich wollte das Risiko gefasst zu werden, so gut wie ganz ausschließen. Hauptsächlich bei der Rekrutierung der Kuriere und dem Transport des Gewinns ohne Beleg von England nach Deutschland war das Risiko erwischt zu werden am höchsten. Im Idealfall würde Marcel genau das tun, was Anja und ich momentan machten. Dafür sollte er pro Kurier einen Fixpreis erhalten. Anja und ich könnten dann von Jamaika aus agieren und würden, ohne dass uns die Kuriere kennen, nur noch investieren; sprich billig Kokain in Jamaika kaufen und es teuer in London vertreiben. Dies war das höchste Privileg in dieser Branche.

Noch mehr Gutes hätte dieser Wechsel. Wenn ich Paul jemanden präsentieren könnte, der ihn mit Kurieren versorgt, könnten wir jederzeit mit heiler Haut aus dem Business aussteigen. Ein letztes Mal fuhren Anja und ich mit dem PKW nach London. Er war sehr erfreut uns zu sehen und er war wieder ganz der Alte. Wir erledigten kleinere Dinge für Paul, kauften ein und kochten für uns drei.

Shenira war mit ihrem Sohn zurück nach New York geflogen und man merkte Paul an, dass er einsam war und nach Gesellschaft förmlich lechzte. Wir unternahmen einiges zusammen, gingen Essen und trafen einige der wichtigen Leute in London. Das Märchen vom Undercover-Agenten war endlich vom Tisch und man brachte uns Respekt entgegen, behandelte Anja und mich als Teil der Familie. Die 6 Kilogramm, die Christian und Richie erfolgreich nach London gebracht hatten, waren in kürzester Zeit umgewandelt und verkauft. Etwa vier Tage nach unserer Ankunft klopfte es morgens an der Tür unseres Gästezimmers:

„Morning, it‘s breakfast time“, hörte ich Paul‘s Stimme hinter der Tür.

„Come on in“, rief ich zurück.

Paul stand gut gelaunt und gestylt, mit zwei großen, vollgefüllten Plastiktüten inmitten des Raumes. Wir setzten uns beide im Bett auf, als Paul auf uns zukam und den Inhalt der Tüten über das komplette Bett ausschüttete.

„Ein Teil davon gehört Euch. Es muss nur noch gezählt werden“, sagte er breit grinsend. Vor uns lag eine knappe Viertelmillion Pfund. Alles in gestapelten, kleinen englischen und schottischen Pfundnoten. Nur hier und da sah man ein paar der höchsten englischern Banknoten: 50-Pfund-Sterling-Scheine. Nach der Dusche frühstückten wir ausgiebig, bevor wir dann das Geld zählten und die Abrechnung fertig stellten. Und wieder waren wir um etliche Scheinchen reicher.

Die Stimmung erreichte ihren Höhepunkt. Als wir nach einer guten Woche Paul in London verließen, war die Verabschiedung herzergreifend. Wir umarmten uns gegenseitig und wünschten uns alles Gute. Zufrieden und voller Zuversicht traten wir unseren Rückweg an. Nach und nach übernahm Marcel unsere Aufgaben. Ich lobte ihn in den höchsten Tönen, wenn ich mit Paul telefonierte, so dass er einfach auf ihn aufmerksam werden musste und ihn dann letztendlich auch kennenlernen wollte. Während Marcel sich um die nächsten Kuriere kümmerte, ließen wir es uns gut gehen.

Ein paar Tausend Mark war das Minimum, das ich stets im Portemonnaie mit mir rum trug. Wir unternahmen viele Ausflüge, waren oft in der Altstadt von Köln oder Düsseldorf unterwegs und speisten auch schon mal in Sterne-Restaurants, wobei wir locker 500 DM für unser Menü ausgaben. Ob es Klamotten, Schmuck, Parfüm, ein Laptop mit Drucker in einem speziellen, bruchsicheren Koffer oder ein gerade herausgekommene, transportable DVD-Player mit kleinem Bildschirm war, wir konnten uns alles leisten und genossen das Leben in vollen Zügen.

Die Ernüchterung

Anja und ich kümmerten uns nur noch um die Feinarbeit. Marcel hatte schon das nächste Pärchen rekrutiert. Sie wollten als Familie mit ihrem gemeinsamen Sohn fliegen. Ich überzeugte mich lediglich davon, ob die beiden für den Job geeignet waren und fuhr zu der gemeinschaftlichen Wohnung. Die Kuriere kannten mich nur als Mike Cooper, so dass nichts außer vielleicht einer Personenbeschreibung von mir möglich war. Ich sprach höchstens fünfzehn Minuten mit dem Pärchen, wobei sich die Frau die meiste Zeit im Nebenraum um ihren kleinen Sohn kümmerte. Wie schon viele Male zuvor klärte ich die junge Familie über die Gefahren und Risiken sowie den Ablauf und den Verdienst auf. Es war von Anfang an klar, dass die drei die komplette Tour bis nach England übernehmen würden. Sie sollten lediglich nach ihrer Rückreise von Jamaika ihre Reisepässe zu Hause lassen und dann mit dem Zug oder Auto nach London fahren, denn im Rahmen der EU braucht man als Deutscher nur einen Personalausweis, um nach England einreisen zu können. Der Reisepass mit dem Einreisestempel aus Jamaika kurz zuvor wäre zu verdächtig gewesen. Wer fliegt schon in die Karibik, kommt nach Hause und macht dann gleich den nächsten Urlaub im kalten, verregneten England?

Eine Chartermaschine nach England zu nehmen wäre auch zu gefährlich. Ein aufmerksamer Zollbeamter könnte im Computer den Flug von Mo-Bay nach Düsseldorf finden. Deshalb war abgemacht, dass das Pärchen von Aachen eine andere Transportmöglichkeit wählen würde.

Noch bevor die Familie in Deutschland gelandet war, gab uns Paul plötzlich neue Instruktionen. Die Lieferung sollte unbedingt früher ihren Bestimmungsort erreichen. Ich sollte zwei Kuriere finden und sie kurzerhand mit dem Flugzeug nach London schicken. Ich protestierte heftig, sagte ihm, dass alles schon geregelt sei und dass es auf ein paar Stunden mehr oder weniger nicht ankäme. Außerdem hätte ich so schnell keinen Ersatz. Doch Paul bestand darauf, dass ich meinen Stiefsohn und einen seiner Freunde schicken sollte. Doch genau Thorsten und Björn wollte ich aus der Schusslinie halten. Ich hatte den Anruf von Jeanette mit ihrem Zollfahnder noch im Kopf.

All das erklärte ich ihm am Telefon, doch Paul wurde nur sauer und meinte, ich sollte seine Entscheidung gefälligst nicht in Frage stellen. Er hätte seine Gründe und Thorsten hätte eh was gut zu machen. Ich diskutierte, argumentierte, versuchte alles. Ich sagte ihm sogar, dass er sich gefälligst nicht in meinen

Bereich einmischen solle, doch nichts half. Letztendlich hatte Thorsten mit seinem Benehmen beim letzten Jamaikabesuch meine Glaubwürdigkeit und auch meine Zuverlässigkeit in Sachen Kuriere kräftig beschädigt.

Paul argumentierte geschickt und ließ mir keinen Ausweg. Alles musste jetzt ultraschnell gehen. Ich sprach auf den Anrufbeantworter des jungen Paares und bat um Rückruf. Richie wollte sich um die Buchungen kümmern, konnte selber aber nicht nach London fliegen und Björn war nicht erreichbar, so dass nur Thorsten und Christian übrig blieben. Ich gab ihnen etwa 1.000 DM und schickte sie los, den erstbesten Flug nach England zu buchen. Richie, der die beiden fuhr, rief mich an.

Es gäbe nur noch am späten Nachmittag Plätze von Düsseldorf nach London, doch ich sagte ihm, er solle was anderes finden. Das Telefon stand nicht mehr still. Paul erkundigte sich jede halbe Stunde über den Stand der Dinge. Kurz darauf rief wieder Richie an; die einzige Alternative wäre ein Flug von Mönchengladbach zu irgendeinem kleinen Flughafen in London. Also wieder Paul anrufen, um das Okay zu bekommen. Ja, in Ordnung, die Ankunftszeit in London sei vertretbar, hieß es.

Mönchengladbach passte ganz gut, da es näher lag als Düsseldorf. Alles würde trotzdem verdammt knapp werden. Nachdem ich Richie mitgeteilt hatte, dass er den Flug buchen solle, kam auch schon der Anruf von unserem Pärchen. Beide seien eben zu Hause angekommen. Es hätte keine Probleme am Zoll gegeben und beide wären für den Trip nach England bereit.

Natürlich waren sie überhaupt nicht von der Änderung des ursprünglichen Plans begeistert. Zusätzlich beschwerten sich die beiden über vier schwere Reisetaschen, die sie in Jamaika bekommen hatten und die obendrein unprofessionell verpackt gewesen seien. Ich beruhigte ihn am Telefon. Nachdem ich versprach, dass sie die komplette Summe – 30.000 DM – für beide Trips erhalten würden, sobald in London die Ware verkauft sei, beruhigten sich die beiden schließlich wieder.

Richie wurde wieder kontaktiert. Er sollte die vier Taschen abholen und zu Christians Wohnung bringen. Wir wollten uns dann alle dort treffen. Als ich mit Anja in Aachen ankam, fand ich tatsächlich vier große, mit Kokain vollgepfropfte Taschen vor. Eine davon war dermaßen unsauber verarbeitet, dass sich eine beträchtliche Delle am Boden befand. Außerdem verstieß Paul gegen unsere Prinzipien, nie mehr als drei Kilogramm Kokain pro Person zu transportieren. Ich war selber verdutzt und verärgert über die Menge und die schlechte Verarbeitung des Kokains. Wütend telefonierte ich mit Paul, informierte ihn über alles und drängte darauf, den Plan wie ursprünglich gedacht durchzuführen. Nein, es blieb dabei. Die beiden Jungs sollten fliegen. Für mich war das ein absolutes Himmelfahrts-Kommando; zwei junge Männer mit vier Taschen auf einen Kurztrip nach England zu schicken. Hinzu kam noch das Problem, dass nicht genügend Anziehsachen vorhanden waren. Wir packten schon eine der Taschen in eine andere, so dass jetzt nur drei Reisetaschen sichtbar waren. Doch selbst diese konnten wir nicht ausreichend befüllen, obwohl Anja und ich schon Klamotten von uns mit einpackten.

Die Zeit wurde immer knapper und so kam es wohl in der Hektik, dass Christian ein paar feuchte Sachen in seine Taschen warf. Es ist ein uralter Dealertrick; indem man feuchte Sachen über das Kokain legt, können die Hunde am Zoll es nicht oder schlecht riechen. Unser Kokain war jedoch mit einer Spezialfolie geschützt, so dass wir es gar nicht nötig hatten, zu solchen Maßnahmen zu greifen. Nur weil Paul die Ware ein paar Stunden früher in London haben wollte, artete die ganze Aktion in ein heilloses Durcheinander aus.

Total gestresst fuhren Anja, Richie, Christian, Thorsten und ich zum Mönchengladbacher Flughafen, wo die beiden Jungs dann eincheckten, um nach London zu fliegen. Thorsten und Christian genossen ihren Flug nach England. Nachdem doch noch alles hingehauen hatte, waren sie nach der Startphase der Lufthansamaschine verhältnismäßig entspannt. Es war ja nicht das erste Mal, dass sie Drogen schmuggelten.

Sie kannten die Abläufe und wussten worauf es ankommt. Nachdem sie in London gelandet waren, gingen sie über die Gangway ins Flughafengebäude und orientierten sich in Richtung der Gepäckausgabe. Nach wenigen Minuten startete das Laufband und die ersten Koffer glitten durch die Öffnung. Beide warteten geduldig auf die drei Reisetaschen und schritten sodann gemächlich und ohne Hektik auf den Schalter mit der Aufschrift: „No declaration“ zu, also den Ausgang, den man nimmt, wenn man nichts zu verzollen hat. Gerade als sie den Ausgang erreichten, hörte Thorsten hinter sich eine Stimme rufen:

„Sie da, bleiben Sie mal bitte stehen!“

Thorsten ignorierte die Aufforderung und ging weiter. Wieder, aber jetzt wesentlich energischer, forderte die Stimme ihn auf, sofort anzuhalten. Auch diesmal tat Thorsten so, als ob ihn das alles nichts angehen würde. Er spazierte weiter. Kurz bevor er den rettenden Ausgang erreichte, kamen aus allen Richtungen Zollbeamte auf die beiden zu und kreisten sie ein.

Man befahl ihnen zu folgen, wobei zwei Beamte vorausgingen und vier mit einem grimmigen Gesichtsausdruck im unmittelbaren Abstand hinterherliefen. Nach etlichen Gängen und Abbiegungen wurden sie in einen Verhörraum gebracht. Die Taschen nahm man ihnen ab und stellte sie auf einen Tisch. Man gab den Jungs zu verstehen, auf einem der Stühle Platz zu nehmen, während zwei Beamte sich daran machten, die Reisetaschen zu entleeren. Die Taschen wurden aufs Penibelste untersucht, wobei die Zollfahnder dem Boden eine besondere Aufmerksamkeit widmeten.

Nach einer ganzen Weile, die Thorsten und Christian wie eine Ewigkeit erschien, hielten sie inne. Man konnte scheinbar nichts Verdächtiges feststellen.

„Ganz normaler Schaumstoffeinsatz!“, sagte einer.

„Nicht unbedingt“, widersprach ein zweiter.

Dann kam ein dritter Zollfahnder hinzu, fühlte mehrmals fachmännisch den Boden ab und die Diskussion ging weiter, bis der zuletzt Gekommene verschwand. Nach wenigen Minuten betrat er siegessicher mit einer dicken Nadel den Raum. Thorsten und Christian wurden zusehends nervöser und waren sich mittlerweile sicher, dass jetzt Endstation für sie sein würde. Der ranghöchste Beamte stach mit der Nadel in den Boden der Tasche.

Als er sie wieder herauszog, kontrollierte er, ob sich irgendwelche Substanzen an der Nadel befinden würden. Doch nichts war zu erkennen, sie war absolut clean. Sollten sie vielleicht doch noch so gerade mit einem blauen Auge davon kommen? Der Chef der Truppe schaute seine Kollegen an und schüttelte den Kopf. Auch die anderen schauten ziemlich bedröppelt rein.

„Ihr könnt Eure Klamotten jetzt wieder in die Tasche packen und dann verschwinden“, sagte der Befehlshaber missmutig. Der ältere Beamte packte sich zwei der Taschen, die noch immer auf dem Tisch standen und machte Anstalten, sie Thorsten und Christian auszuhändigen.

Noch bevor er die Jungs erreichte, hielt er kurz inne und runzelte bedächtig die Stirn. Er wog provisorisch das Gewicht der Taschen in seinen Händen ab und machte urplötzlich auf dem Absatz kehrt, um die Gepäckstücke wieder auf den Tisch zu stellen. Danach drehte er sich um, grinste und sagte:

„Ein bisschen schwer für zwei leere Reisetaschen, oder!?!“

Die Laune der Beamten erhellte sich augenblicklich, während der Chef ein wenig umständlich ein kleines Taschenmesser zum Vorschein brachte. Er klappte es auf und schnitt dann fein säuberlich den Rand des Bodens auf.

Selbst Thorsten und Christian machten große Augen, als sie die enorme Menge des Kokains vor sich liegen sahen. Insgesamt 12 Kilo Kokain, allerfeinste Ware mit einer über 90%igen Reinheit, lagen dort vor ihnen auf dem Tisch.

Nun fing der wahre Stress für die beiden erst an. Fragen über Fragen, Drohungen und Verwünschungen, doch sie hielten dicht. Nach etlichen Stunden führte man sie dem Haftrichter vor, um sie dann nach Feldham in den Jugendknast in der Nähe vom Flughafen Heathrow einzubuchten.

In Deutschland machten wir uns mittlerweile Sorgen. Drei Stunden waren nach dem Abflug von Thorsten und Christian vergangen und keiner hatte bisher etwas gehört. Wir warteten zwei weitere Stunden, doch die beiden blieben unauffindbar. Im Prinzip wussten wir, was passiert war und ich fühlte mich richtig schlecht, war ich doch verantwortlich für den Transport. Die gesamte Mannschaft war in Thorstens Wohnung versammelt und es herrschte eine Stimmung wie bei einer Beerdigung. Ein letztes Mal verließ ich die Wohnung, um aus einer Telefonzelle Paul anzurufen.

Ja, es war offiziell; Thorsten und Christian waren mit 12 Kilogramm Kokain am Flughafen in London festgenommen worden. Anstatt mitfühlend zu reagieren oder ein paar aufmunternde Worte zu verlieren, gab mir der Bastard doch tatsächlich allein die Schuld für das Scheitern des Unternehmens.

„Warum hast Du die beiden nur über solch einen kleinen Flughafen geschickt? Es weiß doch jeder, dass das Risiko dort weitaus höher ist, erwischt zu werden“, war das Erste, was mir Paul erzürnt an den Kopf warf. Ich war außer mir vor Wut, aber auch so verblüfft, dass ich erstmal gar nichts sagen konnte und mir weitere Vorwürfe rein zog. Er jammerte über die enorme Menge, die durch mein Fehlverhalten verloren gegangen sei. Außerdem überlegte er verzweifelt, wie er seinen Kontaktleuten erklären solle, dass die versprochene Menge jetzt nicht mehr in London zum Verkauf eintreffen würde. Das Einzige, was ich noch rausbrachte, war:

„Ich ruf Dich später zurück!“

Dann legte ich einfach auf und ging an der Tankstelle vorbei in Richtung des Waldes, der sich gleich daneben erstreckte. Ich musste alleine sein, wollte nichts und keinen um mich haben, um meine Gedanken ein wenig zu ordnen. Was hatte ich getan? Hätte ich doch, wie ursprünglich geplant, die ganze Sache abgeblasen und einfach das Pärchen geschickt. Ich machte mir riesige Vorwürfe und ließ es zu, dass mich diese regelrecht auffraßen. Verdammt, ich hatte meinen Stiefsohn verloren, dem ich doch eigentlich nur helfen wollte.

Nun hing er noch tiefer in der Scheiße. Langsam wandelten sich meine Selbstvorwürfe in Hass gegen Paul. Natürlich war ich in erster Linie verantwortlich für Thorsten und die anderen Kuriere, doch hatte ich wirklich jemals eine Wahl gehabt? Was wäre passiert, wenn ich den ursprünglichen Plan durchgeführt hätte? Hunderte solcher Fragen schwirrten durch meinen Kopf. Ich ließ alles Revue passieren, bis zum ersten Treffen mit Paul. In mir herrschte das totale Chaos. Ich zermarterte mir mein Hirn und lief dabei immer tiefer in den Wald hinein, bis ich plötzlich auf einer Anhöhe stehen blieb. Ich schaute mich kurz um und entdeckte dann einen großen Stein, der aus einer Felsformation abgesplittert war.

Ohne wirklich etwas von der Schönheit des Platzes wahrzunehmen, setzte ich mich auf den Stein und starrte apathisch in eine Richtung. Eine halbe Ewigkeit verharrte ich an diesem Platz und grübelte ununterbrochen. Dann plötzlich spürte ich, wie sich der Nebel langsam lichtete. Nun stellte ich mir die richtigen Fragen und wischte alle Selbstvorwürfe und meine Wut auf Paul beiseite.

Das Wichtigste war, Thorsten und Christian die bestmöglichste Hilfe zukommen zu lassen – also den besten Anwalt, den man für Geld kriegen konnte, zu engagieren. Ein wenig Hoffnung keimte auf und ich überlegte mir alle weiteren Schritte auf dem Rückweg. Als ich wieder die Tankstelle erreichte, begann es zu dämmern. Ich ging schnurstracks auf die Telefonzelle zu und rief erneut Paul an.

„Wo hast Du gesteckt? Ich hab‘ schon ein paar Mal versucht, Dich anzurufen“, fragte mich Paul.

„Ich musste nachdenken. Hab‘ mein Handy ausgeschaltet“, sagte ich knapp.

„Ihr habt sicherlich gute Anwälte in London an der Hand, oder?“

„Ja, natürlich. Unter anderem eine attraktive Anwältin mit reichlich Grips in der Birne. Aber hättest Du die Jungs nicht über einen solch kleinen Flughafen geschickt, bräuchten wir keinen Spitzenanwalt und befänden uns jetzt nicht in so einer beschissenen Lage“, fing Paul wieder von vorne an.

„Hör mal, es reicht jetzt. Du wusstest über alles Bescheid und hast Dein Okay gegeben. Wenn wir es so gemacht hätten, wie ich es wollte, wäre gar nichts passiert. Ich habe keine Lust über Schuldfragen zu diskutieren. Ändern können wir eh nichts mehr. Es ist viel wichtiger, den beiden jetzt zu helfen, also sei so nett und setz Dich mit der Anwältin in Verbindung“, sagte ich bestimmend. Ich stellte mich schon auf einen von Pauls Wutausbrüchen ein, doch erstmal war es still am anderen Ende der Leitung.

„Vielleicht hast Du Recht. Heute kann ich sie allerdings nicht mehr erreichen. Ich ruf Dich morgen an, sobald ich mit ihr gesprochen habe“, schlug mir Paul sehr ruhig vor.

„Okay, mach das“, sagte ich und legte auf.

In der Wohnung wurde ich schon ungeduldig erwartet. Ich erklärte kurz die Lage und löste dann unser Treffen mit dem Versprechen, mich morgen zu melden auf.

Anja und ich packten noch am gleichen Abend unsere Sachen zusammen und verschwanden eiligst aus Thorstens Wohnung. Wir fuhren eine Weile im grenznahen Holland umher, bis wir dann kurz hinter Kerkrade eine kleine Ferienanlage fanden. Es war ein eingegrenztes Grundstück im Stil von Center Parks, wo wir mehrere Dutzend voll eingerichteter Chalets vorfanden. Wir verbrachten dort vier Tage, bis wir auf halbem Weg nach Maastricht, in einem klitzekleinen Dörfchen, eine neue Unterkunft fanden. Es war eine kleine, private Pension, wobei die Besitzer gleich nebenan wohnten.

Ich gab mich als Computerexperten aus, der für eine große Firma eine spezielle Software entwickeln sollte und dazu Ruhe und Abgeschiedenheit benötigt. Natürlich war ich in dieser Zeit ziemlich gereizt und Anja ging mir mit ihrer ganzen Art mächtig auf den Zeiger. Anstatt mir beizustehen oder mich zu beruhigen, nervte und zickte sie den ganzen Tag rum. Es kam immer häufiger zu lautstarken Wortgefechten. Mittlerweile hatte auch meine Exfrau, sprich Thorstens Mutter, mich kontaktiert und ich erzählte ihr alles. Obwohl sie partout nicht die Anwältin in Anspruch nehmen wollte, machte sie mir verhältnismäßig wenige Vorwürfe. Gerade sie hätte allen Grund dazu gehabt. Doch irgendwie verstand Brigitte, dass meine Beweggründe, Thorsten mit ins Boot zu holen, hauptsächlich darin bestanden, ihn aus dem Drogensumpf zu holen. Sie selber gestand mir, dass sie schon lange keinen Einfluss mehr auf Thorsten besaß und es toll fand, wie ich es geschafft habe, ihn von den Drogen weg zu bekommen.

„Das mag ja alles sein, aber für was für einen Preis?“, warf ich ein.

Ich flehte sie an, die Anwältin doch zu verpflichten, aber sie erklärte mir, dass Thorsten und auch sie, sehr zufrieden mit Mr. Emmery, einem Pflichtverteidiger seien. Das Einzige, was ich tun konnte, war, ihr Geld in die Hand zu drücken, was sie zögerlich annahm. Wir wollten in Kontakt miteinander bleiben und sie verabschiedete sich mit den Worten: „Pass gut auf Dich auf Michel.“

Paul passte es überhaupt nicht in den Kram, dass Thorsten sowie Brigitte die Anwältin ablehnten. Er erhoffte sich weitere Informationen durch sie zu erlangen und auch an die Aussagen der beiden Kuriere ranzukommen. Letztendlich musste er jedoch ihre Entscheidung akzeptieren. Paul und ich telefonierten regelmäßig miteinander, wobei er anfangs noch den Eindruck vermitteln wollte, dass er sich um die beiden Kuriere sorgt. Es waren jedoch noch keine zwei Wochen seit der Verhaftung von Christian und Thorsten vergangen, als Paul mich anwies, eine neue Person für den Drogentransport zu finden. Er wollte tatsächlich umgehend weitermachen. Immerhin wären zwölf Kilogramm ein hoher Verlust, den es galt, wieder wettzumachen. Ich wollte meinen Ohren nicht trauen, als ich das hörte. Verdammt, ich hatte meinen Stiefsohn und einen seiner besten Freunde verloren, die jetzt mächtig tief in der Scheiße saßen und bis zu 15 Jahre Haft vor der Brust hatten.

Obwohl er Thorsten persönlich kennengelernt hatte, war von Schuldgefühlen nichts zu erkennen. Thorsten war für ihn nur Mittel zum Zweck, der eine Ware von A nach B transportierte und dabei eben erwischt wurde. Ich protestierte und machte ihm klar, dass für uns jetzt und hier Feierabend sei. Er ließ meine Einwände nicht gelten, drohte uns sogar. Ohne unser Leben und das unserer Familien aufs Spiel zu setzen, kamen wir scheinbar nicht aus dem Geschäft raus. Dafür müsste ich Paul schon eine lukrative Alternative anbieten, aber erstmal kam ich nicht umhin, einen Kurier aufzutreiben.

Ich sprach mit Marcel und er bot sich an, diese Aufgabe zu übernehmen. So kam es, dass er relativ kurzfristig den gesamten Trip bis nach London auf sich nahm. Alles lief glatt und Paul erklärte mir, dass er noch einen letzten Deal mit einem Pärchen plante. Danach sei auf diesem Weg erst mal Schluss.

Ich hatte vor, Marcel komplett unsere Aufgaben zu übertragen und nur noch von Jamaika aus zu operieren. Schließlich wollte ich eine größere Summe Geld für Thorsten und Christian zurücklegen. Paul erzählte ich vorerst nichts von meiner Idee. Ich wollte warten, bis der letzte Drogendeal abgewickelt war und wir alle sicher in Jamaika sein würden.

Außer Thorsten und Christian einen aufmunternden Brief unter dem Pseudonym Antoine zu schreiben und meiner Exfrau finanziell unter die Arme zu greifen, konnte ich nichts tun.

Ich rekrutierte einen alten Kumpel mit seiner Frau und seinem Sohn, der in finanziellen Schwierigkeiten steckte. Das Trio flog Anfang November für eine Woche nach Jamaika und brachte etwa 6 Kilogramm mit zurück. Wieder kam es zu keinen Komplikationen und Marcel übernahm die Tour nach London. Nach dem Verkauf des Kokains wurde abgerechnet und Marcel kam mit einem Batzen Geld für uns zurück. Wir blieben noch ein wenig in Deutschland und nutzten die Zeit, um nach und nach die englischen Pfund in DM und amerikanische Dollars zu tauschen. Auch etliche Traveller-Schecks erwarben wir bei verschiedenen Banken. Bis zum Abflug von Amsterdam nach Mo-Bay verbrachten wir getrennt etwas Zeit mit unseren Familien. Gemeinsam besuchten wir die alte Clique von Thorsten, versuchten sie aufzubauen und gaben ihnen einen Extra-Bonus. Die Verabschiedung von meiner Mutter und meinem Bruder verlief sehr herzlich und ich deponierte eine eiserne Reserve von 12.000 Pfund Sterling im Haus in Holland.

Ich war reif für die Insel und fieberte der Ankunft förmlich entgegen. Eine Hürde müssten wir jedoch noch nehmen. Es könnten Probleme mit der großen Menge Geld auftreten, die wir mit uns führten, falls sie es finden würden. Belege darüber gab es natürlich keine. Allerdings hatte ich mir schon eine glaubwürdige Geschichte zurechtgelegt und war voller Zuversicht, als es endlich zum Flughafen Shepol ging. Der holländische Zollbeamte am Flughafen fragte nach unseren Reisepässen und gab die Daten in seinen Computer ein.

Die Überprüfung dauerte verhältnismäßig lang und er blickte uns ein paar Mal kritisch an. Ein ungutes Gefühl beschlich mich, doch ich verhielt mich so locker wie möglich. Nach unendlich langen drei Minuten klappte er die Reisepässe zu und wies uns an, ihm zu folgen. Ein Kollege übernahm seinen Platz und er stiefelte voraus. Es ging durch ein paar Türen, die nur dem Flughafenpersonal vorbehalten waren und führte uns zu einer kleinen, holländischen Polizeistation, die sich im Inneren des Flughafengebäudes befand. Dort stand eine Bank und mehrere Stühle mit orange-farbigen Sitzbezügen. Der Zollbeamte bat uns, Platz zu nehmen und ging durch die Anrichte zu einem der vier diensthabenden Polizisten. Er tuschelte ein paar Sätze mit ihm, wobei er mehrmals in unsere Richtung nickte. Dann legte er unsere Reisepässe auf den Arbeitsplatz und kam auf uns zu:

„Der Kollege wird Ihnen alles Weitere erklären“, war alles was er uns mitteilte. Ich machte mir ernsthafte Gedanken, ob das jetzt das Ende unserer Dealerkarriere sei. Hatten die Engländer in nur sechs Wochen einen internationalen Haftbefehl gegen uns erwirkt?

„Bleib ganz cool, nur nicht nervös werden“, flüsterte ich Anja ins Ohr. Komischerweise war ich äußerlich mal wieder die Ruhe selbst. Meine Freundin wippte nervös auf ihrem Stuhl hin und her. Bevor Anja jetzt ganz hysterisch wird, sollte ich was tun, dachte ich mir und stand auf. Anja starrte mich entsetzt an. Ich stand einfach auf, ging bis zur Anrichte und fragte den zuständigen Cop nach dem Grund unserer Anwesenheit. Er hämmerte gerade wie wild auf seine Tastatur ein, als er sich zu mir umdrehte und auf den Monitor zeigte:

„Sagt Ihnen dieses Kennzeichen etwas?“

Ich schaute genauer hin und las dann AC-NL 666.

„Ja, das war das Kennzeichen von meinem BMW.“

„Nun, Sie sind letztes Jahr in Holland wegen überhöhter Geschwindigkeit geblitzt worden. Außerdem sind sie dreimal angemahnt worden, haben aber nie darauf reagiert“, sagte der Beamte und schaute mich an.

„Oh ja, ich erinnere mich an die Sache. Mein kleiner Bruder hat sich den Wagen ausgeliehen und meinte, er müsste sich bei seiner Fahrt unbedingt fotografieren lassen. Letztendlich hat mein kleines Brüderchen wohl nie die Rechnung beglichen.“

Der Polizist lächelte verständnisvoll und erklärte mir, dass sich der Betrag mittlerweile verdreifacht hätte und dass er mich ohne eine Anzahlung nicht in den Flieger steigen lassen könnte. Noch nie in meinem Leben war ich so froh, einen Strafzettel bezahlen zu dürfen. Ich tilgte die komplette Summe, was den Polizisten wohl besonders zu freuen schien. Dann ließ ich mir noch den Weg zum nächsten Duty-Freeshop erklären und verließ mit Anja und unserem Handgepäck die Station.

„Einen angenehmen Flug nach Jamaika“, rief uns der Cop mit einem Lächeln hinterher, bevor er sich wieder seinem Computer widmete.

Der erste Jamaika-Urlaub, Runaway-Bay, 1991, mit Herby ganz links

Bonny View Hotel, Port Antonio 2000

Erntehelftag in den Bergen, Jamaika 2000

Philipp, Didier & Raph beim Anschieben des Pick-Up´s

Blue Hole, St. Anns, Jamaika, 2001
Didier, Raph & Philipp zu Besuch aus Belgien

Straßen-Fest in Summon Point, Jamaika 2002

Auf dem eigenen Grundstück
Gate of heaven, Sandy Ground, Jamaika mit Tay & Jacky beim General würfeln

Erntevorbereitungen in den Blue Montains

Brighton, Jamaika 2008

Stony Hill Hotel, Uptown Kingston, Stony Hill

In Jamaika hergestellter Buggy, Brighton, November 2008

Summer Jam 2009, Köln, Fühlinger See mit Thorsten & Thorsten

Zurück in Jamaika

Nach einem unspektakulären Flug erreichten wir nachmittags den Sangster Airport in Montego-Bay. Michael holte uns am Flughafen ab und brachte uns nach Negril. Er freute sich extrem. Wir hatten uns ein paar Monate nicht mehr gesehen. Auch die Tatsache, mit heiler Haut wieder in unserem Traumland zu sein, beflügelte mich außerordentlich. Michael hatte unsere Leidenschaft für gutes Gras nicht vergessen und überreichte mir im Auto feierlich eine Riesenstaude vom besten Gras der Insel, wenn nicht sogar der ganzen Welt: Sensimilla. Vom Geschmack und auch von der Wirkung her ist es mit nichts auf der Welt zu vergleichen. Obwohl eigentlich der Begriff Sinsemilla (aus dem spanischen sin semilla – ohne Samen; auch fälschlicherweise Sensimilla) eigentlich nur die unbefruchteten und daher samenlose weibliche Blüten betrifft. Der Name steht vor allem im Zusammenhang mit Marihuana für die besonders THC-reichen Blütenstände. Nach ein paar Zügen und dem Anblick der einzigartigen jamaikanischen Landschaft schüttete mein Körper reichlich Glückshormone aus. Marihuana wurde übrigens von indischen Arbeitern Mitte des 19. Jahrhunderts auf Jamaika eingeführt. Wegen seiner narkotisierenden Wirkung verbreitete sich der Genuss schnell unter den Plantagenarbeitern. Bald darauf wurde Ganja verboten, da es die Produktivität der Arbeiter stark beeinträchtigte. Heute gehört das Rauchen von Marihuana zum Alltag der Jamaikaner. Über die Hälfte der Bevölkerung konsumiert regelmäßig Cannabis.

Der Anbau von Marihuana ist oft die einzige Chance der vielen armen Bauern und Fischer, Geld zu verdienen. Das abgelegene Innere der Insel bietet ideale Voraussetzungen: beste Erde, ausreichend Sonne und Regen und wenige neugierige Besucher. Die Samen werden in mit Erde gefüllten, dunklen Plastikfolien eingesetzt. Diese sind etwa so groß wie eine Cola-Dose und mit vier der Setzlinge bestückt. Auf provisorisch errichteten, rechteckigen Tischen, die etwa 1,20 Meter hoch sind, werden die Plastiksäckchen in der Nähe des eigenen Grundstücks aufgebahrt. Nach einer kurzen Wachstumsphase wird das Marihuana auf versteckt gelegene Felder umgepflanzt. Mitten im Busch wird einfach die benötigte Fläche mit Macheten frei geschlagen. Verschiedene Grassorten gibt es auf Jamaika. Das High-Grade oder auch „Morast-Gras" braucht von der Einpflanzung des Samens bis hin zur Ernte nur sechs Wochen. Angebaut in sumpfigen Gegenden, wird um die Pflanzen ein Wassergraben ausgehoben. Der Geschmack ist bei weitem nicht so lecker und wird unter den Einheimischen je nach Qualität zwischen 8 – 15 Tausend Jamaica-Dollar pro Pfund gehandelt. Der Vorteil liegt hier eindeutig in der kurzen Wachstumsperiode. Andere Sorten baut man in höher gelegenen Gebieten an, wo sie in 3 bis 5 Monaten auf bis zu 3 Meter hohe Pflanzen heranreifen. Das beste Gras ist nach wie vor Sensimilla, das etwa 6 Monate bis zur Ernte reift und bis zu 4 Meter hoch werden kann. Laut DEA ist Jamaika der größte Marihuanaproduzent und -Exporteur im gesamten karibischen Raum. Mit Kleinflugzeugen, Containerschiffen und Schnellbooten wird es hauptsächlich nach Amerika und Europa verschoben.

Michael hatte sich in der Nähe von Negril um eine Unterkunft für uns bemüht. Doch Anja gefiel die Gegend nicht und auch Paul meinte, dass der Sicherheitsstandard dort zu gering sei. Er kam auf die Idee, in Orange Bay im Country Club nach einer Bleibe zu fragen. Der Country Club war ein großes, eingezäuntes Grundstück mit einer 24-Stunden-Überwachung. Etwa 50 großzügig eingerichtete Häuser mit Garten und Car-Port befanden sich auf dem Gelände. Ein großer Swimmingpool, der auf einer Anhöhe mit einer tollen Aussicht liegt, dient zur allgemeinen Nutzung und rundete unseren ersten, durchweg positiven Eindruck ab. Die amerikanische Managerin, die mit einem Jamaikaner verheiratet war, zeigte uns einen der freistehenden Bungalows. Mit zwei Schlaf- und Badezimmern, der offenen Küche und dem riesigen Wohnzimmer war es eigentlich viel zu groß für uns, doch die kleineren Bungalows waren allesamt schon vermietet. Gut verdienende Jamaikaner in gehobenen Positionen und viele reiche Weiße lebten hier. Anja war hellauf begeistert. Ich hätte viel lieber in Negril neben Einheimischen gewohnt. Vielleicht kam auch der alte Schwabe in mir wieder durch, denn 900 US-Dollar im Monat fand ich ganz schön happig. Unter der Bedingung, dass der Aufenthalt hier nur vorübergehend sei, bis wir etwas anderes fänden, ließ ich mich bequatschen und unterschrieb den Mietvertrag. Außerdem wollte Marcel ja im Januar nachkommen und könnte dann erstmal bei uns wohnen.

Paul, der schon zwei Wochen früher von London nach Jamaika geflogen war, hatte sich in der Nähe von Savannah-La-Mar ein Grundstück gekauft und war bereits mit dem Bau seines Hauses zugange. Zwei Tage nach unserem Einzug in Orange Bay holte er uns ab und präsentierte voller Stolz sein Projekt. Es war ein richtiges Familientreffen. Anne, die drei Kinder, Michael und ein paar weitere Freunde, alle waren sie da und die Freude war riesengroß. Wir wurden umarmt und auf die Schultern geklopft, hatten wir doch einen nicht unerheblichen Anteil am allgemeinen Geldregen. Nach einer Weile der Wiedersehensfreude stellte ich mich ein wenig abseits, um allein sein zu können. Nachdenklich blickte ich in die Landschaft, ohne die Schönheit richtig wahrzunehmen. Es dauerte nicht lange, bis Anja und Michael mit einem kalten Red Stripe-Bier zu mir kamen.

„Ehh Mikey, what‘s up bredgen?“, fragte mich Michael mit einem besorgten Gesichtsausdruck.

„Ach, ich hänge meinen Gedanken nach“, antwortete ich mit gesenkter Stimme.

„So kenn ich Dich überhaupt nicht. Was ist denn los?“, fragte er noch mal.

„Was bedrückt Dich denn? Ist doch alles in Ordnung, wir haben‘s geschafft“, stimmte jetzt Anja ein, wobei sie ihren Arm um mich legte. Nach einem langen Seufzer antwortete ich:

„Ach wisst ihr, das ganze Familientreffen hat mich ein wenig mitgenommen.“

„Wieso das denn? Das war die herzlichste und schönste Begrüßung, die ich je erlebt habe“, widersprach Anja und schaute mich fragend an.

„Es wäre halt schön gewesen, wenn unsere kleine Familie jetzt auch hier wäre“, rückte ich mit der Sprache raus.

„Wen meinst Du jetzt genau?“, wollte Anja wissen.

„Na Thorsten, Christian und der Rest der Bande eben!“

Plötzlich herrschte Stille. Keiner der beiden sprach mehr ein Wort.

Zwei Tage später kam Michael in den Country Club, um uns nach Sav zu entführen. Er schien aufgeregt und gleichzeitig euphorisch, als er von einem „very cool car“ sprach. Er hätte es bei einem Autohändler in Sav entdeckt. Allerdings rückte er nicht mit der Sprache raus, um was für ein Auto es sich denn handeln würde. Nur auf die Frage hin, wie viel Geld ich denn mitnehmen müsste, antwortete er mir mit:

„About a million dollar“.

Nun, das waren etwa 50.000 DM, zu der damaligen Zeit ein Batzen Geld, und ich war gespannt wie ein Flitzebogen, was für ein Fahrzeug uns denn erwarten würde. Bei der Einfahrt auf den Hof des Händlers schaute ich mich neugierig um. Da stand er: ein fast neuer, schwarzer Toyota RAV 4 mit allen Extras, frisch aus Japan importiert.

„Ein SUV mit viel Prestige, da er einer der ersten auf der Insel ist. Außer den ganzen Zusatzausstattungen hat er noch eine super Anlage mit Fernbedienung und einem 10-fach-CD-Wechsler im vierradgetriebenen Fahrzeug“, schwärmte mir der Verkäufer vor, der mittlerweile aus seiner Hütte angetrabt war. Natürlich waren 50.000 DM viel Geld für ein Auto, das man maximal mit fünf Personen beladen konnte. Michael nötigte uns fast, den Wagen zu kaufen. Im Februar würde es doch schon wieder weitergehen und neues Geld in unsere Taschen fließen, zerstreute er meine Bedenken wegen des hohen Kaufpreises. Also tauschten wir D-Mark in jamaikanische Dollar um, besorgten ein Nummernschild, schlossen eine Vollkaskoversicherung ab und waren ab jetzt mobil. Wir genossen die Vorzüge des Jeeps und waren ständig unterwegs. Wir unternahmen Touren, feierten Partys oder befriedigten unseren Kaufrausch. Ab und zu schauten wir bei Paul vorbei und bestaunten die Baufortschritte. Paul war allerdings stocksauer auf uns. Wir würden ihn links liegen lassen, ihn nur ganz selten besuchen. Was erwartete er denn? Sollten Anja und ich uns eine Maurerkelle schnappen und für ihn sein Haus fertig bauen? Paul hatte erheblich mehr als wir verdient und es gab genug gute Handwerker auf der Insel.

„Es ist schon sehr komisch. Immer wenn ich den Leuten aus der Patsche geholfen habe und sie genügend Geld an mir verdient haben, drehen sie sich um 180 Grad", sagte er einmal bei einem Besuch in Orange Bay. Am liebsten hätte ich ihm die Gurgel rumgedreht und Dinge wie: „So wie Du mit den Leuten umgehst, brauchst Du Dich auch nicht zu wundern", an den Kopf geworfen, doch ich wollte keinen neuen Streit heraufbeschwören. Ich erklärte ihm lediglich, dass wir nach all dem Stress unser Leben ein wenig genießen wollten und er sicherlich keine Lust hätte, sich mit uns die Insel anzuschauen oder für Anja Klamotten kaufen zu gehen.

Warum wir wirklich nicht öfter bei ihm waren, lag daran, dass Paul zu bestimmend und fordernd war. Er hatte immer Recht und einen Fehler einzugestehen kam für ihn nicht in Frage. Michael war da ganz anders. Er war ein Freund und er benahm sich auch wie ein Freund, auch im Business war er stets zuverlässig. Paul ging es grundsätzlich nur um sich selbst. Die Menschen um ihn herum waren ihm scheißegal. Er verdrehte geschickt die Tatsachen und redete den Leuten ein schlechtes Gewissen ein. Das mag bei den meisten seiner Landsleute auch funktionieren, bei uns aber nicht. Sein ganzes Benehmen und seine freundliche Art waren nur durch erlernte Umgangsformen aufpoliert, aber es entsprach keinesfalls seinem wahren Ich. Ich hatte auch noch nicht vergessen, was mit Thorsten und Christian passiert war und wer letztendlich die Schuld daran trug.

Noch vor der Bekanntschaft mit Paul und Michael lernten wir einen deutschen Auswanderer namens Ted kennen. Er lebte schon über 15 Jahre auf der Insel und teilte sich mit einer jamaikanischen Familie ein schönes Grundstück am Strand von Negril. Ein sehr intelligenter, umgänglicher und positiv denkender Zeitgenosse, der früher einmal in der Highsociety verkehrte. Er besaß mehrere Reisebüros in Deutschland und vermittelte unter anderem Kunden zu seinen Gästehäusern nach Negril, so dass es doppelt in seiner Kasse klingelte. Wie in solch elitären Kreisen nicht unüblich zog er ab und zu mit seinen Bekannten und Freunden einige Lines Kokain. Nach und nach verfiel er der Droge, wobei das kleine Imperium, das er sich aufgebaut hatte, wie ein Kartenhaus in sich zusammenbrach. Der vorher adrette und ordentliche Geschäftsmann veränderte sich sehr zu seinem Nachteil. Seine Frau und Tochter verließen ihn und flogen zurück nach Deutschland.

Als wir Ted kennenlernten, befanden sich sein Grundstück und die Gästehäuser schon in einem verwahrlosten Zustand. Auch er selber war ungepflegt, trug dreckige und kaputte Klamotten. Als erstes fiel mir seine platte Nase auf. Erst dachte ich, er sei ein ehemaliger Boxer, der nur ein paar Mal zu spät ausgewichen war, doch nach einer Weile erfuhren wir den wahren Grund. Das Kokain hatte seine Nasenscheidewand komplett weggeätzt.

Auch seine Zähne hatten mächtig unter der Einnahme des weißen Pulvers gelitten. Ted war jedoch ein Schlitzohr und mit allen Wassern gewaschen. Er war ein fantastischer Verkäufer. Zur Not konnte Ted nur durch Reden den Leuten das Geld aus der Tasche ziehen. Sei es nun durch kleinere Touren, die er mit ihnen unternahm, durch das Besorgen irgendwelcher Substanzen oder durch Dienstleistungen jeglicher Art. Manchmal lieh er sich auch einfach nur Geld aus, das er natürlich in den meisten Fällen nicht mehr zurück zahlte. Einen Tag vor dem Abflug der Urlauber war Ted einfach nicht mehr auffindbar. Am besten beschreibt man ihn als Lebenskünstler, Ende 50, groß und sehr schlank. Trotz seiner wenig ansprechenden äußeren Erscheinung hatte er eine sehr sympathische Art und Mimik.

Viele Urlauber, die gerade erst ihr Feriendomizil erreicht haben, sind froh, von einem Landsmann Tipps und Hilfe über Land und Leute zu bekommen. Kurz bevor die ganze Drogenschieberei mit Paul begann, hatten wir uns nicht von ihm verabschieden können. Wir wollten ihn natürlich nicht einweihen; was hätten wir ihm auch schon großartig sagen sollen? Umso erfreulicher fiel das Wiedersehen aus.

Als wir mit dem Toyota auf sein Grundstück fuhren, kam er gerade aus der Tür seines Zimmers raus. Durch die verdunkelten Scheiben konnte er uns nicht erkennen. Er machte nur große, erwartungsvolle Augen, als wir neben ihm anhielten. Als wir frisch gestylt, in neuen Klamotten ausstiegen, fiel ihm erst mal die Kinnlade runter, dann strahlte er über das ganze Gesicht.

„Das glaub ich nicht! Wenn das nicht unsere verschollenen Ausreißer sind! Mike, Anja, ich freue mich riesig, Euch zu sehen“, sagte er voller Überzeugung und stürmte auf uns zu. Wir umarmten uns freundschaftlich und Ted bot uns einen Platz auf einer Bambusbank an.

„Ich hoffe, ihr habt ein wenig Zeit mitgebracht. Mann, toll seht ihr aus, ihr müsst mir alles berichten, was passiert ist“, sagte er euphorisch.

„Warte, erst haben wir eine kleine Überraschung für Dich. Nichts Besonderes, aber ich glaube, Du kannst es gebrauchen“, sagte ich und ging zum Kofferraum des SUV. Dort holte ich die kleine Reisetasche, in die ich zwei Hosen, mehrere T-Shirts, Hemden und ein Paar Sandalen gepackt hatte und überreichte sie ihm. Neugierig brachte er die Sachen zum Vorschein und freute sich wie ein kleines Kind. Nicht, dass bei unserem ersten Kennenlernen Ted nicht versucht hätte uns Geld aus der Tasche zu leiern, doch er musste schnell einsehen, dass wir gerade so über die Runden kamen und bei uns absolut nichts zu holen war. Man half sich damals, quasi unter Leidensgenossen und Landsmännern, gegenseitig. Ich schlug ihm vor, nebenan bei Barry was trinken und essen zu gehen und in Ruhe über alles zu sprechen. Während Ted sich fast ausgehungert über sein Chicken mit Reis hermachte, erzählten wir ihm unsere Geschichte. Ted hörte aufmerksam zu und es wurde ziemlich spät. Wir versprachen bald wieder vorbei zu schauen und zum Abschied schob ich ihm noch eine Zigaretten-Packung Craven A sowie einen 500-Dollar-Schein in die Tasche seines neuen Hemdes. Er bedankte sich noch etliche Male und wir fuhren los.

Der Verrat

Das neue Millennium war angebrochen und Marcel wollte Anfang Januar mit seinem Hund nach Jamaika kommen. Er sollte unsere Aufgaben übernehmen, während Anja und ich von Jamaika aus alles Weitere organisieren würden. So hatten wir es mit ihm zumindest abgesprochen, kurz bevor wir nach Jamaika zurückgeflogen waren. Mit Paul hatte ich ebenfalls darüber gesprochen, doch mehr als ein „let's wait and see" war ihm nicht abzuringen. Auf gar keinen Fall wollte ich uns dem Risiko aussetzen, in Deutschland bei der Rekrutierung von Kurieren beobachtet und festgenommen zu werden. Durch die Verhaftung von Thorsten und Christian mussten wir jederzeit damit rechnen, per internationalem Haftbefehl gesucht zu werden.

Mehrfach sprach ich Paul auch auf neue Identitäten für uns an. Er meinte, die Organisation könnte uns ein „Paket" besorgen, das einen gefälschten Personalausweis, Reisepass und Führerschein beinhaltete. Doch außer viel Gelaber passierte letztendlich nichts.

Am Ankunftstag von Marcel fuhren wir nach Mo-Bay, um ihn abzuholen. Von „DJ Amok" war jedoch nichts zu sehen. Ich fragte am Infoschalter nach. Folgendes stellte sich heraus: Auf dem Flug von Amsterdam nach Montego Bay war die Stewardess nach Marcels fünftem Bier nicht mehr gewillt gewesen, ihm weiteren Alkohol auszuschenken. Anstatt dies zu akzeptieren, beschwerte er sich lauthals. Da er wohl ziemlich randalierte, dabei auch noch aufstand, wurde er von den Flugbegleitern überwältigt. Als in Kuba zwischengelandet wurde, schmiss man ihn kurzerhand nebst Hund aus der Maschine. Zusätzlich erteilte man ihm Flugverbot auf Lebenszeit; zumindest für diese Fluggesellschaft.

So was konnte nur Marcel passieren. Marcels Version war natürlich wesentlich harmloser und er fluchte, was das Zeug hielt. Er hatte vor, die nächste Maschine nach Jamaika zu nehmen, doch auch da sollte es Probleme geben. Die meisten Flugzeuge hatten nämlich keinen geeigneten Frachtraum für Marcels Hund. Schließlich sollte das Tier nicht erfrieren oder ersticken. Es dauerte fast zwei Wochen, bevor Marcel endlich in Mo-Bay landete. Doch damit nicht genug. Ich hatte Marcel immer wieder eingetrichtert, dass er sich wegen der jamaikanischen Einfuhrbestimmungen für Tiere schlau machen solle, denn mit Hunden haben es die Jamaikaner überhaupt nicht. Als seine Maschine gelandet war, dauerte es nicht lange, bis Marcel mit einer Immigrationsbeamtin im Schlepptau auftauchte. Total aufgelöst und tränenverschmiert schritt er durch die Türe. Als er uns sah, rief er schon von weitem: „Hey Michel, Du musst mir helfen. Schnell, die wollen ‚Herrn Hannsen' töten." Zig Leute drehten sich zu Marcel um und schauten ungläubig aus der Wäsche. Wild gestikulierend erklärte er mir die Situation. Die Frau von der Einwanderungsbehörde stellte sich zwischen uns und fragte, ob ich Englisch spreche. Dann erklärte sie mir grob, worum es ging, nachdem sie nachfragt hatte, ob ich derjenige sei, bei dem Marcel unterkommen würde. Jeder Tourist muss nämlich kurz vor der Landung einen Fragenkatalog ausfüllen, den die Einwanderungsbeamten nach dem Erteilen der Visa einbehalten. Unter anderem wird nach dem Hotel oder dem Aufenthaltsort gefragt. Marcel hatte meine Adresse verschlampt und folglich nichts eintragen können. Nachdem das geklärt war, fing er wieder hektisch über die Erschießung von Herrn Hannsen an zu reden. Ich war mir sicher, dass er sich in Kuba weißes Pulver durch die Nase gepfiffen hatte. Ich verstand höchstens ein Drittel von dem was er sagte. Mittlerweile schauten uns fast alle Leute an. Vor allen Dingen diejenigen, die Deutsch verstanden. „Herr Hannsen töten???" Die Beamtin wurde mit wütenden Blicken bedacht und fühlte sich sichtlich unwohl in der Mitte der böse wirkenden Masse.

Ein paar der Urlauber schauten sich verstört um und machten sich vom Acker. Sie konnten nicht wissen, dass man so bescheuert sein kann und seinen Hund ‚Herr Hannsen' nennt. Ich erklärte der immer grimmiger dreinschauenden Beamtin, was es mit dem Aufruhr auf sich hatte. Der Gesichtsausdruck änderte sich und als sie dann hörte, dass der Hund „Mister Hannsen" heißt, konnte auch sie ein Lachen nicht verkneifen. Wir gingen zurück ins Flughafengebäude. In einem abgelegenen Raum fanden wir den Hund in einem Metallkäfig eingesperrt. Man wollte ihn tatsächlich töten. Die Zollbestimmungen sind klar. Hunde dürfen nur dann einreisen, wenn sie aus England stammen oder mindestens ein halbes Jahr in Quarantäne verbracht haben. Jamaika ist frei von Tollwut und ein Hund kann sie übertragen. Mein Argument, dass der Hund gegen Tollwut geimpft sei, wollte man nicht gelten lassen. Er hätte dann den Tollwuterreger schon in sich, was ein Grund mehr wäre, ihn zu töten. Ich redete mir den Mund fusselig, verlangte am Ende den zuständigen Veterinär und bekam zumindest ein wenig Aufschub zugesichert. Alles lief darauf hinaus, dass Marcel entweder wieder mit dem Hund zurückflöge oder das Tier eingeschläfert würde, wobei der Halter die Kosten zu tragen hätte.

Wir fuhren erstmal nach Orange Bay und Marcel wohnte bei uns. Er heulte dauernd, doch nach Hause fliegen wollte er auch nicht. In zehn Tagen fuhr ich acht Mal nach Mo-Bay, um das Einschläfern des Hundes zu verhindern. Ich sprach mit so ziemlich jedem Veterinär auf der Insel, doch es hatte keinen Sinn. Nach langem Hin und Her fanden wir dann endlich eine Lösung. Der Hund konnte alleine nach Europa fliegen. Marcels bester Freund sollte ihn vom Flughafen in Amsterdam abholen, was er per Fax schriftlich bestätigen musste.

Aus Pauls Äußerungen konnte man mutmaßen, dass er Mitte Februar wieder verstärkt Drogentransporte durchführen wollte. Anja und ich sagten Paul, dass wir auf gar keinen Fall mehr ohne neue Identität nach Deutschland zurückkehren würden, um dort neue Pärchen anzuwerben. Wir schlugen ihm vor, dass dies ab jetzt Marcel übernehmen könnte. Paul verzog keine Miene. Weder stimmte er dem Vorschlag zu noch sprach er sich dagegen aus. Alles lief wie gehabt weiter, bis irgendwann im Februar Marcel angeblich dringend nach Deutschland musste.

Sein Vater, um den er sich vorher nicht die Bohne gekümmert hatte, sei schwer erkrankt, hieß es. Wegen seinem geliebten Hund, der ihm gewiss näher stand als sein Vater, wollte er nicht nach Hause fliegen. Irgendwas schien faul zu sein, da war ich mir sicher. Vielleicht schöpfte ich keinen allzu großen Verdacht, weil mich Marcel bat, ihm die Hälfte des 70.000 Jamaika-Dollar teuren Tickets zu leihen. Die andere Hälfte wollte Paul dazu geben. Vorsichtig geworden behielt ich sein Fahrrad und ein paar weitere Dinge, die er eh nicht mitnehmen konnte, als Sicherheit. Ich war gut beraten, dies zu tun, denn Marcel kam nicht wie ursprünglich abgemacht nach ein paar Wochen zurück. Er war stattdessen wie vom Erdboden verschluckt. Ich konnte ihn nirgends erreichen.

Zwischenzeitlich schaute Michael vorbei. Nachdem wir uns ein wenig unterhalten hatten, rückte er schließlich mit dem Grund seines Besuchs heraus. Er druckste rum und holte ellenlang aus, bevor er mich endlich fragte, ob ich Interesse hätte, mit ihm zusammen etwas auf die Beine zu stellen. Im Prinzip wollte er die gleichen Geschäfte abwickeln, die Pauls Organisation seit geraumer Zeit machte, also Koks aus Kolumbien rüber nach England transportieren und jamaikanisches Ganja nach Europa schmuggeln. Ich war überrascht, so einen Vorschlag aus dem Mund des überkorrekten, loyalen Schattens von Paul zu hören.

Doch selbst Michael wurde von Paul nur ausgenutzt und nicht entsprechend seiner Leistung und Loyalität behandelt, geschweige denn bezahlt. Doch so skrupellos Paul auch sein mochte, Loyalität war mir wichtig. Ich durfte schließlich nicht vergessen, dass ich durch ihn meiner misslichen Lage entronnen war und innerhalb kürzester Zeit richtig viel Geld verdient hatte. Außerdem kann man sich in diesen Kreisen schnell eine Kugel einfangen, wenn man gegen Regeln verstößt. Ich erklärte Michael, dass ich liebend gern mit ihm arbeiten wollte, allerdings dafür den Segen von Paul erhalten wollte. Wie bereits zuvor, äußerte sich der Drogenboss nicht.

Als ich Ende Februar immer noch kein Lebenszeichen von Marcel bekommen hatte, rief ich kurzerhand bei seinem besten Freund Gerd an, der ‚Herrn Hannsen' aus Amsterdam abgeholt hatte. Nach einigen Versuchen kam ich durch und hatte Gerds Mutter am anderen Ende der Leitung. Sie sagte mir, dass er mit seiner Frau und seinem kleinen Sohn Urlaub in Jamaika machen würde. Am Montag sei er losgeflogen und sein Urlaubsort sei Negril, erzählte sie. Das Hotel kannte sie allerdings nicht.

Erstaunt und verwirrt legte ich auf. Auch ich war mit Gerd gut befreundet und hatte ihm noch zuletzt aus der Patsche geholfen. Warum hatte er mich nicht schon längst angerufen, wenn er seit drei Tagen im Land war?

Langsam setzten sich die Puzzleteile zusammen: Das Verschwinden von Marcel, Pauls Ausflüchte wegen Marcels Ersatztätigkeit und nun Gerds plötzlicher Besuch auf Jamaika, ohne mich vorher anzurufen. Nur Pauls Zögern wegen der Partnerschaft zwischen Michael und mir passten noch nicht ganz ins Bild.

Ich nutzte all meine Kontakte, um herauszufinden, in welchem Hotel sich Gerd aufhielt. 30 Stunden später hatte ich die Unterkunft der drei ausfindig gemacht. Es war das Daniel Village Resort. Ich erinnerte mich daran, dass Paul vor ein paar Monaten von dem Hotel sprach.

Er erzählte mir, dass das Management potenzielle Investoren sucht. Das Hotel offerierte die Möglichkeit, eines der vielen Appartements zu kaufen und dann an die Gäste weiter zu vermieten. Paul fragte mich damals, ob ich kein Interesse hätte, was ich mir jedoch wegen dem fehlgeschlagenen „12-Kilo-Deal" wieder aus dem Kopf schlug.

Ich rief die Rezeption an und ließ mich zu Gerd durchstellen. Er war ziemlich überrascht, mich an der Strippe zu haben.

„Hey Gerd, schön Deine Stimme zu hören. Ich hab vor ein paar Tagen versucht Dich anzurufen und von Deiner Mutter gehört, dass Du hier bist", sagte ich ganz unbefangen.

„Ähhhh ja, wir hatten ziemlich viel Stress zu Hause und wir brauchten dringend mal 'nen Tapetenwechsel", stotterte Gerd.

„ ... und da hast Du Dir gedacht, warum nicht in die Karibik fliegen, um mal so richtig auszuspannen", ergänzte ich.

„Ja genau. Du und Marcel, ihr habt in der letzten Zeit so viel über Jamaika gesprochen, dass ich mir die Insel mal ansehen wollte."

„Find ich echt toll, bloß warum hast Du mich denn nicht angerufen? Wie ich höre, bist Du schon seit Montag hier", fragte ich ihn.

„Das hätte ich auf jeden Fall noch gemacht. Ich bin mit Lydia und dem Kleinen hier. Du weißt ja wie das ist; erstmal auspacken, zur Ruhe kommen und sich ein wenig akklimatisieren", erklärte Gerd.

„Ja, kann ich mir vorstellen; mit so einem Kleinen wird das Leben komplizierter. Hör mal Gerd, Du weißt auch nicht zufällig wo Marcel abhängt, oder?", wollte ich wissen.

„Nee Du, das letzte Mal hab ich kurz vor seiner Abreise nach Jugoslawien von ihm gehört. Er wollte seinen kranken Vater besuchen", erzählte er mir.

„Hat Marcel den Hund mitgenommen?", fragte ich weiter.

„Nein, der ist immer noch bei mir zu Hause. Meine Eltern kümmern sich momentan um ihn. Das Ganze ist schon ein paar Wochen her. Ich würde auch gern erfahren, wo Marcel steckt", verriet er mir mit einer gespielt-besorgten Stimme.

„Na ja, dann kann man wohl nichts machen", stimmte ich ihm so beiläufig wie eben möglich zu.

„Bleibt ihr länger in Negril?", wollte ich wissen.

„Ja, drei Wochen. Wir könnten uns ja mal treffen, wenn Du nicht zu beschäftigt bist. Bring einfach Anja mit und zeig uns doch ein wenig von der Insel", sagte er locker. Natürlich hatte ich keine Lust, einen billigen Lügner auch noch um die Insel zu kutschieren. Aber ich hatte eine Idee, wie ich an meinen fehlenden Beweis kommen könnte, deshalb sagte ich ihm:

„Ja, warum nicht? Eine gute Idee! Was hältst Du davon, wenn ich Euch übermorgen gegen 11 Uhr abhole?"

„Klasse, ich freue mich schon drauf", stieß er hervor, wobei seine Stimme übertrieben euphorisch klang.

„Gerd, welche Appartementnummer habt ihr? Das wollen die Jungs von der Security sicherlich wissen."

„Nummer 468, wenn Du rein fährst, ist es die zweite Straße gleich links."

„Ok mon, bis Samstag dann", verabschiedete ich mich und legte auf.

Ich unterhielt mich ausgiebig mit Anja über meinen Verdacht; auch sie kam zum gleichen Schluss, dass an der Geschichte etwas nicht stimmte.

Nach längeren Recherchen bekam ich heraus, dass das Appartement 468 im Dezember an einen Jamaikaner namens Kendrik Campbell verkauft wurde. Jetzt hatte ich endlich den fehlenden Beweis. Gerd, Lydia und der Kleine residierten also in Pauls Appartement. Mit 100prozentiger Sicherheit wollten sie dort nicht nur Urlaub machen. Marcel und Paul hatten mich hintergangen. Von Dankbarkeit keine Spur. Einerseits war ich froh, endlich aus der Organisation rauszukommen, andererseits störte mich die hinterlistige Art und Weise gewaltig.

Wie abgemacht fuhr ich mit Anja zum Daniel Village Resort, um die Herrschaften abzuholen. Ich wählte bewusst einen Ausflug in die unmittelbare Umgebung von Negril aus. Während der Fahrt kompromittierte ich Gerd immer wieder mit Fragen zu Marcel, Paul und zu dem kurzfristigen Karibik-Urlaub. Immerhin war er erst kürzlich hier gewesen. Ich war verdammt neugierig, wie er das alles erklären wollte. Gerd wand sich wie eine Schlange, wurde bei gewissen Fragen hypernervös, gab aber letztendlich nichts zu. Ich spielte ein wenig mit ihm und es amüsierte mich, wie er sich hilflos von einer Lüge in die nächste verstrickte. Trotzdem besaß er die Frechheit, mich auf Marcels Mountainbike anzusprechen. Er wolle es gerne „mal ausleihen". Am späten Nachmittag brachten wir die Familie zurück ins Hotel.

„Sehen wir uns nachher noch?", fragte mich Gerd.

„Mal sehen, das kann ich Dir noch nicht versprechen. Ich muss vielleicht noch was erledigen", log ich.

„Nu hab Dich nicht so. Ihr könntet uns doch ein wenig das Nachtleben zeigen. Deinen Termin kannst Du doch mit Sicherheit verschieben", quengelte Gerd.

„Ich schau mal, was ich machen kann. Ich ruf Dich später an."

Gerd kannte mich ganz gut. Wir hatten früher einige Zeit miteinander verbracht. So wie ich mich verhalten hatte, musste er wissen, dass ich über die ganze Sache im Bilde war. Genau das war auch meine Absicht gewesen. Später rief ich ihn an und sagte unseren nächtlichen Streifzug ab. Auch am nächsten Tag sollten wir keine Zeit für die beiden haben, so dass wir uns erst wieder für Montagmittag im Hotel verabredeten. Gleich nach dem Frühstück fuhren wir nach Negril. Gegen 10 Uhr standen wir vor der Sicherheitsschranke des Daniel Village Resort.

Wie üblich meldeten wir unseren Besuch beim Security Guard an und warteten geduldig, um ins Hotelgelände eingelassen zu werden. Der Sicherheitsmann schritt gemächlich aus seinem Wachhäuschen, nachdem er seinen Kontrollanruf zur Rezeption getätigt hatte. Höflich erklärte er uns, dass unsere Freunde schon ausgecheckt hätten und vor einer knappen Stunde abgeholt worden seien, um zum Flughafen zu fahren. Ich kochte vor Wut und fuhr in einem Affenzahn Richtung Mo-Bay. Von unterwegs rief ich Paul an. Ohne Umschweife kam ich zur Sache. Doch Paul stritt alles ab. Da das Pärchen gute Freunde von Marcel seien, wollte er ihnen nur zu einem günstigen Urlaub verhelfen. Was für eine Farce, Paul als Samariter!

„Und warum fliegen sie dann schon nach einer Woche wieder ab, wo sie doch drei gebucht haben?", fragte ich verächtlich.

„So viel ich weiß, hatten sie dringend etwas in Deutschland zu erledigen, was weiß denn ich", wollte Paul mir weismachen.

„Ja natürlich, und in Afrika ist Muttertag. Das einzige, was sie in Deutschland zu erledigen haben, ist Euer Kokain nach London zu bringen", fauchte ich ihn an.

„Du bist ja vollkommen paranoid", sagte Paul und legte einfach auf. Dadurch noch wütender geworden, rief ich ihn erneut an.

„Sag mal Kendrik, hältst Du mich wirklich für so dämlich? Deine Handlungsweise ist das Mieseste, was ich je erlebt habe. Kein Wunder, dass sich so viele Leute gegen Dich gewandt haben. Für mich bist Du ein riesengroßes Arschloch. Es ist wohl das Beste, wenn Du Michael oder wen auch immer zurück pfeifst. Ich hab die Schnauze jetzt gestrichen voll!", brüllte ich ihn an.

Trotz der ganzen Indizien und auch Beweise verarschte mich Paul weiter und stritt alles ab. Dadurch, dass er für seine Verhältnisse relativ gelassen blieb, tobte ich vor Wut. Mit größter Anstrengung riss ich mich zusammen und sagte so ruhig wie möglich:

„Ok Paul, no problem. Nach allem, was wir zusammen durchgemacht haben, meinst Du weiterhin, Du könntest mich für blöd verkaufen. Du hast keinen Stil, keine Klasse, bist ein Jammerlappen von einem Mann und zu feige, die Wahrheit zu sagen. Pass auf, ich bin fast in Montego-Bay. Da Du ja abstreitest, ein geschäftliches Verhältnis mit Gerd und Lydia zu haben, wirst Du sicherlich nichts dagegen haben, dass ich die drei nochmals sehen möchte, um mich von ihnen zu verabschieden. Ich werde ihnen natürlich auch viel Glück bei den Zollkontrollen wünschen ..."

Ich wartete erst gar nicht Pauls Antwort ab, sondern legte einfach auf und trat das Gaspedal durch. Natürlich brachen Gerd, Lydia und ihr Sohn die Fahrt zum Airport in Mo-Bay ab. Plötzlich waren sie wieder im Hotel und angeblich nur auf einer Exkursion gewesen.

Gerd versuchte wieder Kontakt mit mir aufzunehmen. Vielleicht, um für ihn und seine Familie noch einen Ausflug zu ergattern oder um sich von seinem schlechten Gewissen frei zu reden. Ich wusste es nicht und es war mir auch egal. Ich triefte förmlich vor Sarkasmus als ich Gerd sagte, dass ich leider keine Zeit für sie hätte; ich müsste noch ein paar „Exkursionen" organisieren. Am Sonntag, nachdem er zwei Wochen in Jamaika verbracht hatte, rief er mich erneut an. Er teilte mir mit, dass seine Familie am nächsten Tag nach Hause fliegen würde und dass er sich lediglich von mir und Anja verabschieden wollte. Kurz und knapp, wünschte ich den dreien einen schönen Flug und legte auf. Keine fünf Minuten später klingelte das Telefon wieder.

„Ja, ich bin‘s noch mal. Hör mal, Du kommst ja nicht auf die Idee zum Flughafen zu fahren oder gibst den Behörden in Deutschland Bescheid?", fragte er mich aggressiv.

„Warum sollte ich?", fragte ich zurück.

„Weil Du glaubst, dass wir irgendwelche Drogen schmuggeln", echauffierte er sich.

„Aber Du versicherst mir doch schon die ganze Zeit, dass nichts an dem Ganzen dran ist! Also wenn ihr nichts schmuggelt, dann versteh´ ich die ganze Aufregung nicht", widersprach ich.

„Michel, ich kenne Dich, Du bist ein Riesenarschloch! Du tust das nur, um uns Unannehmlichkeiten zu bereiten", kam es jetzt ganz unverhohlen aggressiv aus ihm heraus.

„Wer von uns beiden ist hier das Arschloch? Ich trete gerade keinem, der mir letztes Jahr aus der Patsche geholfen hat und mich angefleht hat, den Trip nach Jamaika machen zu dürfen, mit Anlauf in den Arsch. Im Gegensatz zu Dir verrate ich meine Freunde nicht."

„Wir nehmen wirklich nichts mit zurück. Ich hab nur keinen Bock auf eine mehrstündige Kontrolle am Flughafen", sagte er jetzt versöhnlicher.

„Das ist mir ziemlich wurscht! Ihr hattet aber ursprünglich vor, etwas mit zu nehmen! Außerdem hättest Du Dir das alles ein bisschen früher überlegen sollen", giftete ich jetzt zurück.

„Nochmals einen angenehmen Rückflug. Du hast ja genügend Zeit im Flieger, um in Ruhe über alles nachzudenken", sagte ich ganz ruhig und legte den Hörer auf.

Niemals hätte ich Gerd oder seine Familie verraten. Trotzdem wollte ich den beiden einen Denkzettel verpassen, indem ich sie in dem Glauben ließ, dass die Zöllner in Deutschland alles auseinander pflücken würden.

Kurz danach klingelte das Telefon erneut. Mit großer Wahrscheinlichkeit war es Gerd, der gerne das letzte Wort hatte. Doch diesen Gefallen wollte ich ihm nicht tun. Ich ließ es einfach klingeln.

Nachdem Paul seinen Fahrer wieder zum Daniel Village Resort zurückbeordert hatte, traf er sich kurze Zeit später mit dem Pärchen. Er erklärte ganz genau, was passiert war und wollte von Gerd und Lydia erfahren, woher ich von deren Aufenthaltsort wüsste. Auch ihnen tischte Paul eine Lüge auf. Damit sich Gerds und Lydias schlechtes Gewissen in Grenzen hielt, machte er den beiden klar, dass ich und Anja ihn vorher mit Michael hintergangen hätten. Aus diesem Grunde würde er jetzt mit Marcel arbeiten, wobei er mich außen vor ließ. Außerdem versuchte er die beiden davon zu überzeugen, den Trip um eine Woche zu verschieben.

Doch Gerd, mittlerweile Familienvater, sah unter diesen Umständen zu viel Risiko in dem Unternehmen. Auch als Paul die Gewinnspanne nochmals deutlich anhob, lehnten sie sein Angebot ab. Der Drogenboss konnte nichts anderes machen, als die beiden nach Hause ziehen zu lassen. Auch wenn er keinen Kurierlohn zu zahlen hatte, waren Kosten entstanden und in London wurde man ungeduldig. Seiner Art entsprechend schob Paul die komplette Schuld mir in die Schuhe. Wahrscheinlich glaubte er tatsächlich an das Verschwörungsmärchen zwischen mir und Michael, obwohl nie zwischen uns ein Geschäft zu Stande gekommen war. Trotzdem fielen wir drei in Ungnade. Michael verbannte er und wollte absolut nichts mehr mit ihm zu tun haben. Für Anja und mich hatte er allerdings eine weitaus unkompliziertere Lösung parat.

Als wir einige Zeit später mit unserem Jeep an einer Tankstelle in Negril Sprit nachfüllen wollten, sprach uns ein kräftiger, dunkelhäutiger Jamaikaner an:

„Seid Ihr Mikell und Anja?"

Ich drehte mich um, nickte ihm kurz zu und sagte:

„Und wer bist Du?"

„Mein Name ist James. Kendrik schickt mich! Es soll weitergehen!"

„Wow, auf einmal? Das glaub ich ja nicht! Warum sagt er uns das dann nicht selber?", fragte ich jetzt ein wenig verwirrt.

„Kendrik ist voll im Stress! Eine größere Lieferung aus Kolumbien ist gerade im Labor in Mo-Bay angekommen. Ich soll Euch dorthin bringen. Alle anderen sind schon dort", flüsterte er.

Mich überkam ein ungutes Gefühl. Kendrik alias Paul verhinderte stets, dass Anja und ich wussten, wo sich die Labore befinden. Er meinte, was wir nicht wüssten, könnten wir im Notfall auch nicht verraten. Marcel war außerdem auch noch nicht wieder aufgekreuzt und wir hatten keine falschen Papiere, um nach Europa zu reisen. Seit dem Vorfall mit Lydia und Gerd war kein einziges Wort mehr zwischen Paul und uns gesprochen worden. Plötzliche Sinneswandel war ich ja bei ihm gewohnt, aber jetzt waren wir sicher gewesen, dass wir nie wieder Geschäfte mit ihm machen würden. Außerdem waren, zumindest von unserer Seite aus, keine Kuriere rekrutiert worden, die die Ware nach England hätten bringen können. James erzählte aber etwas von einer größeren Lieferung. Ich war also mehr als nur stutzig geworden und beschloss erstmal Paul anzurufen. Ich ließ es ewig klingeln, doch keiner nahm den Anruf entgegen. James meinte deshalb:

„Das kannst Du vergessen! Wie ich schon sagte, er ist ziemlich im Stress und wird aus diesem Grund nicht ans Telefon gehen. Ich soll Euch lediglich nach Mo-Bay bringen."

Ich betrachtete den Jamaikaner ein wenig genauer. Sehr gepflegt war er nicht, obwohl seine Klamotten nicht billig wirkten. Vor allem die dunkelbraune Lederjacke, die er trotz der Hitze anhatte, war teuer. Lange, dicke Goldketten hingen am Hals und an beiden Armen, was an für sich für einen Jamaikaner nichts Ungewöhnliches ist. Doch irgendetwas stimmte nicht.

„Wir haben uns noch nie gesehen. Wo kann ich Dich in der Organisation einordnen?"

„Nun ja, ich arbeite schon eine Weile für Kendrik. Eigentlich bin ich für das Labor in Mo-Bay zuständig. Also nur dann aktiv, wenn gerade Ware umgewandelt oder verpackt werden soll."

Das erklärte vielleicht, warum ich James noch nie gesehen hatte. Paul schickte oft irgendwelche Lakaien. Doch nach der ganzen Vorgeschichte war es selbst für ihn ungewöhnlich, nicht vorher den genauen Ablauf mit uns zu besprechen. Ich war verdammt misstrauisch und wollte ihn, bevor wir uns zum Labor aufmachten, auf die Probe stellen.

„Was ist mit Kendriks rechter Hand. Ist er auch wieder mit von der Partie?", wollte ich wissen.

„Du sprichst von Michael, oder?"

„Ja, genau. Ist er schon in Mo-Bay?"

„Jaa mon. Alles ist wieder in Ordnung. Man wartet nur noch auf Euch. Wir sollten jetzt wirklich los fahren", drängte James.

Während der Fahrt sprach er so gut wie gar nicht mit uns. Er erklärte lediglich, dass wir hinter Lucea einen kleinen Abstecher ins Landesinnere machen müssten. Er solle dort etwas Wichtiges abholen und mit ins Labor bringen. Nach etwa der Hälfte der Strecke passierten wir Lucea. Ein paar Kilometer weiter, auf der Höhe von Johnson Town, wies uns James an, Richtung Harvey River abzubiegen.

„Müssen wir weit ins Landesinnere?“, wollte ich wissen, während ich mich zu ihm umdrehte.

„Nein, nur ein paar Meilen, nicht allzu weit“, sagte James und drehte sich jetzt selber nach hinten, so als ob er checken wollte, ob uns ein anderes Fahrzeug verfolgt. Bei seiner kurzen Drehbewegung kam für wenige Sekunden eine 9mm-Pistole, die in einem Halfter steckte, zum Vorschein.

Vielleicht trug er sie nur zur Verteidigung im Labor, aber so richtig einleuchtend fand ich meine Erklärung nicht. Um wirklich sicher zu gehen, ob er nun auf unserer Seite war oder nicht, wollte ich James genau auf den Zahn fühlen. Ich sprach ihn auf Pauls Frau Ann und die drei Kinder an. Zuerst gab ich aber Anja zu verstehen, dass sie ihre Klappe halten solle, egal was ich auch sagen würde.

„Hör mal James, Kendrik hat doch nicht wieder seine Frau Kenisha und alle vier Kids nach Mo-Bay mitgebracht, oder? Das letzte Mal durften wir ein paar Stunden Babysitter spielen. Da hab ich absolut keine Lust mehr zu.“

Anja schaute mich entgeistert an. Aber als James mir antwortete, wurde sie aschfahl im Gesicht.

„Keine Angst, die Kinder sind zu Hause bei Kenisha. Diesmal müsst Ihr Euch nicht darum kümmern“, war die Antwort.

Scheiße, so langsam dämmerte mir, wer oder was dieser Typ war. Unser Freund und Partner Paul hatte uns scheinbar einen Killer auf den Hals gehetzt. Was zum Teufel konnte ich tun? Wir fuhren immer tiefer ins Landesinnere. Die Straße wurde schlechter und immer weniger Menschen kamen uns entgegen. Ich war mir nun sicher, dass James vorhatte, uns am Ziel eiskalt abzuservieren. Ich zerbrach mir den Schädel, wie ich ihn aus dem Auto rauskriegen könnte, aber mir fiel nichts ein.

Vor lauter Unachtsamkeit donnerte ich in ein riesiges, tiefes Schlagloch. Die Federung schlug bis zum Anschlag durch und es gab einen Riesenknall. Ich fluchte lauthals und tat so, als ob sich der Wagen nur noch schwer lenken lassen würde. Langsam rollte ich auf den Straßenrand zu und hielt an. Anja wies ich wieder auf Deutsch an, sitzen zu bleiben und auf gar keinen Fall aus dem Auto zu steigen, während ich um den Wagen schritt. Ich beugte mich über den vorderen linken Reifen und tat so, als ob wir einen Platten hätten. Völlig genervt riss ich beide Arme hoch und trat gegen den Reifen.

„Bomboclath, der verdammte Reifen ist hinüber. Wir müssen ihn auswechseln“, rief ich verzweifelt, während ich zum Heck des Jeeps marschierte und das Wagenkreuz aus dem Kofferraum holte. Als ich die Heckklappe wieder zu machte, stieg auch der Jamaikaner mürrisch aus und schlurfte gemächlich zu dem vermeintlich kaputten Reifen. Als der Schwarze sich nach vorne beugte und sah, dass der Reifen voll funktionstüchtig war, griff er augenblicklich in die Innenseite seiner Jacke, um die Pistole aus dem Halfter zu ziehen. Doch bevor er seine Waffe heraus hatte und in Anschlag bringen konnte, schlug ich mit dem Wagenkreuz zu. Mit einem verdutzten Gesichtsausdruck sackte der Mann, wie in Zeitlupe, seitlich ins Gras und bewegte sich nicht mehr. Ich legte zwei Finger an seine Halsschlagader und überzeugte mich davon, dass er nur bewusstlos war. Dann öffnete ich das Halfter, nahm die 9mm-Browning an mich, entfernte das Magazin und warf sie im hohen Bogen ins Dickicht. Das Magazin mit den Patronen entsorgte ich später.

So schnell wie irgend möglich machten wir uns auf und davon. Zu Hause beratschlagten Anja und ich, was zu tun sei. Wir waren zwar mit einem blauen Auge aus dieser Situation heraus gekommen, aber wenn jemand auf uns angesetzt war, befanden wir uns in latenter Gefahr. Ich besprach ein Diktiergerät mit allen Informationen, die ich über Kendrik zusammengetragen hatte. Die Personen und ihre Aufgaben in der Organisation, Pauls Familienverhältnisse, Adressen, Qualität sowie Quantität des Kokains, Bezugsquellen und Umsatzzahlen; eben alles, was ich über Paul und die Organisation wusste und gegen ihn verwenden konnte.

Die kompletten Unterlagen vervielfältigte ich mehrfach und steckte sie mit jeweils einer Kopie der Kassette in braune DIN-A5-Umschläge. Die Empfänger waren einmal das BKA in Wiesbaden, dann das Scotland Yard in London und schließlich die Kriminalpolizei in Kingston. Die Umschläge deponierte ich einmal bei einem Rechtsanwalt in Jamaika und drei weitere schickte ich zu meinem deutschen Anwalt. Beide hatten sie die Instruktion, im Falle meines Ablebens dafür zu sorgen, dass diese Umschläge per Einschreiben so schnell wie möglich ihre Adressaten erreichten. Bis wir alles zusammen und organisiert hatten, hielten wir uns bei einem Freund auf der anderen Seite der Insel auf. Paul gegenüber hatte ich niemals etwas von Peter erzählt, wo wir uns kurz hinter Port Antonio versteckt hielten. Wir waren also halbwegs sicher.

Ein paar Tage später rief ich den Big Boss an und kam ohne Umschweife zum Thema:

„Ich weiß was Du gemacht hast, Kendrik! Solltest Du noch einmal versuchen, uns einen Killer auf den Hals zu hetzen oder sollte ich auch nur den kleinsten Unfall erleiden, dann gehen drei Umschläge über Dich mit Fotos und allen Angaben über die Drogendeals zur hiesigen Polizei, zu Scotland Yard und zur deutschen Bundespolizei. An Deiner Stelle wäre ich ab jetzt, sehr, sehr besorgt um unsere Gesundheit. Ich würde sagen, dass wir uns gegenseitig aus dem Weg gehen sollten! Also pfeif Deine Killer zurück oder Du kannst den Rest Deines Lebens hinter Gittern verbringen, kapiert!?"

Paul hatte mir mal von einem Haftaufenthalt in den USA erzählt. Ich wusste von ihm, dass er lieber sterben würde, als noch mal einen Knast von innen zu sehen.

„Du bluffst! Es gibt keine Fotos von mir", war erstmal alles, was er sagte.

„Und was ist mit dem Video, das Richie bei unser Segeltour mit Dir gedreht hat", fragte ich. Stille am anderen Ende der Leitung.

„Sind wir uns einig oder nicht?", wollte ich wissen.

Zögerlich, doch dann bestimmt, erwiderte er:

„In Ordnung, aber solltest Du trotzdem irgendwas zu den Bullen schicken, dann stirbst Du einen langsamen, grausamen Tod, das verspreche ich Dir."

„Keine Sorge, das wird nicht passieren! Halt Dich einfach aus unserem Leben raus und keiner kommt zu Schaden!", sagte ich so ruhig wie möglich und legte auf.

Kevin

Die meiste Zeit verbrachten wir jetzt mit Ted, der es sichtlich genoss, uns um sich zu haben. Wir spendierten ihm hin und wieder ein Essen, ein paar Zigaretten, die man übrigens einzeln in Jamaika kaufen kann, und rauchten zusammen einen Spliff. Ihm Geld zu geben hätte keinen Sinn gemacht, es wäre sofort in Koks angelegt worden. Im Gegenzug revanchierte sich Ted mit Touren, die er uns vermittelte, so dass wir mittlerweile auch ein paar Einnahmen aus solider Arbeit hatten. Für uns war es klar, nie wieder Drogentransporte zu organisieren oder durchzuführen. Das vorhandene Geld musste für eine Existenzgründung reichen. Nachdem wir anfänglich die Kohle mit vollen Händen ausgegeben hatten, achteten wir jetzt besser auf unsere Ausgaben.

Eine von Teds Lieblingstouren war der Besuch bei seinem amerikanischen Kumpel Kevin. Jener Kevin lebte alleine und weit entfernt von den nächsten Nachbarn an der Südwestküste. Ein paar Jahre zuvor hatte er sich hier niedergelassen und etwa drei Hektar Land erworben. Einen Acre (= 4046 m^2) hatte er urbar gemacht und zu einem kleinen Garten Eden verwandelt.

Ich erinnere mich noch gut an unseren ersten Besuch, den wir ohne Touristen dorthin unternahmen. Schon die Anfahrt entlang der Küste, auf unwegsamen Feldwegen und durch kleine, ärmliche Dörfer, faszinierte mich. Lachende Kinder in spärlichen Klamotten spielten Kricket, mit provisorisch zusammengebastelten Schlagstöcken, wildfremde Menschen winkten uns freundlich zu und immer wieder hörten wir die Worte „whitie, whitie“. Wir spürten die neugierigen Blicke, die uns folgten.

Kurz hinter dem Dörfchen Summon Point veränderte sich die Straße nochmals. Sie wurde sandig und führte nach etwa einem Kilometer direkt in die dichte Vegetation. Gerade mal so breit wie ein Auto, schlängelte sich der Weg entlang der Küste, durch Palmenhaine, Mangos, Papayas und Sandstrände, die man schemenhaft durch das dichte Unterholz erkennen konnte. Über eine provisorisch errichtete Lehmbrücke ging es immer tiefer in die unberührte Landschaft.

Von allen Seiten streiften überhängende Sträucher den Wagen. Nach einer halben Ewigkeit war der Weg zu Ende und man sah nur noch vage einen verschlungenen Pfad, der als Fußweg diente und zum weit entfernten Nachbarn führte. Ricky, auch ein Immigrant, halb Engländer, viertel Araber und viertel Somalier, lebte mit seiner jamaikanischen Frau Murna ein paar Kilometer weiter. Er war hochintelligent und beherrschte fünf Sprachen. Da seine Frau hin und wieder für Kevin kochte und ihm dabei half, dass sich seine Gäste rundum wohl fühlten, verband Ricky und Kevin eine lockere Freundschaft.

Kevin, der Ami aus South-Dakota, war nicht gerade scharf auf Besuch oder Gäste; schon gar nicht auf irgendwelche Fremde. Er hatte es auch nicht nötig, seine drei Gästezimmer zu vermieten, da er monatlich eine gute Rente aus den USA bezog. Er liebte die Abgeschiedenheit und die Einsamkeit, nachdem seine Frau und sein Sohn die Schnauze voll von diesem Paradies hatten und wieder zurück in ihre Heimat geflogen waren. Goldie, ein jamaikanischer Taxifahrer, der in Summon Point lebte, versorgte ihn mit allem, was er benötigte, so dass er das Grundstück nur selten verließ. Strom erhielt er durch eine Solaranlage, die auf dem Dach des Haupthauses installiert war und einige 12-Volt-Batterien speiste. Regenwasser fing er in verschieden großen black-tanks auf; das sind große, schwarze, dickwandige Plastiktanks, aus denen er das Wasser an die benötigten Stellen durch PVC-Rohre verteilte.

Ich parkte den Jeep. Kurz vor Kevins Grundstück war ein kleiner Platz ohne Gestrüpp. Den Eingang bildete ein hohes Holzgatter. Dahinter befand sich ein Traum von einem Grundstück. Der Boden bestand aus feinem, weißem Sand, der gerade frisch von verschiedenen Palmenblättern gerecht worden war. Das Geräusch von brechenden Wellen, die sich ihren Weg bis zum Strand bahnten, drang gedämpft zu uns rüber. Vogelgezwitscher und die Laute des Dschungels versetzten mich in eine andere Welt, eine Welt, von der ich so lange geträumt hatte. Der Geruch von frisch marinierten und in Öl gebratenen Hähnchenteilen drang in meine Nase und ließ mir das Wasser im Mund zusammenlaufen.

Ted schrie zweimal Kevins Namen. Kurz darauf erschien ein braungebrannter Mann mit freiem Oberkörper in knielangen, verwaschenen Bermudashorts.

Kevin war ein Baum von einem Mann; muskulös, etwa Anfang 50 und ein richtiger Einzelkämpfer. Mit seinen blonden Dreadlocks und dem langen Vollbart sah er verwegen aus. Die etwa drei Meter lange Pythonschlange, die er liebevoll Sophie nannte und dauernd um seinen Hals trug, verstärkte diesen Eindruck entsprechend.

„Hey Ted, come on in“, sagte er mit einer tiefen Stimme, während er das Gatter aufmachte. Beide umarmten sich kurz und Ted stellte uns vor.

„Nice to meet you. I‘m Kevin“, sagte er mit seinem sonoren Bass, während er mir seine Pranke zur Begrüßung entgegenstreckte. Nachdem wir uns die

Hände geschüttelt hatten, ging er mit den Worten „follow me“ voraus. Kevin führte uns zu seinem Haupthaus. Bevor wir die vier Stufen zur Veranda und der Vorderseite des Hauses bestiegen, stellte uns Kevin Murna vor, die die knusprig braun gebratenen Hähnchenteile gerade in der Pfanne wendete und mich hungrig werden ließ. Am Ende der Veranda befand sich ein riesengroßer Käfig; bestimmt drei Meter hoch und etwa zwei Meter breit, bestehend aus einem Holzrahmen und feinem Maschendraht. Drinnen war angeschwemmtes Naturholz; ganze dickarmige Äste und Wurzeln, die über die ganze Höhe raffiniert verteilt waren. Schon das für sich war ein Kunstwerk, doch als ich näher kam, zählte ich acht jamaikanische Boas, die sich um das Holz wanden.

Der Ausblick war phänomenal. Dieser Platz konnte wahrhaftig ein Teil von Gottes Garten Eden sein. Die verschiedenen Palmen spendeten fast über die gesamte Fläche des Grundstücks Schatten. Gute fünfzig Meter weiter erkannte man den Strand und das Meer. Über fast die gesamte Breite seines Yards hatte Kevin kurz hinter dem Strand Weiden und Fichten angepflanzt, die sich jetzt schon gewaltig in den Himmel reckten und sich leise mit dem Wind hin und her bogen. Entlang der Begrenzung des Grundstücks blühten Bougainvillea, Holunder, Hibiskus und Oleander.

Wir unterhielten uns angeregt über Kevins Vergangenheit und seine Beweggründe, hier in Jamaika Fuß zu fassen. Dabei tranken wir kaltes Red-Stripe-Bier, das Kevin aus seinem 12-Volt betriebenen Kühlschrank holte.

Ob diverse Geräte, Werkzeug oder Licht, alles lief auf 12 Volt. Nach einer Weile bot er uns erstklassiges Gras an. Damit es lange frisch blieb, deponierte er größere Mengen in seiner Tiefkühltruhe. Die Wirkung des Grases war umwerfend. Ich wurde außerordentlich kreativ und entwarf in meinem Kopf schon mal einen Plan, wie unser Grundstück aussehen würde. Kevin führte uns durch das ganze Yard. Er zeigte das Gästehaus mit weiteren zwei Zimmern und die außen liegenden Duschen. Wir verbrachten fast den ganzen Tag bei ihm.

Nachdem wir uns gegenseitig unsere halbe Lebensgeschichte erzählt und unsere Zukunftspläne offengelegt hatten, war spürbar, dass eine gegenseitige Sympathie vorhanden war. Bevor wir innerlich aufgewühlt und mit Wehmut diese wunderschön abgelegene Ecke der Insel wieder verließen, mussten wir Kevin versprechen, schon bald wieder vorbei zu schauen. Wir seien jederzeit herzlich willkommen.

Wir besuchten zweimal in der Woche Kevins Heaven. Von Besuch zu Besuch vertiefte sich unsere Freundschaft. Man erfuhr immer mehr Dinge voneinander. Kevin verdiente ursprünglich seine Brötchen in den USA als Stuntman. Bei einem gefährlichen Stunt fiel er aus etwa acht Metern in die Tiefe. Er brach sich dabei einen Rückenwirbel und zog sich zig komplizierte Knochenbrüche zusätzlich zu. Durch seine enormen Muskelpakete und dank der guten Konstitution war er nicht querschnittsgelähmt, musste jedoch mehrmals operiert werden. Ihm wurden jede Menge Teflonplatten in Körper und Kopf eingesetzt, währenddessen er ständig mit Medikamenten und Morphium gegen die Schmerzen vollgepumpt wurde.

Über ein Jahr lang musste Kevin im Krankenhaus verbringen, bevor er wieder komplett genesen war. Aus dieser Zeit resultierte seine profunde Ahnung von Medikamenten. Unter der schwarzen Bevölkerung galt er nicht zu Unrecht als ein moderner Buschdoktor. Da man ohne ein Rezept jegliche Mengen und Arten von Medizin in jamaikanischen Apotheken kaufen kann, besaß er einen enormen Vorrat an Arzneien. Als Stuntman fand er kaum noch Arbeit. Aus Frust unternahm er immer öfter mit seiner Harley-Davidson Touren durch die Staaten. Bei einer dieser Fahrten lernte er einige Bandenmitglieder der Hells Angels kennen und freundete sich mit ihnen an.

Nach ein paar Wochen erledigte er dann kleinere Aufträge für die Motorradgang. So freizügig Kevin auch über seine Zeit als Stuntman und über die sieben Wege einen Menschen zu töten sprach, so nebulös waren seine Erzählungen über die Aufträge von den Hells Angels. Bei seiner militärischen Ausbildung und den anatomischen Kenntnissen vermutete ich, dass er knifflige Aufträge oder sogar Morde für die Gang erledigt hatte. Nachdem er genügend Geld verdient hatte, kaufte er das Grundstück in Jamaika und tauchte erstmal unter. Meine Theorie bestätigte sich, als uns in Dorf erzählt wurde, was sich etwa vor einem Jahr auf Kevins Grundstück abgespielt haben muss. Eine Anti-Drog-Force-Einheit stattete ihm einen unerwarteten Besuch ab. Sie kamen mit zwei Hubschraubern und schwebten eine Weile über seinem Grundstück.

Etwa ein Dutzend Soldaten seilte sich ab und verteilte sich blitzschnell über das Yard. Mit vorgehaltenen Schnellfeuerwaffen zerrte man ihn aus seinem Zimmer und schmiss ihn unsanft zu Boden. Man befahl ihm, sich flach auf den Bauch zu legen und die Hände im Nacken zu verschränken, während man systematisch das Gelände absuchte. Angeblich wurden Kevin nur Fragen über den Anbau und Vertrieb von Marihuana und Kokain gestellt. Die gefundenen riesigen Mengen an Arzneien interessierte keinen und nachdem man sonst nichts fand, verschwanden die Soldaten genauso schnell wie sie gekommen waren. Warum sie aber ausgerechnet bei ihm eingeflogen sind, ohne eine Plantage aus der Luft gesichtet zu haben, konnte uns keiner erklären.

Kevin gab uns ein paar Tipps, wo wir versuchen konnten, Land zu erwerben; doch die Probleme waren allerorts die gleichen. Entweder gab es noch nicht einmal einen title, was mit unserem Grundbucheintrag vergleichbar ist, oder das diagramm fehlte (Beschreibung und Lage des Grundstücks).

War jemand im Besitz eines dieser Dokumente, dann hatte meistens der Vater das Land seinen zehn Kindern vermacht. Alle Erben zeitgleich bei einem Notar antanzen zu lassen, ist quasi unmöglich. Auch Kevins nicht erschlossenes Land war uninteressant, da es nicht am Meer lag und purer Morast war. Aber eines Tages erzählte uns Kevin etwas von einem Mr. Brown. Er wollte wohl nicht allzu weit entfernt von Kevins Anwesen Land verpachten.

„Da kommst Du jetzt mit an? Nach der ganzen Zeit, wo wir Dir die Ohren von einem Grundstück vorheulen?“, fragte ich Kevin ein wenig pikiert.

„Ihr wolltet doch immer Land kaufen. Was Mr. Brown anbietet, ist nur zu pachten“, entschuldigte sich Kevin.

„Wo finden wir denn diesen Mr. Brown?“ mischte sich Anja ein.

„Wisst ihr was? Heute ist es schon zu spät, aber morgen fahren wir gemeinsam dorthin. Ich wollte eh mal wieder hier raus“, versprach er uns.

Anja und ich schauten uns verdutzt an. Dass Kevin für jemanden sein Land verließ, war schon fast eine Ehre.

Gate of Heaven

Bevor wir zu Mr. Brown fuhren, klärte uns Kevin über den alten Jamaikaner auf: In den 40er Jahren erwarb ein amerikanischer Multimillionär etliche Acre Land an der Südwestküste. Er suchte einen intelligenten, kontaktfreudigen, einheimischen Burschen, der auf seinen Besitz achtgeben und für ihn verwalten könnte. Diesen fand er in dem jungen Mr. Brown. Nach einer kurzen Unterredung waren sie sich einig. Mr. Brown wurde der Verwalter über das gesamte Gebiet.

Es durfte allerdings nichts davon verkaufen, sondern war nur ermächtigt, das Land zu verpachten; bevorzugt an hilfsbedürftige Leute. Da er keinen Lohn erhielt, konnte er alle Einnahmen, die das Land abwarf, behalten. Nur am Ende des Jahres war er verpflichtet, die anfallenden Grundstückssteuern an die jamaikanische Regierung zu entrichten. Deshalb suchte Mr. Brown Leute, die bereit waren, für ihr Grundstück eine kleine Pacht pro Jahr zu bezahlen. Die Summe war für europäische Verhältnisse sehr gering und richtete sich danach, ob man ein Stück am Meer oder auf dem Land besiedeln wollte. Größe und Lage konnte man sich aussuchen und bis ins hohe Alter hinein ließ es sich Mr. Brown nicht nehmen, das ausgesuchte Yard persönlich abzumessen. Auf diese Weise entstanden nach Jahren richtige Dörfer.

Bis heute ist er ein angesehener Mann und wird von der Gemeinde als inoffizieller Bürgermeister angesehen. Wie viele seiner Landsleute hatte er es aber nicht so mit dem Sparen. Er war ein richtiger Womanizer und gab Unsummen aus. So manche junge Frau bekam durch Mr. Brown die Möglichkeit, eine Universität zu besuchen oder sich eine eigene Existenz aufzubauen, indem er sie finanziell unterstützte. Der Mann hatte mit Sicherheit ein sehr erfülltes und luxuriöses Leben, doch manchmal übertrieb er es, so dass er die jährlich zu bezahlenden Steuern gleich mit verprasste. Um den Job als Verwalter behalten zu können, musste er sich etwas einfallen lassen. Deshalb begann er mit dem Raubbau des Landes. Er verkaufte etliche LKW-Ladungen voll Sand und Steine und belieferte die in den 70er Jahren aus dem Boden schießenden Hotels mit großen Palmen, Bäumen und anderen Pflanzen. Durch den Abbau von großen Mengen des feinen, weißen Sandes kam es jedoch später an gewissen Küstenabschnitten zu Überschwemmungen. Um seinen Lebensstandard weiterhin finanzieren zu können, aber der Natur die Chance zu geben, sich zu erholen, schaute sich der Verwalter nach einer anderen Einnahmequelle um.

In einem etwa fünf Quadratkilometer großen Gebiet, in dem sich bis dahin noch kein Mensch niedergelassen hatte, existierte ein langer, gerader und fast ebener Feldweg. Jamaika, das schon seit jeher für die hohe Qualität von Marihuana bekannt war, erfreute sich der besonderen Aufmerksamkeit einiger global agierender Drogendealer. Mit allen Wassern gewaschene Piloten wurden auf die Insel geschickt, um von dort enorme Ladungen Marihuana nach Amerika zu transportieren. Diese tollkühnen Piloten flogen die gesamte Strecke unter dem Radar, nur wenige Meter über der karibischen See, um nicht entdeckt zu werden.

Auf einem offiziellen Flughafen konnten sie unmöglich landen und mussten deshalb auf provisorischen Pisten runtergehen. Eine dieser geheimen Landebahnen war besagter Feldweg an der Südwestküste. Mr. Brown, nun das Oberhaupt mehrerer kleiner Gemeinden, hatte es geschafft eine Vereinbarung mit den Drogenbossen auszuhandeln. Kurz nachdem die Maschine auf der Piste aufgesetzt hatte brachten etliche Einheimische aus den anliegenden Dörfern, die zuvor fertig präparierten Marihuanapakete in den Frachtraum des Flugzeugs. Das Ganze dauerte nicht länger als zehn Minuten und jeder bekam ein Bündel US-Dollars als Schweigegeld in die Hand gedrückt. Keiner hatte etwas gesehen oder gehört und die Spuren der Räder der meist einmotorigen Privatflugzeuge wurden geschickt mit zusammengebundenen Zweigen verwischt. Den Löwenanteil strichen natürlich die Grasanbauer und Mr. Brown ein.

Das Geschäft war für jede Seite ausgesprochen lukrativ und funktionierte über mehrere Jahre. Selbst eine DC 10 hatte es geschafft, auf der zwischenzeitlich gut präparierten Piste zu landen und wieder zu starten. Damit die Piloten wussten, wo sie runter gehen mussten, entfachte man kleine Feuer entlang der Bahn, die als Leuchtfeuer dienten und sofort gelöscht wurden, nachdem die Maschine am Boden aufgesetzt hatte. Blöderweise kam jedoch irgendwann die jamaikanische Regierung hinter das muntere Treiben und ein Trupp Soldaten sprengte die provisorische Landebahn mit Dynamit. Noch heute kann man an bestimmten Stellen die Detonationskrater erkennen. Aber nicht nur über den Luftweg werden riesige Mengen Cannabis geschmuggelt. Mit den Kapitänen von riesigen Containerschiffen handelt man häufig spezielle Deals aus. Das Schiff verlässt den Hafen von Kingston und stoppt außerhalb der jamaikanischen Hoheitsgewässer. Kurz vorher informiert man per Funk die mit Ganja vollgestopften Klein- oder Fischer-Boote, die sich in Mangrovenwäldern an der Küste oder aber in Flussläufen versteckt halten. Auf offener See wird die Ware umgeladen und verstaut. Dieselbe Prozedur findet dann genau anders herum kurz vor Erreichen des Zielhafens statt. Die coolste Story war jedoch die Übergabe der Ware mit einem Surfbrett. Das Brett war der Länge nach aufgeschnitten, das Innenmaterial entfernt und mit Scharnieren an einer Seite wieder befestigt worden. Dadurch entstand ein Stauraum zum Schmuggeln, der mit Silikon an den Rändern kein Wasser ins Innere ließ. Es kam schon mal hier und da vor, dass einzelne Boote hochgenommen wurden, aber das Surfbrett blieb bei all seinen Einsätzen über Jahre hinweg unbehelligt.

Je älter Mr. Brown wurde, umso ruhiger und bescheidener wurde auch sein Lebensstil. Ohne irgendwelche Reichtümer anzuhäufen, konnte er das Leben seiner Familie und die Steuerabgaben fortan bestreiten. Er war endlich den Bund der Ehe eingegangen und hatte sich eine der schönsten Jamaikanerinnen geangelt.

Als wir mit Kevin das kleine Häuschen an der Küste erreichten, war Mr. Brown schon weit über 80 Jahre alt. Wir fanden ihn mit seiner Frau, der man ansah, dass sie mal eine wahre Augenweide gewesen sein musste, auf der Veranda sitzen. Sein Blick schweifte sehnsüchtig aufs Meer hinaus und er dachte wohl an längst vergangene Tage. Eine seiner Töchter, sein Enkel und seine Enkelin lebten ebenfalls in dem Steinhaus, was für jamaikanische Verhältnisse schon gehobener Standard bedeutet. Freundlich begrüßte Kevin Mr. und Mrs. Brown, stellte uns vor und erklärte ihm den Grund unseres Besuchs. Wir wurden herzlich begrüßt und Mr. Brown stellte uns ein paar Fragen über unsere Herkunft und unsere Pläne.

Nachdem wir uns unterhalten hatten, erklärte er sich sofort bereit, einige freie Plätze zu zeigen. Wir stiegen gemeinsam in den Jeep. Er dirigierte uns zu genau jenem Gebiet, wo früher die Flugzeuge ihre Drogenfracht geladen hatten. Die gesamte Gegend war immer noch unbewohnt und Mr. Brown erzählte uns der Fairness halber von den leichten Überschwemmungen, die bei einem Hurrikan oder einem tropischen Sturm auftreten können. Fast die gesamten fünf Kilometer bestanden aus einer Steinküste mit spitzen, von den Wellen ausgewaschenen Felsen. Erst hinter der ca. zwanzig Meter breiten Felsformation traf man auf Sand und eine dichte Vegetation.

Doch der letzte Kilometer, bevor es in das kleine Dörfchen ging, bestand mehr aus einer Sand- als aus einer Felsfront. Ein Stück fiel mir besonders ins Auge. Die Felsküste endete abrupt, fiel ins Innere des Landes ab und schloss an einen uralten Mangrovenwald an. Dahinter plätscherten kleine Wellen an die etwa 50 Meter lange und seichte Sandbucht. Ich verliebte mich sofort in dieses Stück Land. Diese Fleckchen Erde war nicht wie die meisten Küstenabschnitte in dieser Gegend flach, sondern es war hügelig und hatte Baumbestand. Natürlich resultierten die Hügel hauptsächlich von dem Abbau des überwiegend sandigen Grundes und Mr. Brown warnte mich erneut wegen der Überschwemmungen, aber mir würde schon etwas dazu einfallen. Angefangen von der Sandbucht über den Mangrovenwald bis zur Felsküste wollte ich fünf Acre Grund pachten.

Doch Mr. Brown meinte, dass er uns so viel Wasserfront nicht geben könnte. Ins Landesinnere, also hinter der Straße, wäre das überhaupt kein Problem; doch da das Grundstück dann durch die Fahrbahn geteilt würde, verzichtete ich darauf und wir einigten uns auf drei Acre, was immerhin noch 12.000 Quadratmeter Land bedeutete.

Am frühen Abend hielten Anja und ich den Einzahlungsbeleg für die erste Jahrespacht in den Händen. Per Handschlag besiegelten wir unseren Deal. Es war mittlerweile Ende März, der Pachtvertrag sollte von Mr. Browns Enkelin aufgesetzt und uns in den nächsten Tagen ausgehändigt werden. Wir verabschiedeten uns überglücklich und feierten zusammen mit Kevin bis spät in die Nacht hinein.

Bei unserem amerikanischen Freund verbrachte manchmal ein kräftiger Jamaikaner namens Whyzzer seine Zeit. Ab und zu erledigte er kleinere Aufgaben für Kevin. Er hatte sich angeboten, als Vorarbeiter das Grundstück urbar zu machen und ein paar weitere Arbeiter auszusuchen. Ich fragte Kevin, ob man sich auf den Mann verlassen könnte. „Eigentlich schon“, war die Antwort.

Er sei ein guter Arbeiter und hätte noch nie Probleme gemacht. So kam es, dass wir uns am nächsten Morgen mit Whyzzer trafen und ihn engagierten. Er suchte drei Leute für uns aus und wir verabredeten uns für den nächsten Tag um 8 Uhr vor unserem Grundstück. Als Erstes wurden Korridore mit Macheten frei geschlagen, was sich über mehrere Tage hinzog. Gegen 11 Uhr besorgten Anja oder ich in dem benachbarten Dorf etwas zu Essen. Meistens gaben wir alles, was eingekauft wurde, Jantam, einen unserer Arbeiter, der daraus in kürzester Zeit ein köstliches Mahl zauberte. Das Essen, Getränke, der tägliche Lohn von 800 J-Dollars pro Arbeiter sowie das ganze Material und Werkzeug ging auf die Dauer schwer ins Geld.

Man weihte mich in die verschiedenen Techniken ein, so dass ich von Woche zu Woche besser mit dem Dschungelmesser umzugehen wusste. Doch meine Hände waren so eine Arbeit nicht gewohnt. Ich zählte am ersten Tag dreizehn Blasen an meiner rechten Hand und mein ganzer Körper schmerzte. Todmüde fiel ich abends ins Bett.

Man erklärte uns, dass es das Wichtigste sei, sein Grundstück durch einen Zaun abzustecken. Erst dann würde man einen rechtmäßigen Anspruch auf das Yard besitzen. Obwohl wir nur drei Seiten einzäunen mussten, kostete der verzinkte Maschendrahtzaun plus Zubehör ein kleines Vermögen. Baumaterial und Werkzeuge sind in Jamaika schweineteuer. Das Holz für die Pfähle besorgten wir uns in der Umgebung, indem wir mittelgroße Bäume mit der Machete fällten. Ich wunderte mich, warum sie keine Sägen dazu benutzten, aber die viertelstündlich geschärfte Machete kann man für fast alles benutzen. Für die Umzäunung des Yards veranschlagte ich vier Tage, doch wir brauchten über zwei Wochen, bevor der Zaun an die Holzpflöcke angebracht und noch zwei Lagen Stacheldraht darüber gespannt wurden. Nachdem die Begrenzung aber stand, schufen wir auf einem Hügel eine Lichtung. Hier sollte unser Holzhaus auf fünf Steinpfosten aufliegen.

Anja und ich saßen oft Arm in Arm auf einem der großen Felsen und beobachteten die Szenerie. Wir waren wieder einen Schritt näher an unser Ziel gekommen, hier auf diesem wunderschönen Land leben zu können. Ein unbeschreibliches Glücksgefühl erfüllte uns.

Nachdem die Lichtung frei von Gestrüpp und den Baumwurzeln war, räumten wir etliche kleine und große Steine aus dem Weg und bildeten damit die Begrenzung einer Fahrbahn, die sich vom Eingang des Yards bis zur Lichtung erstreckte. Die Steine waren teilweise bis zu einem Meter im Durchmesser groß. Viele Brocken waren echte Fossilien. Jamaika war jahrmillionenlang vom Meer bedeckt und diese Steine waren Zeugen dieser Geschichte.

Man konnte langsam erkennen, wie es hier mal aussehen könnte und bei einem dieser fantastischen Sonnenuntergänge tauften Anja und ich das Land Gate of Heaven.

Whyzzer, der zu Beginn unserer Zusammenarbeit noch loyal und eifrig arbeitete, veränderte sich immer mehr. Mit einem Mal machte er uns Vorschriften. Er wollte z.B. die meisten Hügel einebnen. Auch meine Idee vom Verteilerkreis kritisierte er heftig. Ich fragte ihn eines Tages, was er denn glaubt, wer hier leben würde; er oder wir? Doch Whyzzer war zutiefst beleidigt und tat für mindestens zwei Stunden überhaupt nichts mehr. Das Ganze spitzte sich zu, als wir eines Morgens ziemlich spät dran waren. Wir hatten noch vorher Material eingekauft und wurden aufgehalten. Unterwegs zum Grundstück trafen wir auf unseren Vorarbeiter, der auf einem Mopedtaxi durch die Gegend fuhr. Ich hielt ihn an, fragte was los sei und wollte wissen, wann er denn vorhätte, seine Arbeit aufzunehmen.

„Me soon come“, war die knappe, unfreundliche Antwort. Dann gab er dem Fahrer einen Klaps auf die Schulter, um ihm zu signalisieren, dass er gefälligst weiter fahren solle. Ein wenig verwundert schaute ich dem Moped hinterher.

Im Dorf besorgten wir schon mal die Zutaten fürs Mittagessen und fuhren dann direkt zum Yard. Die restlichen Arbeiter waren alle da und vergrößerten den Radius der Lichtung. Als ich den Jeep im Zentrum der Lichtung parkte, unterbrachen sie die Arbeit und kamen uns entgegen.

„Hey Mikey, Anja what‘s up“, begrüßten uns die drei.

„Morning guys, everything criss? Alles in Ordnung?“, wollte ich wissen und drückte meine rechte Faust gegen jede einzelne der Jamaikaner.

„Wisst ihr was mit Whyzzer los ist?“, fragte ich.

„Er war kurz nach Arbeitsbeginn hier und verschwand gleich wieder, als er Euch nicht sah“, berichtete mir Jantam.

„Hat er gesagt warum?“

„Nein, nur dass wir schon anfangen sollten. Er hätte was zu erledigen und würde später wieder vorbei kommen.“

„Ok Jungs, macht Ihr hier weiter. Anja und ich wollten heute mit dem Strand anfangen“, erklärte ich und überreichte Jantam die Plastiktüte mit dem Essen.

Nachdenklich und leicht erbost über Whyzzers Unzuverlässigkeit waren wir im Begriff, den Strand erstmal von den größeren Steinen zu befreien. Irgendwann erschien Whyzzer; immer noch nicht umgezogen und lediglich mit der Machete in der Hand. Er stolzierte gemächlich die Einfahrt herunter, erblickte uns am Strand und schritt dann schnurstracks auf uns zu. Ich beschloss ihn nicht gleich anzuschnauzen, ich wollte mir erstmal anhören, was er zu sagen hätte. Doch noch bevor er uns erreichte, rief er aus einigen Metern Entfernung:

„Hör mir zu Mann! Ich hab mit Dir zu reden“, und dies in einem sehr unwirschen und befehlenden Ton. Wut stieg in mir auf. Auch wenn in Jamaika vieles anders läuft, die Mentalität grundverschieden ist und wir in diesem Land Gäste waren, so war Whyzzers Verhalten mit nichts zu entschuldigen.

„Wie wäre es erstmal mit einem guten Morgen? Siehst Du nicht, dass ich beschäftigt bin? Ich arbeite, was Du eigentlich schon seit zweieinhalb Stunden tun solltest“, sagte ich jetzt gereizt.

„Ich muss sofort mit Dir reden. Jetzt! Ich brauche Geld! Du musst mich bezahlen“, forderte Whyzzer. Mir platzte die Hutschnur. Ich stand auf und blickte ihm jetzt direkt in die Augen.

„Ich muss überhaupt nichts! Was glaubst Du eigentlich mit wem Du hier redest?! Du bist hier Vorarbeiter, kommst zwei Stunden zu spät ohne Erklärung, hältst mich von der Arbeit ab und redest mit mir in einer respektlosen Art und Weise! Freitag ist Zahltag, außerdem habe ich Dir schon einen Vorschuss auf die Woche gegeben", schimpfte ich.

Doch Whyzzer hatte nicht vor zu arbeiten und provozierte mich weiter:

„Arbeit? Was für eine Art Arbeit soll das hier sein? Der Strand ist eines der letzten Dinge, die man macht. Es wäre wesentlich sinnvoller, dass endlich diese verdammten Hügel von hier verschwinden. Ihr Weißen habt doch von nichts eine Ahnung", keifte er.

Das reichte; ich hatte endgültig die Schnauze voll. Wir hatten uns stets angepasst und die Einheimischen mit Respekt behandelt, doch dieser Typ brachte das Fass zum überlaufen.

„Jetzt hörst Du mir mal zu. Das hier ist unser Land. Was und wie wir hier etwas machen, ist ganz allein unsere Sache. Du musst schließlich nicht hier leben. Du bist gefeuert! Komm Freitag wieder und hol Dir den Rest Deines Gehalts ab."

Sein ganzer Hass gegen mich, spiegelte sich in seiner Körperhaltung wieder. Whyzzers Augen funkelten böse und er baute sich vor mir auf.

„Ich will sofort mein Geld haben", sagte er in einem gefährlich fordernden Ton.

Whyzzer bekam als Vorarbeiter 200 J-Dollar mehr als die anderen. Ich rechnete kurz nach, wie viele Tage er gearbeitet und welche Summe ich ihm schon vorgestreckt hatte.

Dabei ging es gerade mal um 1.000 jamaikanische Dollar, die ihm noch zustanden. Da wir jedoch fast unser gesamtes Bargeld beim Hardware-Laden und für das Mittagessen ausgegeben hatten, konnte ich ihn jetzt nicht auszahlen.

„Ich hab jetzt nicht genügend Geld mit", erklärte ich ihm, „Komm am Nachmittag vorbei, dann bekommst Du es."

„Nein, sofort", verlangte er.

„Sag mal, bist Du taub oder begriffsstutzig? Ich habe Dir doch gerade erklärt, dass ich kein Geld dabei habe. Ich muss erst noch zur Bank nach Negril fahren."

Anja, die gerade einen großen Felsbrocken aus dem Sand ausgrub, stellte ihre Arbeit ein und kam zu uns rüber. Whyzzer umfasste den Griff seiner Machete, so dass seine Knöchel weiß hervortraten.

„Du willst mich nicht bezahlen?", zischte er hasserfüllt, während er mir mit dem Unterarm einen Stoß gegen die Brust versetzte. Ich taumelte zwei Schritte zurück, bevor ich mich wieder fing.

„Hast Du jetzt komplett den Verstand verloren? Was verstehst Du denn nicht?", fragte ich empört.

Mein Unterbewusstsein riet mir zur äußersten Vorsicht. Dieser Kerl war unberechenbar und jeder Muskel in meinem Körper war gespannt.

„Du bezahlst mich jetzt sofort, sonst haue ich Dir Deinen verfluchten Kopf von den Schultern."

Whyzzer wollte sein Geld und ich erklärte ihm zum wiederholten Male, dass ich es erst holen müsste. Jedes Mal, wenn ich dies tat, versetzte er mir einen kleinen Fausthieb ins Gesicht. Nicht, dass dieser besonders hart war oder weh tat, aber es trieb mich fast zur Weißglut. Welche Chancen hätte ich schon gehabt, mit meinen Fäusten gegen eine Machete, die zudem noch von einer fachkundigen Hand geführt wird? Ich ging langsam in Richtung der Arbeiter.

So weit, bis sie die Situation mitbekamen und zu uns rüber eilten. Sie versuchten Whyzzer zu beschwichtigen, doch der war wie ein wilder Stier, der nur noch rot sah. Als ich wieder einen Faustknuff einstecken musste, sah ich rot.

Blitzschnell holte ich aus und traf Whyzzer mit meiner Faust mit voller Wucht am Kinn. Der taumelte ein paar Schritte zurück, balancierte seine Rückwärtsbewegung aus und kam dann mit erhobener Machete auf mich zugestürmt. Die Arbeiter reagierten beherzt und bildeten eine menschliche Wand. Drohend erhoben sie ihre Macheten gegen ihn. Whyzzer hielt kurz inne und wollte dann seitlich an den Jamaikanern vorbei auf mich los gehen. Die drei schafften es jedoch immer wieder, mich vor ihm abzuschirmen.

„Wenn Du kämpfen willst, kämpf wie ein Mann und schmeiß die Machete weg", schrie ich ihm zu, doch Whyzzer dachte überhaupt nicht daran. Plötzlich durchdrang ein schriller, lauter und hysterischer Schrei das Kampfgetümmel.

Als ob man die ganze Szenerie eingefroren hätte, hielten alle Mann in ihren Bewegungen inne. Nur die Köpfe drehten sich in die Richtung der schrillen Geräusche. Unweit von uns stand Anja, die ihren Kopf in beide Hände vergrub und aus vollen Lungen brüllte:

"Stop it, stop it, hold on. I can't stand it anymore."

Ich rannte zu ihr rüber und nahm sie in den Arm.

„Ist ja schon gut, beruhige Dich."

Sie zitterte am ganzen Körper und wiederholte andauernd:

„Mach, dass das aufhört, mach endlich, dass das aufhört."

„Ist es das, was Du wolltest", schrie ich Whyzzer an.

„Pass auf Whyzzer, ich mach Dir einen Vorschlag. Wir fahren jetzt sofort zu Kevin und dann bekommst Du Dein verdammtes Geld."

Wutentbrannt schaute ich ihn an und stellte mich wieder auf die gleiche Leier ein, doch seltsamerweise hatte er jetzt nichts dagegen einzuwenden. Etwa zwanzig Minuten später erreichten wir Kevins Yard. Ich erklärte ihm grob die Lage und bat ihn, mir 1.000 J-Dollar auszuleihen. Als ich von der Veranda herunter kam, stand Whyzzer schon erwartungsvoll neben dem Haus. Ich drückte ihm den 1.000-Dollarschein in die Hand und sagte:

„Hier, nun sind wir quitt!"

Er starrte auf das Geld. Seine Augen funkelten so bösartig wie zuvor.

„Was ist das?", fragte er verächtlich.

„Der Rest von dem Geld, das Du noch zu bekommen hast."

Ich hörte nur noch das Wort bomboclath, als auch schon seine Machete auf mich zuschoss und mich mit voller Wucht am linken Ohr traf. Total perplex und völlig überrascht, stand ich die ersten Sekunden nur mit geöffnetem Mund da.

Dass er ausgerechnet bei der Übergabe des Lohnes zuschlagen würde, damit hatte ich am allerwenigsten gerechnet. Alles lief wie in Zeitlupe vor meinem inneren Auge ab. Als Erstes nahm ich das Klingeln in meinem Ohr wahr. Dann spürte ich etwas Warmes meinen Hals runter laufen und sah, dass das Blut nur so rausspritzte und schon meinen halben Körper, sowie den Sandboden bedeckte.

Ich hatte die Machete mit der flachen Seite auf mich zukommen sehen, doch bei dem ganzen Blut konnte das kaum sein. Der nächste Gedanke war, wie schlimm wohl die Verletzung ist. Bis auf das Dröhnen im Ohr verspürte ich keine Schmerzen. War es das jetzt? Hatte er vielleicht meine Halsschlagader durchtrennt, würde ich verbluten? Ich ließ mich einfach fallen, um dem Ganzen ein Ende zu machen und um Whyzzer seine Befriedigung zu geben. Doch das war ein großer Fehler.

Noch im Fallen sah ich aus den Augenwinkeln, dass Whyzzer zu seinem nächsten Schlag ausholte, der schnurstracks auf mich niedersausen würde; diesmal jedoch mit der scharfen Seite. Ich schmiss mich zur Seite und die Machete knirschte im Sand an der Stelle, wo ich gerade noch gelegen hatte. Er zog die Waffe aus dem Boden und holte erneut zu einem Hieb gegen mich aus. Im letzten Moment rollte ich mich ab und die Machete verfehlte mich nur um wenige

Zentimeter. Kevin, der zwei Meter von uns entfernt stand und der sich in vielen Gesprächen gerühmt hatte, nur mit seinen Händen einen Menschen töten zu können, beobachtete verblüfft die Szene und sagte nur:

"Ohh with the machete, ohhh with the machete."

Während ich verzweifelnd den wütenden Schlägen unseres Vorarbeiters auswich und um mein Leben kämpfte, war es wieder Anja, die beherzt eingriff. Erneut erklang das hysterische und durch Mark und Bein gehende Geschrei von Anja. Aber diesmal ließ sich Whyzzer nicht beirren und setzte seine Versuche, mich in kleine Stückchen zu hacken fort. Auch Anja stand jetzt nicht nur rum, sondern ging auf ihn zu und wollte ihn tatsächlich wegdrängen.

Total überrascht, stieß er sie mit der freien Hand zurück. Dadurch, dass Whyzzer sie wegschubsen musste, bekam ich die nötigen Sekunden, um aufzustehen. Gerade als ich auf die Beine kam und auf Whyzzer losstürmen wollte, ging Kevin dazwischen. Anjas Geschrei muss Kevin wohl aus seiner Lethargie gerissen haben. Er wurde endlich aktiv. Doch nicht so, dass er Whyzzer kräftig vermöbelt hätte. Er bog ihm lediglich einen Arm auf den Rücken und bugsierte ihn in Richtung Ausgang. Dort redete er mehrere Minuten auf ihn ein.

Anja fiel mir erleichtert in die Arme. Sie half mir erstmal auf die Veranda zu kommen und setzte mich auf einen Stuhl. Besorgt betrachtete sie mich. Ich hatte eine Menge Blut verloren und sah aus, als ob ich bei einem Horrorfilm mitgemischt hätte. Nachdem sich der Adrenalinspiegel halbwegs normalisierte, wurde mir flau und ich begann zu zittern. Anja wischte das Blut, das sich mit dem feinen Sand vermischt hatte, grob ab, während ich mit zwei Fingern auf die noch immer blutende Wunde drückte. Zwischenzeitlich kam Kevin zurück und schaute mich entsetzt von oben bis unten an. Auf die Frage, was denn jetzt mit Whyzzer sei, antwortete er nur knapp:

„He is gone."

Dann ging er in seinen Raum und kam mit Alkohol, Jod und Verbandszeug zurück. Kevin und Anja kümmerten sich um mich. Als erstes wurde die Wunde gereinigt und die Blutung gestoppt. Zum Glück war die Schnittwunde am Ohr nicht allzu tief. Das Ohr war auf jeden Fall noch dran.

Kevin erzählte mir, dass er Whyzzer klar gemacht hätte, dass dessen Handeln das Letzte gewesen wäre. Aber der Mann sei nur schwer zu beruhigen und erst nach Bezahlung von weiteren 4.000 J-Dollar bereit gewesen, abzuziehen.

Ich war schwer enttäuscht von Kevin. Ich wurde auf seinem Grundstück, von einem Mann, den er mir empfohlen hatte, angegriffen. Er hatte sich nur neutral verhalten. Er machte deutlich, dass er von mir erwarten würde, dass ich ihm die kompletten 5.000 Dollar zurückzahle. Es ging mir nicht um die Kohle, sondern ums Prinzip. Mich wurmte es, dass ein Miststück wie Whyzzer mit so einer Tat durchkam und dann noch belohnt wurde.

Während der zurückliegenden Monate war Kevin eine Art „Vaterersatz" für uns geworden und wir dachten, er würde ähnlich fühlen. Auch Anja merkte ich an, dass sie maßlos von ihm enttäuscht war. Vielleicht mussten wir uns auch einfach eingestehen, dass vieles von Kevins Erzählungen einfach nur Machogehabe oder Märchen waren. Seit diesem Vorfall bekam unser Verhältnis auf jeden Fall einen Knacks und wurde nie wieder so wie zuvor.

Anja wiederum kümmerte sich rührend um mich. Während ich bei uns auf dem Sofa ausruhte, bereitete sie ein köstliches Essen zu und verwöhnte mich, wo sie nur konnte. Als ich am nächsten Morgen aufwachte, hatte ich das Gefühl, ich müsste mich mit ausgestreckten Armen am Kopf kraulen. Mein Schädel brummte gewaltig. Ich wollte mich am liebsten wieder ins Bett fallen lassen, aber das ging leider nicht. Nach den Ereignissen war meine Präsenz auf dem Grundstück erst recht erforderlich. Schließlich wusste ich nicht, was Whyzzer im Schilde führte und ob er sich mit den 5.000 J-Dollar zufrieden geben würde.

Gegen 8 Uhr bogen wir von der Hauptstraße nach Savanna-La-Mar ab und erreichten dann unser kleines Dorf. Dort war man schon über die Ereignisse des Vortags informiert. Die Sache mit der Machete und meinem Ohr hatte sich wie ein Lauffeuer herum gesprochen. An dem kleinen Shop, in dem wir immer unsere Mittagsrationen einkauften, hielten wir an. Zu unserer Verwunderung trafen wir dort auf Elton, einen unserer Arbeiter, der mit gesenktem Kopf, wie ein geprügelter Hund auf einem der Barhocker saß.

„Hey Elton, what's up?", begrüßte ich ihn.

„Es tut mir leid Boss, aber ich kann heute nicht zur Arbeit gehen. Whyzzer ist jetzt total verrückt geworden und hat mich mit der Machete geschlagen."

„Was? Warum? Du hast doch gar nichts mit der Sache zu tun", sagte ich.

„Ich wollte, wie die anderen, ganz normal arbeiten gehen, aber Whyzzer war schon früh da und befahl uns vom Yard zu verschwinden. Als wir nicht gehen wollten, schlug er mich und Jantam mit der Machete auf den Rücken und verjagte uns. Er meinte, es sei jetzt sein Land und wir hätten hier nichts mehr zu suchen", erklärte er.

Er zog sein T-Shirt aus und drehte sich um. Wir blickten auf drei breite, rot-blaue Striemen, die sich diagonal über den ganzen Rücken zogen. Mittlerweile war das halbe Dorf um Johnnys Hütte versammelt. Alle bestaunten Eltons und auch meine Verletzungen. Die Leute waren mit Haut und Haaren auf unserer Seite, sprachen uns Mut zu und boten uns ihre Hilfe an.

Auch über Kevins Verhalten wurde gesprochen und da waren die Meinungen ebenso eindeutig. Wie konnte der kampferprobte Amerikaner es zulassen, dass Gäste auf seinem Grund und Boden verletzt werden? In Jamaika gilt noch das alte englische Gesetz: „My home is my castle."

Tötet man beispielsweise eine Person, die sich unbefugt auf seinem Grundstück befindet, hat man kaum mit irgendwelchen Konsequenzen zu rechnen. Nachdem wir uns hundertmal bedankt und allen versichert hatten, dass wir im Notfall auf ihre Hilfe zurückgreifen würden, luden wir Elton ins Auto und setzten uns in Bewegung.

Mr. Brown seinerseits war dermaßen erzürnt, dass er sofort zum Yard fahren wollte, um Whyzzer den Marsch zu blasen. Am Grundstück angekommen, nahmen wir den seitlichen Weg über die Felsen. Whyzzer, mit seinen bis zur Schulter reichenden Dreadlocks, thronte am Rand der Lichtung auf einem Felsbrocken und rauchte einen fetten Joint. Als er uns erblickte, nahm er seine Machete und kam gemächlich auf uns zu. Siegessicher grinste er uns an, wobei sein goldener Schneidezahn kurz aufblitzte. Mr. Brown ging ihn von Anfang an ziemlich ruppig an:

„Was machst Du hier? Du hast auf diesem Grundstück überhaupt nichts zu suchen. Sieh gefälligst zu, dass Du Dich schleunigst von hier entfernst!"

„Was willst Du denn, alter Mann? Das Yard gehört jetzt mir", entgegnete er ruhig.

„Dieser Gentleman und seine Freundin haben mit mir einen Pachtvertrag abgeschlossen und sind berechtigt das Land zu nutzen. Du kannst nicht einfach herkommen und den rechtmäßigen Besitzer und seine Arbeiter verletzen und vom Grundstück verjagen", erklärte Mr. Brown scharf.

„Was willst Du denn dagegen machen? Du bist doch nichts als ein mieser Betrüger und hast Dir hier alles unter den Nagel gerissen. Du hast dem Land alles geklaut und Deine eigene Seele verkauft. Du hast hier überhaupt keine Rechte", stieß er hervor und spuckte verächtlich aus.

„Du bist eine Schande für unser Volk, nichts weiter als ein rumstreunender Penner. Du wirst noch mal schlimm enden", prophezeite er Whyzzer empört.

Whyzzer wurde wütend und während er auf Mr. Brown mit erhobener Waffe zuschritt, blitzte wieder dieser hasserfüllte, eisige, halb wahnsinnige Blick in seinen Augen auf.

„Es ist besser, wenn Du sofort von hier verduftest, bevor ich Deinen senilen Kopf von den Schultern schlage und Deine weißen Freunde in kleine Stücke hacke", schrie Whyzzer.

Mr. Brown drehte sich um, schaute uns kurz an und sagte:

„That makes no sense, let's drive to the police station", während er den Rückzug antrat.

Auf dem Weg zur Polizei nach Little London sollte ich vorher einen Zwischenstopp einlegen. Mr. Brown erinnerte sich daran, dass wir einen Bagger mieten wollten. Auf der Hauptstraße wies er mich an, in eine Einfahrt abzubiegen. Auf dem Parkplatz stand ein großer Bagger der Marke Caterpillar. Direkt daneben nochmals ein kleineres Modell. Wir fragten Mr. Brown, ob er etwas zu trinken haben möchte und gingen dann in den Shop, während er auf die Büroräume zuschritt, um einem alten Bekannten einen Besuch abzustatten. Als Anja und ich wieder mit den Getränken kamen, unterhielt sich Mr. Brown angeregt mit dem Eigentümer des Anwesens. Er machte uns gegenseitig bekannt.

Mr. Brown erklärte dem älteren Geschäftsmann, dass wir von ihm ein Stück Land gepachtet hatten und jetzt für ein paar Stunden einen seiner Caterpillars ausleihen wollten. Natürlich fiel das Gespräch auch auf das Dorfthema Nr. 1. Eine ganze Weile unterhielt man sich über den Irrsinn unseres Ex-Vorarbeiters, doch bei der Erwähnung des Wohnortes und Whyzzers Namen, zuckte der Mann zusammen und seine Augen weiteten sich.

„Wie sagtest Du heißt der Kerl?"

„Whyzzer, warum, kennst Du ihn?", wollte Mr. Brown wissen.

„Beschreib ihn mir ein wenig", verlangte er. Als Mr. Brown nicht gleich antwortete, sagte ich:

„Er ist etwa 1,75 Meter groß, hat schulterlange Dreadlocks, ist etwa Anfang 30 und trägt einen goldenen Schneidezahn."

„Nun, kennst Du ihn oder nicht?", fragte Mr. Brown. Nach einer kleinen Pause und einem Seufzer sagte der Geschäftsmann dann:

„Natürlich kenne ich ihn. Er ist mein Adoptivsohn."

Wir konnten es kaum glauben! Der Mann hatte Whyzzer in jungen Jahren adoptiert und ihn großgezogen. Er sei schon immer ein Querulant gewesen. Wegen seiner Arbeit konnte er sich nicht intensiv genug mit Whyzzer beschäftigen. Mit 16 sei er von zu Hause weggegangen, um sein Glück in Kingston zu versuchen. Irgendwann sei er von dort zurück nach Westmoreland gekommen; verändert, mit etlichen neuen Allüren. Nur sporadisch kam Whyzzer seinen Adoptivvater noch besuchen. Trotz allem sei seine Beziehung zu ihm nicht schlecht. Instinktiv wüsste Whyzzer, dass er viel für ihn getan hatte und würde vielleicht auf ihn hören. Er bat uns, erstmal nicht zur Polizei zu gehen und versprach noch am gleichen Tag mit ihm zu reden. Er wollte ihm klarmachen, dass sein Handeln nicht rechtens sei, zum Scheitern verurteilt sei und er letztendlich im Gefängnis landen würde, wenn er nicht von dem Grundstück verschwände.

Wir fuhren in getrennten Fahrzeugen zurück. Während wir bei Mr. Brown zu Hause warteten, suchte der Jamaikaner Whyzzer auf. Nach einer knappen Stunde parkte er dann seinen Pickup vor dem Haus der Browns und kam mit gesenktem Kopf auf uns zu. Alle warteten gespannt auf das Ergebnis des Gesprächs. Whyzzer hatte sich dazu entschieden, unser Yard zu verlassen; erstmal zumindest. Er war trotz allem sehr uneinsichtig und hatte nicht ausgeschlossen, in naher Zukunft für das, was ihm zustehen würde, zu kämpfen.

Nun, das war zwar ein Teilerfolg, aber richtig beruhigen konnte es uns nicht. So lange er nicht wieder auftauchte und uns bedrohen würde, konnten wir nichts gegen ihn unternehmen. Was mich beeindruckte, war die objektive Berichterstattung des Vaters. Nicht ein einziger Vorwurf uns gegenüber. Er war voll und ganz auf unserer Seite und entschuldigte sich für das Verhalten von Whyzzer. Er gab mir zum Abschied seine Visitenkarte, meinte, dass ich ihn jederzeit anrufen könnte.

Alles ging wie gehabt weiter. Natürlich ging das Geschehene nicht spurlos an uns vorüber. Jedes Mal, wenn wir auf unser Land einbogen, hatten wir ein mulmiges Gefühl, ob Whyzzer vielleicht seine Drohung wahr machen würde.

Durch den Vorfall waren wir mit der ganzen Gemeinde zusammen geschweißt. Sie akzeptierten uns mehr und mehr als ihresgleichen und hatten sich in den Kopf gesetzt, uns vor weiteren Gefahren zu beschützen. Eine kleine Gruppe in unserer Nachbarschaft war in Whyzzer's Dorf geschlichen und hatte ihn brutal zusammengeschlagen. Sie machten ihm unmissverständlich klar, wenn er sich noch einmal in der Nähe der Gemeinde blicken ließe, würden sie ihn eiskalt umbringen. Während meines ganzen Jamaikaaufenthalts habe ich Whyzzer nie wieder zu Gesicht bekommen.

Philipps erster Besuch

Der Tag, an dem sich mein Bruder in Jamaika angemeldet hatte, rückte immer näher. Die Arbeiten auf dem Grundstück liefen gut, allerdings wurde das Geld immer knapper und es stand noch kein Haus auf der extra dafür frei geschlagenen Lichtung. Wir suchten einen zuverlässigen Zimmermann in der Umgebung. Alle Leute, die ich fragte, schworen auf Palla, einen Jamaikaner, Ende 40, der mit seiner Familie im Nachbarort lebte. Er sei zuverlässig, günstig und schnell, sagte man uns. Als Anja und ich ihn besuchten, hatten wir gerade mal gute zwei Wochen Zeit, bevor mein Bruder in Montego-Bay landen würde.

Eine Grundriss-Skizze musste erstellt, das Material dafür besorgt und natürlich das Haus gebaut werden. Die Leute hatten uns nicht zuviel versprochen. Schon beim ersten Gespräch mit Palla merkten wir, dass er was auf dem Kasten hatte. Innerhalb einer Stunde erstellte er eine genaue Liste der Sachen, die wir für unser Heim benötigen würden und er zeichnete einen groben Plan, wie es am Ende aussehen würde. Der Mann war echt Klasse, ein richtiger Profi. Nachdem Palla zugestimmt hatte, das Holzhaus in zwei Wochen bezugsfertig an unserer Lichtung auf fünf Betonpfählen zu errichten, besiegelten wir den Deal per Handschlag.

Da wir keinen Strom auf unserem Yard hatten, wollte er alles auf seinem Grundstück bauen und von da aus weiter transportieren. Sein Lohn betrug knapp 4.000 DM und war für die kurz bemessene Zeit mehr als fair. Palla arbeitete mit seinem Sohn Kevin wie ein Besessener. Immer wenn wir bei ihm vorbei fuhren, sah man erstaunliche Fortschritte. Nach zehn Tagen waren Vater und Sohn fertig.

Palla rief einen guten Freund an, der mit seinem LKW das Haus zu unserem Grundstück bringen sollte. Wir waren fasziniert, als ein Kipplaster mit herunter klappbaren Seitenteilen und einer Seilwinde ein 8 x 4 Meter großes Holzhaus über einen gnadenlos schlechten Feldweg punktgenau auf unsere Pfähle absetzte, ohne dass dabei irgendwas zu Bruch ging. Das halbe Dorf begleitete den Transport. Als das Gebäude endlich fest auflag und der fünfte Pfeiler unter der Mitte des Hauses mit Hilfe eines Wagenhebers fertig gemauert war, konnte die Weihe stattfinden. Palla schüttete in jede der vier Ecken des Hauses einen guten Schuss des Appletons White Rum. Das würde die Geister besänftigen und einem harmonischen Wohnen sollte jetzt nichts mehr im Wege stehen. Natürlich war die Flasche Rum nicht nur den Geistern vorbehalten. Wir wurden beglückwünscht und mit guten Worten überschüttet, während im Hintergrund Reggaemusik aus den Lautsprechern unseres Toyota-Jeeps dröhnte. Die Leute feierten und waren dankbar für diese Abwechslung. Ich drückte einem Jugendlichen ein paar Dollar in die Hand, damit er im Dorf für Nachschub und ein paar Flaschen Pepsi sorgte. Der 68prozentige, weiße Rum zog einem – pur getrunken – glatt die Schuhe aus. Anja und ich waren gut beschwippst und scherzten mit Palla und seiner Familie. Er hatte eine astreine Leistung abgeliefert. Bis auf drei, vier Holzlatten und einem langen Vierkantholz stimmte seine Materialberechnung genau. Aus dem übrig gebliebenem Holz baute er uns am nächsten Tag ein Bett und einen in die Ecke integrierten Wandschrank. Dafür gaben wir ihm nach der Fertigstellung eine Bonuszahlung für sein gutes und schnelles Arbeiten.

Nichts stand mehr im Wege, um unsere erste Nacht im „Tor zum Himmel" zu verbringen. Es war ein absolut unbeschreibliches Gefühl, den Geräuschen des Meeres zuzuhören, wenn die Wellen an die Klippen schlagen; die Laute der Natur, wie das Zirpen der Grillen; Tiere, die durch den Busch schlichen und das Rascheln und Pfeifen des Windes. Etwas Ähnliches hatte ich vorher nur in Afrika erlebt.

Ohne Elektrizität, nur mit Kerzenlicht, fühlten wir uns fernab jeglicher Zivilisation, unendlich frei. Eng umschlungen und ein wenig erschöpft schliefen wir überglücklich ein. Früh am nächsten Morgen weckte uns das fröhliche Gezwitscher der Vögel. Noch ein wenig verschlafen schlichen wir zu unserer Lieblingsstelle an der Felsenküste und beobachteten bei angenehmen 20 Grad Lufttemperatur den rot-orange farbigen Feuerball der Sonne, wie er sich langsam und majestätisch aus dem Wasser emporhob. Innerlich bewegt gingen wir zum Haus zurück. Der Sonnenaufgang, die tiefe Befriedigung, es endlich geschafft und die Gewissheit, das erste Mal auf seinem eigenen Land geschlafen zu haben, war grandios.

Völlig ausgelassen schmissen wir uns aufs Bett und streiften die wenigen Sachen von unserem Körper. Das Haus war jetzt „eingeweiht" und wir hatten den Geistern unsere Bereitschaft zur Harmonie und Eintracht demonstriert. Hungrig geworden machten wir uns über das am Vorabend gekaufte Weißbrot her. Der heiße Kaffee würde mangels Strom ausfallen müssen. Wir waren beide zu faul, um Feuerholz zu sammeln und anzuzünden. Ein Glas Orangensaft zum Frühstück musste ausreichen. So gestärkt fuhren wir nach Sav, um dort die nötigste Grundausstattung wie Besteck, Geschirr, Gläser, Töpfe, einen Gaskocher, Stühle, Kleiderhaken und sonstige wichtige Gegenstände zu kaufen.

Mein Bruder konnte also kommen, obwohl ich mich dennoch um eine separate Unterkunft kümmern musste. Am Telefon machte mir Philipp klar, dass er nicht vorhätte, seine zwei Wochen Urlaub zusammen mit Anja zu verbringen. Er wollte mit mir allein sein und Anja, falls irgendwie möglich, gar nicht sehen. Ich besorgte uns in Little Bay eine kleine, billige Unterkunft, die eine einheimische Jamaikanerin vermietete. Nichts Besonderes, aber immerhin mit Strom, was wichtig für unsere Computernächte wäre. Die meiste Zeit über würden wir aber unterwegs mit dem SUV auf der Insel verbringen.

Nachdem er angekommen war, zeigte ich Philipp die ganze Insel. Angefangen beim Negril West-End über Montego-Bay ins Rose Hall Great House. Das imposante Herrenhaus wurde im Jahrhundert erbaut und Ende der 60er Jahre aufwändig renoviert. Für kein Geld der Welt würde man einen Jamaikaner nach 18 Uhr die fast authentisch wiederhergestellten Räume, betreten sehen. Etliche Briefe und Fotos von Besuchern, die in der Empfangshalle ausgestellt sind, bezeugen, dass das alte Great House voll von Spuk und Voodoo steckt.

Die Legende besagt, dass Annie Palmer, auch als „weiße Hexe" bekannt, hier mehrere Sklaven sowie ihre drei Ehemänner umgebracht haben soll. Ihre englischen Eltern wurden von der Gelbsucht dahin gerafft und sie selber in Haiti von einer Voodoo-Priesterin aufgezogen bis sie dann in Jamaika einen wohlhabenden Plantagenbesitzer heiratete. Noch heute soll sie in den alten Gemäuern rumspuken und auf der Suche nach ihrem vierten Ehemann sein. Tatsächlich erzeugt der Besuch mit der fachkundigen Führung Gruselstimmung. Philipp und ich waren uns einig, dass auch wir hier nicht übernachten wollten.

Es ging weiter nach Falmouth, wo Filme wie „Cool Runnings" oder auch James Bond-Movies gedreht wurden. Entlang der schier unendlichen Durchgangsstraße mit einigen schönen, allerdings renovierungsbedürftigen Holzhäusern herrscht geschäftiges Treiben.Weiter ging es zur Discovery Bay und den Columbus Park, wo eben jener Columbus 1494 das erste Mal an der Nordküste Jamaikas gelandet war.

Wir besuchten die Runaway Caves, die am leichtesten zugänglichen Tropfsteinhöhlen, die sich über zehn Kilometer erstrecken. Bei der Ankunft der Briten im Jahre 1655 flüchteten die Spanier in die Caves, um sich von einer der Höhlen dann in Richtung Meer abzusetzen.

Nach einem kleinen Imbiss durchquerten wir Sevilla la Nueva, die erste Stadt, die in St. Ann's Bay errichtet wurde. Weiter an der wunderschönen Landschaft vorbei, bis wir dann kurz vor Ocho Rios zu den Dunns River Falls gelangten, die schlichtweg als die Hauptsehenswürdigkeit Jamaikas gelten.

Oberhalb der Stadt, auf dem Farn Gully, eine Straße, die sich durch Hunderte von verschiedenen Farnsorten in die Berge schlängelt, übernachteten wir in einer luxuriösen Villa bei deutsch-jamaikanischen Freunden. Nicht ohne dass wir vorher die nächtlichen Aktivitäten in der Umgebung ausgekundschaftet und uns einige Cocktails und Bierchen zu Gemüte geführt hätten. Entsprechend sprachfaul und mit leichten Kopfschmerzen genossen wir mehr oder weniger unser Frühstück. Es half alles nichts, bei der Strecke, die wir noch vor uns hatten, mussten wir zeitig auf den Beinen sein. Wir bedankten uns für die herzliche Gastfreundschaft und machten uns auf nach Port Antonio, wo wir abends bei Michel, einem Freund und Pensionsbesitzer übernachten wollten.

Entlang der Küstenstraße verflog der Kater von Kilometer zu Kilometer mehr und wir erfreuten uns an dem atemberaubenden Ausblick auf die karibische See.

Auf einem über 300 Meter hohen Plateau kurz hinter Oracabessa legten wir einen kleinen Zwischenstopp bei der Villa Firefly ein. Sie wurde für Noel Coward, einen englischen Schauspieler, der unter anderem auch malte, komponierte und dichtete, gebaut. Seit seinem Tod 1973 wurde im Haus so wenig wie möglich verändert. Noel Coward verbrachte die letzten zwanzig Jahre seines Lebens auf der Insel, und alleine die Lage der Villa, die man auch mieten kann, lohnt einen Besuch.

Hinter Port Maria führt die Küstenstraße A3 ins Landesinnere der Provinz St. Mary. Die Straße wird steil, schlecht, kurvig und hält einige Überraschungen, selbst für einen geübten Fahrer, bereit. Hier sollte man auf jeden Fall mit allem rechnen. Uns kam zum Beispiel ein großer, voll beladener LKW urplötzlich hinter einer unübersichtlichen Kurve auf unserer Spur entgegen. Er wollte nur einem Schlagloch ausweichen, in dem eine Kleinfamilie ein Bad hätte nehmen können. Auf den gewaltigen Schreck hin beschlossen wir erstmal von der Straße zu verschwinden und ein ausgiebiges Bad in den relativ hohen Wellen zu genießen. Erfrischt ging es weiter entlang der Küste ins Parish Portland, was meines Erachtens die schönste und grünste Provinz im Nordosten Jamaikas ist.

Rechts von der Straße zogen am Himmel dunkle Wolkentürme auf, regenschwanger verhüllten sie die Bergspitzen. Wo eben noch der Regenwald in vielfachem Grün schimmerte, kauerte er sich nun in Erwartung ergiebiger Güsse in den Wolkenschatten. Die Blue Mountains beherrschen den Osten der Insel und erreichen mit dem 2256 Meter hohen Blue Mountain Peak den höchsten Punkt Jamaikas. Er teilt die Provinzen Portland und St.Thomas. Die Ausläufer rücken bis dicht an die Küste und zwingen die aufsteigenden Luftmassen hinauf in kühlere Schichten. Deswegen ist Portland auch die niederschlagreichste Provinz und die landschaftlich schönste. Die Fahrt entlang der Nordküste von Port Maria nach Port Antonio führte uns über unzählige Flüsse, schmale Brücken, die manchmal nur mit Holzbohlen belegt sind und an etlichen Bananen- und Kokosplantagen vorbei. Port Antonio ist mit seinen circa 14.000 Einwohnern das wirtschaftliche und touristische Zentrum der Nordostküste. Einst die Bananenhauptstadt der Welt, wo ab 1870 einige Jahrzehnte lang mehr Frachter als im Londoner Hafen an- und ablegten. Später wurde es das Tropenparadies für Hollywoodstars. Hier fand der Schauspieler Errol Flynn in den 40er Jahren seinen persönlichen Garten Eden und kaufte sich die kleine Insel Navy Island, die vor der Bucht von Port Antonio liegt. Er feierte ausschweifende Partys und unternahm mit seinen Freunden lange Bambusfloßfahrten auf dem Rio Grande. Damals wurden diese eigentlich nur für den Abtransport von Bananen und anderen landwirtschaftlichen Produkten aufs Meer hinaus benutzt. Errol Flynn baute sie um und so entstand eine neue Idee, die später als Touristenattraktion aufgegriffen wurde. Ein Raft besteht aus zehn bis zwölf Meter langen Bambusstämmen und ist etwa 1,50 Meter breit. Eine höher gelegene Bank für zwei Personen sorgt für Sitzkomfort. Mitte der 80er Jahre blieben in Port Antonio die großen Kreuzfahrtschiffe weg, da sie jetzt im größeren Hafen von Ocho Rios ankerten. Es wurde ruhiger in dem eh schon verschlafenen Städtchen. Doch genau diese Ruhe und der Verzicht auf bettenstarke All-Inclusive-Hotelanlagen machen das Flair der Provinz aus.

Im Bonnie View Hotel genossen wir bei Sandwich und Tee einen traumhaften Ausblick über die komplette Doppelbucht und Navy Island. Zwischen West- und East Harbour liegt auf einer kleinen Anhöhe das ehemalige Nobelviertel von Port Antonio. Dort, wo 1881 die De Montevin Lodge erbaut wurde und seit den 30er Jahren als Hotel betrieben wird. Mit seinen reich verzierten Veranden und Balkonen ist es ein Prachtstück des georgianischen Zuckerbäckerstils.

Bevor Philipp und ich uns bei Michel einquartierten, besuchten wir kurz hinter der Stadt die Blue Lagoon. Jacques Cousteau hat hier schon bis in eine Tiefe von 70 Metern die natürlich entstandene Lagune erforscht. Auch heute gibt es direkt am Holzsteg liegend eine kleine Tauchschule. Die Getränke und das Essen sind vorzüglich, wenn auch nicht gerade billig. Der Hauptgrund, warum mein Bruder und ich jedoch unbedingt die blaue Lagune besichtigen wollten, war ein anderer. Hier wurden einige der Szenen unseres Lieblingsfilms „Cocktail“ gedreht, wo Tom Cruise als Brian Flennigan nach Jamaika kommt, um seinen Lebensunterhalt als Barkeeper zu verdienen, bevor er Millionär wird. Fotos von den Drehtagen hängen an einer Holzwand und erinnern an diese Tage.

Im Allgemeinen ist die Nordküste Jamaikas nicht nur malerische Kulisse zahlreicher Hollywoodfilme, sondern bot und bietet Stoff für Romane etlicher Schriftsteller. Ob Ernest Hemingway, der Deutsche Peter-Paul Zahn oder Ian Fleming; alle haben sie sich von der Schönheit der Insel und seinen Menschen inspirieren lassen. Ian Fleming, der Autor zahlreicher James Bond-Romane, lebte viele Jahre bis zu seinem Tod 1964 in der Villa Goldeneye an der Nordküste. Auf den Namen des Geheimagenten seiner Majestät kam er durch Zufall. Während er an seinem ersten Roman schrieb, blickte er sich im Raum um und sah ein Buch des ornithologischen Werkes Birds of the West Indies im Regal stehen: Verfasser, ein gewisser James Bond. So wurde der Held der englischen Geheimpolizei geboren.

Erst spät am Nachmittag erreichten wir Michel, bei dem wir die Nacht verbringen wollten. Vorher ließen wir uns in Boston Bay die Spezialität dieser Region nicht entgehen. In dem kleinen Ort ist die Luft rauchgeschwängert. Zu beiden Seiten der Straße brutzeln auf riesigen Grills in behelfsmäßig gebauten Hütten, halb Beton, halb Holz, unter Wellblechdächern, scharf mariniertes Schweinefleisch, Fische und ganze Hühner, auch Jerk Food genannt. Gewürzt mit Allspice (jam. Pfeffer), Muskat, Zimt sowie diversen Kräutern, gart und räuchert das Fleisch langsam über einem Feuer aus Pimentholz und nimmt so den unverwechselbaren Geschmack an.

Der Ursprung dieser Köstlichkeit liegt im Osten der Insel und wurde erstmals von den Maroons in Erdmulden zubereitet. Am Schalter bestellt man die gewünschte Fleisch- oder Fischmenge in Pfund. Serviert bekommt man seine Portion in einer Alufolie mit Weißbrotscheiben und gegessen wird mit den Fingern. Wem das Ganze dann immer noch nicht scharf genug ist, der sollte nach einer der speziellen Soßen fragen. Jeder Stand schwört auf sein eigenes, selbstgemachtes Geheimrezept. Gut gestärkt zockten wir in den sauberen, aber einfach gehaltenen Räumen von Michels kleiner Pension bis weit nach Mitternacht am Laptop.

Am nächsten Tag konnten wir es ein wenig ruhiger angehen. Die knapp 100 Kilometer bis zur Hauptstadt gehen zwar durch die Berge, mit schmalen, engen und katastrophalen Straßen und steilen Schluchten, waren aber in drei Stunden Fahrt zu schaffen. Also genossen wir das französische Frühstück ausgiebig, bevor wir uns auf den Rückweg bis nach Buff Bay machten. Hier biegt die Straße links in die B1 ab und steigt stetig entlang des Buff Bay River und etlichen Orangen-, Bananen-, Kokos- und Kaffeeplantagen immer steiler an.

Weit ausladende Bambusstauden, Pinien und Berghänge, die mit dem langhaarigen Elefantengras bewachsen sind, bestimmen das Bild. Hier oben beherrscht die Kaffeeindustrie die Welt der Menschen. Die Japaner sind die größten Liebhaber des exzellenten Kaffees. 90 Prozent der Produktion liegt in ihren Händen und wird nach Japan exportiert.

Ab Industry Village verbessert sich die Straße erheblich und führt jetzt stetig bergab zum nördlichen Vorort Papine nach Kingston. Als erstes stand das Bob-Marley-Museum in der Hope Road 65 auf unserem Plan. Bis zum heutigen Tag findet man den ehemaligen Wohnort des weltbekannten Reggaestars nahezu authentisch vor. An den Wänden sind seine Schallplatten, etliche Zeitungsartikel, eine Weltkarte, die die Besucher durch Fähnchen von seinen Auftritten und Besuchen aufklärt, zahlreiche Orden und Tourneeplakate zu sehen. Der Gast bestaunt Bobs schlicht gestaltetes Zimmer und betrachtet seine Lieblingsgitarre sowie sein Jeanshemd, das er bei vielen seiner Auftritte getragen hat. Außerdem sind Gewänder, die er bei seinen Besuchen in Afrika anhatte, ausgestellt und man kann seine Bibel und den Reisepass mit dem Stempel der Einreisebehörde von Äthiopien betrachten. Auf dem Gelände selber trifft man ab und zu auf alte Weggefährten.

Im hinteren Teil des Geländes erkennt man die Einschusslöcher von dem hinterhältigen Anschlag auf Bob Marley kurz vor dem One Love-Konzert. Ein Nachbau seines ersten mobilen Plattenladens in Trench Town steht ebenfalls auf dem Yard. Am Ende der Führung werden die Besucher mit einem Film über Bobs Leben informiert. Hier in der Hope Road spürt man noch immer seine Präsenz. Tief bewegt und in Gedanken versunken fuhren Philipp und ich in das in der Nähe liegende Devon House. Es wurde 1881 von dem ersten schwarzen Millionär, George Stiebel, in Auftrag gegeben. Im klassizistischen Stil erbaut, dient das Herrenhaus heute als Museum. Inmitten eines Parks kann man die meisten der 24 Räume besichtigen und in dem als Insidertipp geltenden Restaurant fürstlich in romantischer Atmosphäre dinieren.

Danach fuhren wir an den Slums wie Tivoli Garden oder Trench Town vorbei und erreichten Downtown. Das Bankenviertel und frühere Zentrum der einst schönen Kolonialstadt lässt noch schwach den Flair erkennen. Die Nähe zu den Armenvierteln ist zu eklatant und am Wochenende ist Downtown eine Geisterstadt. Sich bekriegende Banden oder zwielichtige Typen treiben sich dann noch zwischen den Häuserreihen herum. Touristen, die nicht gerade Nerven wie Drahtseile haben, sollten diese Gegend meiden. Schmuck, und sei es der einfachste Ring oder ein simples, dünnes Goldkettchen sollte man auf jeden Fall ablegen. Die meisten Hotels, Unternehmen und Banken haben sich deswegen auch in New Kingston, dem neuen Stadtzentrum, das nördlich von Downtown liegt, angesiedelt. Zu guter Letzt wollte ich Philipp das berühmt-berüchtigte Port Royal nicht vorenthalten. Hier hatten die Piraten im 17. Jahrhundert ihr Hauptquartier, von wo sie ihre Raubzüge durch die karibische See bis hin nach Südamerika antraten. Der Anführer und wohl verwegenste unter ihnen war Henry Morgan. Für die englische Krone, mit offiziellen Kaperbriefen ausgestattet, vernichtete er ein spanisches Schiff nach dem anderen und fiel sogar in die stark befestigte Stadt Panama City ein. Port Royal, das sich am Ende einer bogenförmigen Landspitze befand, war ein wahrer Sündenpfuhl. Hunderte von Häusern, Docks, große Warenlager, Geschäfte aller Art, etliche Tavernen und Etablissements besiedelten die nach Westen gerichtete Inselkette, die parallel zum Festland verlief. Alle Rassen und Hautfarben waren in Port Royal vertreten und jeder ging irgendwelchen ruchlosen Beschäftigungen nach. Auch das Essen war im Gegensatz zu anderen Piratennestern wie zum Beispiel Tortuga vorzüglich. Frisches Obst kam aus dem Inneren des Landes; Fleisch gab es von den Plantagen und der Fisch kam aus dem Meer. Das Bier wurde schon damals in örtlichen Brauereien hergestellt und der Wein wurde aus Europa herbeigeschafft. Trotz der vielen Orgien und Ausschweifungen waren an Sonntagen die Kirchen genauso überfüllt wie die Tavernen an den Wochentagen. Die meisten Piraten kamen jedoch wegen der wunderschönen, wilden Frauen, die verstreut aus den verschiedensten Winkeln der Karibik auf die Insel strömten. All das nahm ein jähes Ende, als 1692 ein verheerendes Erdbeben eine erhebliche Landmasse in die Tiefen des Meeres riss. Die Überlebenden von Port Royal suchten eine neue Bleibe und so wuchs Kingston zur Stadt heran.

Heute befindet sich auf der schmalen Landzunge der „International Airport Norman Manley“ und an der äußersten Spitze das einst mächtige Fort Charles mit einem kleinen Museum und einer Ausstellung über die Geschichte von Port Royal. Wieder einmal von dem enormen geschichtlichen Hintergrund Jamaikas in den Bann gezogen, machten wir uns zu unserem Hotel auf. Im Norden klettert die Stadt bis auf die vordersten Ausläufer der Blue Mountains hinauf, wo die Häuser der Bessergestellten einen fantastischen Ausblick auf die City haben. Noch ein wenig oberhalb davon bogen wir in eine kleine, steil ansteigende Seitenstraße zu unserem Hotel nach Stony Hill ein. Es war dasselbe Hotel, in dem ich schon Jahre zuvor bei einer Zwei-Tages-Tour mit meiner Ex-

Frau übernachtet hatte. Das Hotel bestand aus einzelnen kleinen Chalets, die genial in die felsige Wand gebaut und mit Hunderten von Treppen auf mehreren Ebenen verbunden waren. Zusätzlich gab es eine riesige, überdachte Garage mit einem uralten Oldtimer, eine Bar mit Billardtisch, einen großzügig angelegten Swimmingpool auf einer mit schönen Fliesen belegten Dachterrasse und einen imponierenden Speisesaal. Der schon ewig hier arbeitende Manager, ein alter weißhaariger Jamaikaner, begrüßte uns herzlich. Da ich erst im April des Jahres mit Anja hier übernachtet hatte, erkannte er mich gleich wieder. Er überließ uns sein bestes Zimmer für gerade mal 70 US-Dollar die Nacht. Die Suite hätte man locker mit vier Leuten belegen können. Neben einem komplett in Weiß gehaltenem Ankleideraum spiegelten die Zimmer mit den verschiedenen Gemälden, den langen, farblich abgestimmten Vorhängen zu den typisch tropischen Pastellfarben einen unverwechselbaren karibischen Flair wider. Hinter den Vorhängen geben riesige Fenster, die fast die gesamte Front ausfüllen, einen unvergesslichen Ausblick auf die Nobelviertel Kingstons. Besonders bei Nacht, wenn überall in der Stadt die Lichter angehen, stockt einem der Atem.

Wir beschlossen in Ruhe im Hotel auf der Couch die Nacht zu verbringen. Ausgerüstet mit Burgern, Fritten und Getränken, ein paar fantastisch gedrehten „Bob-Marley-Joints“ sowie einem Laptop mit dem Spiel Battle Tech Commander und einer der schönsten Aussichten dieser Erde, schlugen wir uns die Nacht um die Ohren.

Am nächsten Tag ging es wieder zurück nach Little Bay, wo wir ein kleines Häuschen angemietet hatten. Nach einigen verzockten Nächten und etlichen Ausflügen waren die zwei Wochen schnell vergangen. Nach der verhältnismäßig langen Zeit war es nochmals Balsam für meine Seele, meinen Bruder zwei Wochen um mich zu haben. Während der gesamten Fahrt hatten wir uns immer wieder über ein Thema unterhalten: Was wäre, wenn man selber Gras anbauen würde und es Touristen anbietet? Auf dem eigenen Grundstück ging es auf keinen Fall. Kein Jamaikaner würde das tun. Die Polizei konnte jederzeit unerwartet einen Besuch abstatten. Wir müssten schon eine Weile in den Busch laufen, um uns da ein geeignetes Stück Land für den Anbau urbar zu machen. Wasser könnte man unauffällig über eine im Boden verlaufende Leitung zum Yard pumpen. Tarnnetze könnte ich über meinen Nachbarn Smitty bekommen, der als Green Beret der amerikanischen Special Forces jetzt sein Rentnerdasein in Jamaika fristete. Doch nun war es erst mal an der Zeit, nach Montego Bay zum Flughafen zu fahren und Abschied zu nehmen.

Trennung von Anja

Das Grundstück verschlang viel Geld und unsere Reserven waren nahezu aufgebraucht. Es gab außerdem immer öfter Streit zwischen Anja und mir. Eigentlich war sie froh, endlich unbeschadet aus der ganzen Drogengeschichte rausgekommen zu sein. Das Geld mit vollen Händen ausgeben zu können war allerdings nicht mehr möglich und stellte sie vor ein echtes Problem. Ich versuchte u.a. deshalb den Toyota zu verkaufen und stattdessen einen billigeren Pickup zu besorgen. Es gab jedoch nicht viele Jamaikaner, die sich ein Auto dieser Preisklasse leisten konnten. Letztendlich sollte ich acht Monate intensivster Verkaufsbemühungen durchstehen, bevor der Jeep an einen katholischen Priester verkauft werden konnte.

Nach einem sehr heftigen Streit verschwand Anja einfach. Sie fuhr nach Negril und quartierte sich direkt neben einem italienischen Urlauber ein, den wir durch Ted kennengelernt hatten. Sein Name war Claudio und wir hatten schon ein bisschen Geld durch kleinere Touren mit ihm verdient. Claudio hatte Geld wie Heu und war in Italien ein Nachbar von Silvio Berlusconi. Ganz sauber tickte er nicht, kein Wunder, denn er war bei Mönchen aufgewachsen. Er war krampfhaft bemüht, möglichst viele Frauen ins Bett, zubekommen.

Mit Hilfe von Ted fand ich heraus, wo sie sich aufhielt. Ted übergab Anja einen Brief von mir, in dem ich mich für meine zweifellos verletzenden Worte bei unserem letzten Gespräch entschuldigte und sie bat, wieder aufs Grundstück zu kommen. Als sie den Brief gelesen hatte, stimmte sie einem Treffen zu. Zwar war ich angepisst, dass sie ausgerechnet zu Claudio gerannt war, aber es tat ihr furchtbar leid. Einem Neustart hätte eigentlich nichts im Wege gestanden. Allerdings hatten ihre Eltern ihr schon zum zweiten Mal Geld per Western Union geschickt, um ein Flugticket zu kaufen und nach Hause zu kommen. Das erste Mal hatten wir uns vor dem Rückflug wieder versöhnt und die Kohle stattdessen ins Grundstück gesteckt. Da Anjas Eltern nicht gut betucht waren, wollte sie kein zweites Mal zurückziehen. Außerdem war das Ticket bereits gekauft, es sollte am nächsten Tag nach Hause gehen. Ausgerechnet nach Düsseldorf ging der Flug. Es war mittlerweile August und Thorsten und Christian waren schon fast ein Jahr in englischer Haft. Ich erinnerte Anja daran, dass mittlerweile Haftbefehle in Deutschland gegen uns ausgestellt sein könnten und sie besser über Holland fliegen sollte. Nein, sie konnte und wollte nichts mehr an dem Abflugsdatum und dem Ziel ändern.

Sie stimmte zu, mit aufs Grundstück zu kommen, dort zu schlafen und am nächsten Morgen zum Flughafen nach Mo-Bay aufzubrechen. Sie wollte erst Mal ein paar Wochen in Deutschland bleiben und dann schauen wie es weitergeht. Auf jeden Fall würden wir telefonisch Kontakt halten und wahrscheinlich wäre sie in ein paar Wochen wieder zurück. Ich fuhr sie dann am nächsten Tag mit einem flauen Gefühl im Magen zum Flughafen und wartete, bis die Maschine in der Luft war.

Obwohl wir in letzter Zeit viel Streit miteinander hatten, war ich todtraurig, allein zurückfahren zu müssen. Ich wusste, dass mich Anja sehr liebte und auch die ganze Drogengeschichte hatte uns enorm zusammengeschweißt. Zu Hause fand ich dann auch noch einen rührenden Abschiedsbrief.

Sie bedankte sich für die Chance, mit mir nach Jamaika gekommen zu sein, erwähnte wie viel sie doch von mir gelernt hätte und dass keiner auf dieser Welt je etwas von ihr über unsere Drogengeschäfte erfahren würde. Erst viel später erfuhr ich, dass sie mit Claudio geschlafen hatte und sogar schwanger von ihm war.

Als Anja in Düsseldorf landete und ihren Reisepass vorzeigte, wurde sie sofort verhaftet und erst Mal nach Dinslaken ins Gefängnis gesteckt. Nach nur vier Wochen hatten die Beamten Anja weichgeklopft und sie verriet vom kleinen Kurier bis hin in die obersten Ränge alle Personen, die etwas mit den Drogendeals zu tun hatten. Ich kann verstehen, dass eine junge Frau, die bis dahin noch nie mit dem Gesetz in Konflikt geraten war, irgendwann zu singen anfängt. Allerdings finde ich die Art und Weise wie man etwas erzählt und vor allen Dingen wie viel derjenige über eine Sache preisgibt, ausschlaggebend. Anja machte quasi eine Lebensbeichte, was nichts anderes hieß, als dass sie alles, was sie je falsch gemacht hatte, der Kripo beichtete.

Mit der Mutter von Anja stand ich regelmäßig in telefonischem Kontakt. Sie sagte mir bei Weitem nicht alles und wollte den Termin von Anjas Verhandlung nicht preisgeben. Doch durch die guten Kontakte meiner Mutter bekamen wir den Termin des ersten Verhandlungstages heraus.

Normalerweise ist es Pflicht, dass so ein Gerichtstermin mindestens vier Wochen vorher am schwarzen Brett des Amts- bzw. Landgerichtes aushängt. Allerdings wurde durch Anjas Geständnis über das komplette Drogengeschäft mit seinen Abläufen und allen Personen eine Art Zeugenschutzprogramm für sie angewendet und somit auch auf die Veröffentlichung des Prozesses verzichtet. Am besagten Tag erschienen meine Mutter, mein Bruder und ein sehr guter Freund der Familie zum Termin.

Anja, ihre Familie und der Anwalt waren überrascht, meine Familie zu sehen. Kurzfristig wurde meine Mutter als Zeugin verpflichtet und konnte somit fast der kompletten Verhandlung nicht beiwohnen. Aber meinen Bruder und Helmut konnten sie nicht ausschließen.

Später erzählte mir mein Bruder, dass er sich nicht erinnern konnte, jemals so wütend auf einen Menschen gewesen zu sein. Anja wälzte alles auf mich ab, was auf den ersten Blick bei einem Altersunterschied von 12 Jahren eine für sie gute Strategie zu sein schien. Allerdings übertrieb sie es maßlos: Sie wäre mir hörig gewesen und ich hätte sie mit Schlägen und Drogen gefügig gemacht. Glücklicherweise hatte der Richter die ganze Farce durchschaut und fragte sie nach der herzergreifenden Geschichte, ob sie denn auch dazu gezwungen worden sei, das Drogengeld auszugeben.

Trotz der lächerlichen Geschichte kam sie mit dreieinhalb Jahren Strafe davon und saß nur zwei davon ab. Fast alle ihr bekannten Kuriere und Mittelsmänner wurden durch ihre Aussage verhaftet und zu einigen Jahren Freiheitsstrafe verurteilt. Das war der eigentliche Grund, warum Anjas Haftstrafe vergleichweise niedrig ausfiel.

Das Amtshilfeersuchen

Mittlerweile war das Jahr 2002 angebrochen und mein Bruder wieder bei mir. Gleich am zweiten Tag seines Urlaubs erhielten wir morgens unerwarteten Besuch. Philipp war sehr früh mit dem Fahrrad zum Kiosk gefahren. Das Tor stand danach sperrangelweit auf. Ein Polizeiwagen bog in die Einfahrt meines Grundstücks und fuhr direkt bis zum Haupthaus vor. Wäre das Tor verschlossen gewesen, hätten die beiden Polizisten nicht das Grundstück betreten dürfen, doch so war die offene Pforte wie eine offizielle Einladung für sie. Ich befand mich zu diesem Zeitpunkt noch mit meiner damaligen jamaikanischen Freundin Tamica im Bett, während Philipp draußen auf der Veranda alles für das Frühstück vorbereitete.

Durch die Korruption ist allerhand in Jamaika möglich, doch eins sollte man auf gar keinen Fall machen, einen Polizisten anlügen! Was bei uns ggf. als Kavaliersdelikt gewertet wird, ist in Jamaika ausgesprochen gefährlich. Aus dem Polizeiwagen stiegen zwei Beamte aus und schritten schnurstracks auf meinen Bruder zu. Man suche nach mir.

„Who are you?", war die erste Frage des Einwanderungsbeamten.

„ I am Philipp", kam die Antwort kurz und bündig.

„Wo ist der Eigentümer des Grundstücks?", wollte der Beamte wissen.

„Der ist gerade auf Geschäftsreise in Deutschland", log Philipp.

„Wie ist denn sein Name und warum lässt er seine Gäste alleine?" „Sein Name ist Michael und ich bin sein Bruder. Während seiner Abwesenheit passe ich auf das Grundstück auf", log er weiter.

Ungläubig starrten beide Officer meinen Bruder an. Sie glaubten ihm kein Wort. Mein Bruder verstrickte sich immer tiefer in ein Lügengeflecht. Lange konnte das nicht gut gehen und ich war drauf und dran, freiwillig aus meinem Zimmer zu kommen. Das Frage- und Antwort-Spiel setzten die beiden Polizisten noch eine Weile fort, bis sie endgültig die Nase voll hatten. Zwischenzeitlich betraten sie die Veranda des Hauses, ohne Philipps Erlaubnis abzuwarten und fingen an, sich genauer umzusehen. Irgendwann betraten sie den Nebenraum des Haupthauses. Beide Räume waren mit einer Zwischentüre verbunden, die allerdings von meiner Seite verschlossen war. Als die beiden von meinem Bruder verlangten das zweite Zimmer aufzuschließen und er behauptete keinen Schlüssel dafür zu haben, zogen Tamica und ich uns schnell etwas über und machten uns bemerkbar. Ich öffnete die Zwischentüre und sah Mr.

Miller und einen in Zivil gekleideten Detective vor mir, den ich nicht kannte. Durch Philipps Lügereien waren die beiden mittlerweile stocksauer und nicht gerade umgänglich. Mr. Miller, dem ich schon etliche Scheinchen zugesteckt hatte, damit er mir meine Aufenthaltsgenehmigungen ein ums andere Mal verlängert, war außer sich vor Wut und ließ überhaupt nicht mit sich reden. Er verlangte meinen Reisepass und wollte sonst gar nichts von mir hören. Erst als er die gewünschten Papiere in der Hand hielt und ich mich für das Verhalten meines Bruders entschuldigte, wurde er ein wenig umgänglicher. Er sagte mir, dass ich wohl ein sehr böser Junge sei und die Deutschen mich suchen würden. Er hätte ein Amtshilfeersuchen der deutschen Kripo vorliegen und würde mich und meinen Bruder jetzt auf direktem Wege in den Knast und dann in den nächstbesten Flieger nach Germany stecken.

Ich versuchte die beiden Beamten zu beruhigen, indem ich ihnen versuchte klar zu machen, dass mein Bruder es nicht böse gemeint hätte und mich nur verteidigen wollte. Nach ewigen Diskussionen war das Thema Philipp dann vom Tisch. Mr. Miller meinte allerdings, dass er nichts mehr für mich tun könnte, da mein deutscher Reisepass mittlerweile abgelaufen war. Außerdem wäre er verpflichtet, dem Amtshilfeersuchen der Deutschen nachzukommen. Ich erzählte ihm von einem Landsmann, der gerade im Begriff sei, einen jamaikanischen Reisepass für mich zu besorgen.

Ich glaube, jedem deutschen Bullen hätte das noch mehr Anlass zur sofortigen Verhaftung geboten. Nicht so bei Mr. Miller; er wurde jetzt noch umgänglicher und fragte mich, warum ich nicht gleich wegen dem Pass zu ihm gekommen sei. Er bedauere die ganze Situation und entschuldigte sich beinahe dafür, mich jetzt mitnehmen zu müssen. Der Detective verpasste mir Handschellen und verfrachtete mich ins „Radio-Car“, wie die Jamaikaner die Autos der Polizei nennen.

Noch heute sehe ich den total verzweifelten Blick meines Bruders. Wie immer war ich in solch brenzligen Situationen die Ruhe in Person und wunderte mich über mich selber. Ich legte mir eine Strategie zurecht, wie ich vielleicht doch noch aus der ganzen Situation raus kommen könnte und fragte, als wir im Wagen saßen, in die Runde:

„Sagt mal, was haben Euch die Deutschen überhaupt versprochen?“

Ungläubig drehten sich beide Polizisten zu mir nach hinten um:

„Was meinst Du mit versprochen?“, wollte Miller wissen.

„Ja, ist das nur eine Höflichkeit unter Kollegen oder bekommt ihr dafür Geld oder eine Prämie zugesteckt?“, fragte ich weiter.

Ich hatte mich so oft mit den einzelnen Strafverfolgungsbehörden der für mich relevanten Länder beschäftigt und ich wusste genau, wie die einzelnen Vereine arbeiten.

Ob Kripo oder BKA, Scottland Yard oder der MI6, holländische, belgische oder französische Polizei oder Geheimdienst, die Amerikaner mit ihrem FBI, CIA oder der DEA; über alle Vorgehensweisen war ich zumindest grob informiert. Nur die DEA und das CIA hätten vielleicht die Jamaikaner mit Geld gelockt, um sie dazu zu bewegen, einen Verbrecher auszuliefern. Alle anderen setzen auf Amtshilfeersuchen, was mit keinerlei finanzieller Unterstützung verbunden ist. Kein deutscher Richter oder Staatsanwalt würde deutsche Steuergelder frei geben, um zwei Beamte in die Karibik mit Hotel, Mietwagen und Spesen zu schicken. Der abgelaufene Reisepass und die Anfrage an die Jamaikaner, mich doch bitte zu suchen, war quasi der letzte Versuch meiner Person doch noch habhaft zu werden. Ansonsten hofft die Legislative darauf, dass man so dumm ist und irgendwann selber mit seinem Ausweis nach Deutschland einreist, so wie es Anja gemacht hatte. Deshalb kannte ich die Antwort der beiden Jamaikaner schon.

„Nein, bis auf ein Dankesschreiben werden wir nichts von Deinen Landsleuten bekommen“, antwortete mir Mr. Miller.

„Könnt Ihr Euch denn vielleicht vorstellen, dass Ihr etwas in einer Hand haltet und dadurch das Schreiben in der anderen Hand komplett vergesst?“, wollte ich weiter wissen.

„Von was genau reden wir hier?“, wollte der andere Bulle jetzt wissen.

Ich musste höllisch vorsichtig sein, die beiden nicht vor den Kopf zu stoßen. Natürlich gibt es überall in Jamaika Korruption, aber das heißt nicht, dass alle Polizisten korrupt sind. Diejenigen, die sich an die Regeln halten, reagieren auch dementsprechend heftig auf einen Bestechungsversuch, und nichts anderes hatte ich vor. Bei Mr. Miller wusste ich Bescheid, aber sein Kollege war äußerst schwierig einzuschätzen. Ich sagte:

„Was ich meine ist, dass ihr etwas in der linken Hand haltet und dadurch vergesst, was ihr gerade noch in der anderen Hand gehalten habt! Die Sache in der linken Hand beschäftigt einen so sehr, dass man doch glatt die Papiere in der anderen Hand fallen lässt.“

Wieder drehten sich beide Beamte fast gleichzeitig zu mir um und wieder antwortete der Detective:

„Ist schon klar, also von was reden wir hier genau?“

„Wie wäre es, 500 US-Dollar in der linken Hand zu halten?“

„That's only pocket money", kam postwendend als Antwort. „Das ist nur Taschengeld!"

„Okay, an was habt ihr denn so gedacht?", fragte ich.

„Minimum 2.000 US-Dollar, sonst läuft gar nichts!"

„Autsch, so viel kann ich nicht auftreiben. Wie wäre es denn mit 500 US-Dollar für jeden von Euch?"

Unser Detective versuchte mit mir über den Preis zu verhandeln. Er argumentierte geschickt und meinte, dass 2000 US-Dollar ein kleiner Preis für meine Freiheit wären.

Schlussendlich mischte sich Mr. Miller ein und sagte, dass sie mal nicht so sein wollten. Schließlich würde er mich ja kennen und 500 US-Dollar pro Nase wären erstmal genug. Mittlerweile hatte der Polizeiwagen gestoppt und beide Beamte fixierten mich mit eindringlichem Blick:

„Okay, bis wann kannst Du das Geld auftreiben?", wollte Mr. Miller wissen.

„Das Geld könnt ihr sofort haben, wenn ihr wollt", antwortete ich.

Ungläubig starrte mich der Einwanderungsbeamte an und fragte dann:

„Wo genau müssen wir denn dann hinfahren?"

„Nur zum Grundstück zurück", antwortete ich wahrheitsgemäß.

„Aber wir haben doch alles im Haus komplett durchsucht", meinte Mr. Miller vorwurfsvoll.

„Na ja, anscheinend nicht komplett genug! Glaubt ihr, ich wäre nicht in der Lage, etwas vor Euch zu verstecken?", sagte jetzt ich gespielt beleidigt. Grimmig drehte sich der Detective wieder nach vorne, startete den Wagen und wendete auf der engen einspurigen Fahrbahn. Miller schüttelte seinen Kopf, zauberte ein Breitmaulfrosch-Lächeln auf sein Gesicht und murmelte nur:

„Tsss, tsss Mikey, you are a real tough motherfucker, simply incredible", was man in diesem Fall durchaus als Kompliment ansehen konnte. Als der Wagen wieder in die Einfahrt meines Grundstücks bog, hatte man mir schon meine Handschellen abgenommen.

Ich gab Mr. Miller die 1000 US-Dollar in die Hand. Jetzt sah man auch ansatzweise ein Lächeln um die Mundwinkel des Detectives.

„Was passiert jetzt genau?", wollte ich von unserem Beamten wissen.

„Nun, ich werde den Deutschen mitteilen, dass wir trotz intensiver Suche keinen Michael Weigelt hier in Jamaika gefunden haben. Für uns ist die Sache erledigt. Solltest Du irgendwelche Probleme mit Deinem jamaikanischen Pass haben, ruf mich an. Die Nummer kennst Du ja mittlerweile."

Er hielt mir noch seine ausgestreckte Faust zur Verabschiedung hin und nickte dann seinem Kollegen zu, der den Wagen startete und gemächlich vom Grundstück fuhr.

Was mich immer an der Korruption von Jamaika fasziniert, ist die korrekte Vorgehensweise der Beamten. Rein theoretisch hätten sich die beiden auch die 1.000 Dollar einstecken und mich trotzdem den deutschen Behörden ausliefern können. Auch wenn man in Jamaika mit dem Auto in eine Kontrolle gerät und die Polizisten illegale Drogen finden, geben sie einem diese nach der Bezahlung eines kleinen Schmiergeldes wieder zurück. Es wäre ja möglich, in einer anderen Kontrolle wieder angehalten zu werden und die Kollegen können mit Sicherheit auch ein wenig zusätzliches Geld gebrauchen.

Ich erklärte Philipp, was auf unserer kleinen Autofahrt alles passiert war. Man konnte spüren, wie sich bei ihm Erleichterung einstellte. Obwohl es noch relativ früh am Tag war, bauten wir uns erst Mal ein riesiges Tütchen auf den Schock, wobei das Mischungsverhältnis von Tabak zu Gras etwa bei eins zu vier lag. Die Welt war wieder in Ordnung und der Rest des Urlaubs sollte ohne Komplikationen verlaufen.

Ohne Komplikationen stimmt jedoch nicht so ganz. Was man mit jamaikanischen Ordnungshütern durchaus erleben kann, zeigt die Geschichte, die sich während Philipps Urlaub kurz darauf zutrug: Für unseren Eigenverbrauch hatte ich zusammen mit meinen Rastakumpels Tay und Jackie eine kleine Ganja-Plantage im Urwald angelegt. Wir hatten mal wieder geerntet und Tay wollte einen ganzen Sack mit abgeernteten Blüten zum Yard bringen. Dabei lief er blöderweise einer Polizeistreife direkt in die Arme.

Die Cops nahmen ihm den Sack ab, verhafteten ihn und brachten ihn zur nächsten Polizeistation. Tay war für uns spurlos verschwunden. Als er auch nach Stunden nicht auftauchte, wir uns absolut keinen Reim auf sein Verschwinden machen konnten, entschlossen wir uns, zur besagten Polizeistation zu gehen, um nachzufragen, ob dort etwas bekannt ist. Als ich mit Jackie dort ankam, war der Eingangsbereich leer. Kein Cop hinter dem Schalter. Wir hörten allerdings aus einem Büroraum immer wieder Gelächter. Als sich auch nach einer ganzen Weile niemand blicken ließ, entschlossen wir uns zu dem Raum zu gehen. Ich klopfte sachte an. Nach einer gefühlten Ewigkeit riss ein leicht irritiert dreinblickender Bulle die Tür auf.

„Guten Tag, wir möchten vielleicht eine Vermisstenanzeige aufgeben", sagte ich, unwissend, dass es auf Jamaika so was wie Vermisstenanzeigen gar nicht gibt.

„Aha!" gab der Bulle zurück und glotzte mich nur an.

„Ja, wo können wir das machen?" fragte ich nun recht verwirrt, nachdem der Mann einfach nur starr und reglos stehen blieb.

„Wo Sie wollen ..." prustete der Bulle unvermittelt los und konnte sich kaum noch vor Lachen halten.

Das war ja mal ein witziges Revier, dachte ich mir, aber die Sorge um Tay brachte mich dazu, nicht auch noch loszulachen. Jetzt brauchten wir mal behördliche Hilfe und die lachten sich kaputt! Kaum zu glauben.

„Hm, kommt doch einfach reinspaziert ... hicks ... hier ist immer was los! Hicks ... Partytime!"

Ich dachte, ich hör nicht recht. Der Cop war schwer besoffen. Die Tür zum Büro flog auf und was wir dann sahen, toppte einfach alles. In der Mitte des Raumes stand ein riesiger Tisch, daneben der Sack mit unserem Ganja, auf einem Stuhl noch ein anderer Bulle, der sich gerade Rum in ein Glas schüttete und daneben Tay!!! Unser Freund war so stoned, dass er kaum noch aus den Augen gucken konnte! Er saß zwar, wankte aber in seiner Ganjawolke ständig von einer Seite zur anderen, fiel fast vom Stuhl und rief uns zu:

„Ey, Mikel, hey Jac ... Jack ... Jackie ... alles ist okay, guys, alles cool, setzt Euch doch ..."

Eine skurrilere Situation hatte ich bis dahin noch nicht gesehen. Zwei völlig besoffene Bullen, ein völlig bekiffter Rasta in einer kleinen Polizeistation, abends auf Jamaika! Mir war wohl klar, dass hier irgendwas Außergewöhnliches passiert sein musste und tat deshalb so, als wenn nichts wäre.

„Echt cool hier, Leute", sagte ich nur.

„Ja, setzt Euch", presste der erste Bulle hervor und ergänzte: „Auch ein Schlückchen?"

„Na ja, kann ja nicht schaden. Gib schon her", antwortete ich ihm.

Die Runde schien schon eine Weile zusammen zu hocken. Nachdem wir unsere Anstandsgläser geleert hatten, versuchte ich Tay und möglichst auch den Sack aus der Polizeistation zu bekommen.

„Mensch Tay, wir müssen jetzt aber wirklich zurück. Pack Deine Sachen und lass uns gehen", rief ich ihm zu. Tay verstand scheinbar gar nichts mehr. Stattdessen meinte der Bulle:

„Das geht so aber nicht einfach gehen, nee, nee, nee", er schüttelte übertrieben mit dem Kopf.

„Erst mal müssen wir den Sack noch checken!", stammelte er. Er schmiss ihn auf den Tisch und schüttete den ganzen Inhalt auf die Platte. Dabei wankte er bedenklich. Er pfropfte dann wieder knapp die Hälfte der Blüten in den Sack zurück und reichte ihn Tay.

„So, jetzt sind wir quitt, mein Freund!"

Ich zog Tay aus dem Stuhl und drängte ihn zur Tür. Die beiden Bullen saßen weiter am Tisch, guckten sich an und lachten, was das Zeug hielt.

„Also, Jungs, war nett, dass ihr hier wart ... kommt doch bald mal wieder ... auf Euch! Prost, bye, bye, kicher, kicher", radebrechte der Uniformierte.

Erst am nächsten Tag, als Tay wieder halbwegs nüchtern war, konnten wir ihn „vernehmen". Er erzählte uns davon, dass er den beiden in die Arme gelaufen war, aufs Revier mitgenommen wurde, die dortige Mannschaft wegen irgendeinem größeren Einsatz ausrücken musste. Das übrig gebliebene, verrückte Trio blieb im Haus, man begann ihn zu verhören und dabei stellte sich ganz schnell heraus, dass ein Bulle um drei Ecken mit Tay verwandt ist. Darauf stieß man an, drehte sich zig Spliffs und was daraus werden kann, das hatten wir live erlebt!

Unwillkommene Gäste

Von Jahr zu Jahr wurde das Grundstück schöner. Das erste Mal konnte ich 2003 eigene Kokosnüsse ernten. Ich hatte einen beachtlichen Obst- und Gemüsegarten angelegt und mehrere Wege waren mit Aloe Vera bepflanzt. Der Felsenbereich war frei von Wurzeln und konnte bearbeitet werden. Von einem zentralen Kreis, der mit Hunderten von Natursteinen eingerahmt war, führten zahlreiche Wege zum Strand, zu Bar, Dusche, Gästehaus, Mangrovenwald und den Korallenriffen. 10.000 Liter Wasser waren in großen Tanks gelagert. Die Küche war für eine kleinere Anzahl von Gästen gewappnet und die Kühlung sowie die Herdplatten liefen mit Gas. Es fehlten mir zwar noch Sonnenkollektoren, aber ich konnte zur Not einen kleinen, mit Benzin laufenden Generator betreiben. Natürlich mangelte es noch an allen Ecken und Kanten, aber die Gäste, die auf das Grundstück kamen oder dort übernachteten, waren auch ohne elektrisches Licht hellauf begeistert. Die urige Atmosphäre mit Kerzenlicht und Lagerfeuer sowie die gemütlichen Holzhäuser statt Beton, die vielen Hängematten, in die man sich einfach fallen lassen konnte, all das strahlte Abenteuerromantik aus. Die Gäste kamen per Zufall oder durch Mund-zu-Mund-Propaganda. Den fehlenden Luxus machte ich mit fairen Preisen und mit guter Küche wett. Trotzdem war die Anzahl der zahlenden Gäste noch nicht ausreichend, um ein vernünftiges Einkommen über das ganze Jahr zu erzielen.

Mit den Menschen, die in den benachbarten Dörfern lebten, kam ich bis auf ein paar wenige Ausnahmen blendend aus. Sie hatten mich mittlerweile nicht nur akzeptiert, sondern vollkommen integriert. Fremde Leute, die nach mir fragten, wurden in die Irre geführt oder bekamen zu hören, dass es in dieser Gegend keinen Weißen gibt. Von Jamaikanern hörte ich, dass ich zwar weiß sei, mein Herz jedoch so schwarz wie das ihrige wäre. Für mich eines der schönsten Komplimente. Diesen durchaus nicht normalen Status als Weißer bekam ich auch deshalb, weil ich mich nicht wie ein Lehnsherr aufführte, sondern genauso hart wie sie selber arbeitete und weil ich mal einen jungen Rasta bei stürmischem Wetter aus dem Meer fischte und somit sein Leben rettete. Trotzdem waren die Jahre hart und entbehrungsreich gewesen. Es gab Tage und manchmal Wochen, in denen ich noch nicht mal was zu essen hatte. Die Entscheidung, nie wieder zu dealen, hatte ich dennoch nicht bereut. Ich war froh, die Drogendeals mit Paul überlebt zu haben und nun auf ehrliche Art und Weise durch zukommen.

Es war mittlerweile Ende November und Inge, eine meiner Stammgäste, die mich jedes Jahr mindestens einmal besuchte, war für zwei Wochen mein Gast. Weitere Leute hatten sich für Dezember und Januar angemeldet und wie jedes Jahr wollte meine Mutter mich vor Ende des Jahres besuchen. Es war die erste Saison in der Touristenbranche für mich, in der ich sehr gute Chancen hatte, diese mit einem Gewinn abzuschließen und selbst die schlechten Monate nach der Hauptsaison vernünftig zu überstehen.

Es war für meine Ma, die mittlerweile auch schon die sechzig Jahre überschritten hatte, eine Selbstverständlichkeit, mit mindestens zwei großen Koffern und etlichen Taschen anzureisen und die Strapazen des etwa elfstündigen Fluges in Kauf zu nehmen. Mindestens ein Koffer war immer für mich bestimmt. Es gab deutsche Leckereien, die eigentlich ganz oben auf der Liste der nicht einzuführenden Lebensmitteln nach Jamaika standen. Darüber hinaus verschiedenes Werkzeug, Elektroartikel, Stoffe oder andere Dekorationen für mich oder die Gästezimmer sowie hochwertige Taschenlampen oder solarbetriebene Wegbeleuchtungen, Anziehsachen oder Dinge, die ich in Jamaika weiterverkaufen konnte.

Ich befand mich gerade auf dem Weg zur Bar und wollte Inge das Mittagessen zubereiten. Das Gebäude befand sich an der Straße, neben dem Eingang des Grundstücks. In diesem Moment fuhren zwei neuwertige Jeeps vorbei. Ich wohnte zwar in einer ärmlichen Gemeinde, aber es war nichts Außergewöhnliches, so teure Autos zu sehen. Viele Amerikaner oder Europäer hatten hier Grundstücke. Auch ein paar reiche Schwarze, die entweder illegal an zu viel Geld gekommen waren oder aber lange im Ausland gelebt und gearbeitet hatten, waren um diese Jahreszeit vor Ort.

Ich ging durch die Hintertür in die Küche und fing an, das Essen für Inge vorzubereiten. Nach zehn Minuten hörte ich ein Hupen und sah, wie die beiden SUVs aus der anderen Richtung zurückkamen und direkt vor meinem Grundstück hielten. Vier schwarze Männer und eine Frau stiegen aus den beiden Fahrzeugen und kamen auf das verschlossene Eingangstor zu. Alle waren recht gut gekleidet und verbreiteten eine gewisse Gelassenheit, die man bei denjenigen Jamaikanern antrifft, die etwas auf die Beine gestellt haben. Der Fahrer vom ersten Jeep, ein dunkelhäutiger Jamaikaner in den Mittzwanzigern, sprach mich an:

„Sie haben hier ein wunderschönes Stück Land“.

„Ohh, vielen Dank! Das war auch eine Menge Arbeit, bis alles hier so aussah“, entgegnete ich ihm.

„Das glaube ich! Tolle Arbeit, die Sie da geleistet haben. Wir suchen auch ein Stück Land in dieser Gegend, wissen Sie! Wie viel Acres sind das hier?"

„Gute drei Acres. Wenn Sie hier etwas pachten wollen, dann reden Sie am besten mit Mr. Brown in Little Bay", schlug ich vor und nickte in die Richtung.

„Mr. Brown, ja, von dort kommen wir gerade. Er war auch derjenige, der uns von Ihnen und dem tollen Grundstück erzählt hat", verriet er mir.

„Hat er das? Haben Sie sich denn schon etwas in der Gegend ausgesucht?", wollte ich wissen.

„Nein, das ist ja der eigentliche Grund unseres Besuchs. Mr. Brown meinte, wir sollen uns mal umschauen und mit Ihnen reden. Er scheint eine hohe Meinung von Ihnen zu haben und Sie sollen sich bestens in der Gegend auskennen. Meinen Sie, es wäre möglich, mal einen Blick auf Ihr Grundstück zu werfen?" mischte sich jetzt ein anderer Jamaikaner ein.

„Im Prinzip hab ich nichts dagegen, aber jetzt ist das schlecht, da ich einen Gast habe und gerade für ihn das Essen zubereite. Ein anderes Mal vielleicht."

„Wir wollen Sie auch nicht lange aufhalten. In zehn Minuten sind wir wieder weg. Ich möchte nur eine Vorstellung bekommen, wie man so ein großes Stück Land am besten bewirtschaftet", sagte jetzt wieder der Jamaikaner, der das Gespräch begonnen hatte.

„Hören Sie, ich will ja nicht unhöflich sein, aber wie ich schon sagte, ist es im Moment gerade schlecht. Eigentlich habe ich noch nicht mal die Zeit, mich mit Ihnen zu unterhalten, geschweige denn Ihnen das Grundstück zu zeigen.

Das Essen wird sonst anbrennen und meinen Gast mit Sicherheit nicht freuen. Kommen Sie doch noch mal vorbei, dann zeige ich Ihnen alles in Ruhe. So etwas entscheidet man eh nicht sofort", argumentierte ich.

Nachdem ich mich von den Schwarzen verabschiedet hatte und schon wieder auf dem Weg zur Küche war, sah ich aus den Augenwinkeln, dass sich die fünf angeregt unterhielten und keinerlei Anstalten machten, wieder wegzufahren. Sollten sie von mir aus den ganzen Tag dort verbringen! Ich wollte nur möglichst schnell die Hähnchen in der Pfanne wenden, bevor sie ganz schwarz und ungenießbar wären. Keine fünf Minuten später wurde ich wieder gerufen:

„Eyh, psttttt, Mister, sorry one more minute please!"

Schon ein wenig genervt streckte ich meinen Kopf aus dem Eingang der Küche und sagte:

„Was gibt es jetzt noch? Ich dachte wir hätten alles geklärt!"

„Ehmm, das ist ja unser Problem. Wir kommen aus Kingston und haben schon ewig gebraucht, bevor wir einen Tag gefunden haben, an dem wir alle gleichzeitig frei bekommen. Wir möchten wirklich nicht aufdringlich sein und Ihre Zeit stehlen, aber wäre es denn vielleicht machbar, dass wir kurz alleine das Grundstück ansehen?", wollte der Wortführer der fünf wissen.

„Heute passt mir das absolut nicht. Ihr werdet doch mit Sicherheit noch mal einen Tag finden, wo Ihr alle auf einmal hier hin zurück kommen könnt."

„Das wird mit Sicherheit sehr schwer werden."

„Verstehen Sie mich bitte nicht falsch, aber das ist nun wirklich nicht mein Problem; dann muss halt der ein oder andere zu Hause bleiben!", schlug ich vor.

„Ach bitte, wir halten Sie auch nicht lange auf", bettelte der Jamaikaner förmlich.

„Also gut, aber bevor ich das Tor aufschließe, möchte ich wenigstens die Hähnchen aus der Pfanne haben!"

„No problem mon, so lange können wir gerne warten. Vielen Dank!"

Als mein jerk chicken fertig war, nahm ich die Pfanne von der Gasplatte und öffnete der Gruppe das Tor. Nochmals bedankte sich der Anführer der Gruppe bei mir und ich erklärte ihm grob die Aufteilung des Landes und was sie sich alles anschauen sollten.

„Sind die drei Hunde gefährlich?"

„Nun, es sind gute Wachhunde, warum?"

„Können Sie die Hunde nicht irgendwo fest machen?"

„Fest machen? Jetzt ist es aber gut. Ich werde die Hunde auf keinen Fall anbinden. Sie sind zum Schutz des Yards hier und solange ich hier bin, wird keiner der Hunde einem von Ihnen etwas tun."

Hier schöpfte ich das erste Mal Verdacht. Natürlich wusste ich, dass Jamaikaner panische Angst vor Hunden haben, aber diese Art von Aufdringlichkeit hatte ich bisher nicht gekannt. Da ich noch genügend Vorbereitungen für Inge erledigen musste, verdrängte ich die alarmierenden Zeichen und wandte mich wieder dem Essen zu. Keine zehn Minuten später stand der Schwarze, mit dem ich mich die meiste Zeit unterhalten hatte, mitten in der Küche. Jetzt wirklich angepisst maulte ich ihn an:

„Ehhh yoooh, das ist ein privater Bereich und Sie haben hier nichts zu suchen. Ich finde, dass meine Gastfreundschaft mehr als zuvorkommend war. Es wird Zeit, dass Sie und Ihre Freunde mein Grundstück jetzt verlassen."

Doch anstatt zu gehen, machte er zwei Schritte auf mich zu, hielt mir einen Ausweis unter die Nase und sagte nur:

„Immigration!"

Ich weiß noch genau wie ich dachte, was will der Kerl denn von mir? Ich hatte mittlerweile eine jamaikanische Geburtsurkunde, meine Steuernummer, die jeder Jamaikaner erhält und ohne die auf der Insel so gut wie nichts läuft, einen Führerschein und einen Reisepass, der selbst einer Computerüberprüfung im System standhielt. In diesem Moment war ich weder nervös noch hatte ich Angst. Ich fühlte mich sicher, schon fast unantastbar und konnte einfach nichts anderes tun als laut zu lachen um dann zu sagen:

„Schön für Dich! Was willst Du? Ich bin Jamaikaner und hier geboren. Du hast den Falschen erwischt!"

Sichtlich erstaunt und beeindruckt über meine lockere Art und die gewisse, arrogante Lässigkeit in solch einer brisanten Situation brachte er erst mal keinen Ton heraus.

„Ich glaube es ist besser, wenn Sie jetzt alle mein Grundstück verlassen", wobei ich mit dem Zeigefinger zum Ausgang zeigte. Man konnte den Typen förmlich laut denken hören: „Ist das wirklich der richtige Typ? Haben wir uns so geirrt?"

Leider hielt diese Phase nicht allzu lange bei ihm an und von Sekunde zu Sekunde erlangte er seine Fassung wieder.

„Wie lautet ihr Name?", wollte er wissen.

„Ich bin Michael Pete McLoud, abstammend von deutschen Auswandern und in German Town, Jamaika geboren", echauffierte ich mich übertrieben.

„Das ist eine Lüge! Ihr Name ist Michael Weigelt und Sie sind in Deutschland geboren. Ihre Mutter wird in zwei Wochen mit der LTU in Mo-Bay landen, wobei ihre Freundin Anja Blaas schon im Lande ist", konterte er jetzt.

„Michael wer??? Und wenn meine Mutter in zwei Wochen hier in Mo-Bay landet, dann muss sie als Geist einfliegen, denn sie ist seit zehn Jahren tot."

Für einen kurzen Moment war er wieder verunsichert. Vier, fünf Sekunden, in denen er angestrengt überlegte und sich dann allmählich wieder fing.

Für einen jamaikanischen Polizisten oder Immigrationsbeamten war er verdammt gut in Psychologie ausgebildet und er verfügte über eine gute Menschenkenntnis. So etwas lernte man nicht auf der örtlichen Polizeischule. Woher kamen diese Typen? Mittlerweile machte ich mir ernsthaft Sorgen, ließ mir aber äußerlich nichts anmerken. Woher zum Geier kannte er Anjas Namen und wusste, wann meine Mutter zu Besuch kommen wollte? Irgendetwas stimmte nicht. Auf die kleine Polizeistation in Little London konnte ich mich verlassen. Die Jungs, genauso wie Mr. Miller, hätten mir für eine kleine Geldspende mit Sicherheit Informationen über irgendwelche Aktionen deutscher Behörden gesteckt, sofern sie darüber in Kenntnis gesetzt worden wären. Wer also waren diese Leute? Ich musste versuchen, so unauffällig wie möglich mehr zu erfahren. Nur so konnte ich vielleicht der ganzen Sache entrinnen.

„Das ist ja eine ganz tolle Geschichte, die Sie mir da auftischen, aber Sie haben den Falschen erwischt. Fragen Sie wen Sie wollen, man wird meine Aussage bestätigen ..."

Zusätzlich sagte ich so beiläufig wie möglich:

„... was hat dieser Deutsche, Michael ähh, Wigert ..."

„Weigelt", verbesserte mich der Beamte.

„... Michael Wigelt denn verbrochen, dass fünf Immigrationsbeamte hinter ihm her sind?"

„Nicht wir sind hinter Ihnen her, sondern das deutsche Bundeskriminalamt. Wir arbeiten nur mit Ihrer Regierung zusammen. Und hören Sie auf, uns für dumm zu verkaufen. Ich weiß, was Sie gemacht haben und weswegen man Sie sucht. Sie sind ein großer Drogenbaron in Ihrem Land. Ich habe ihre Akte gelesen und auch verschiedene Fotos gesehen."

Von der anfänglichen Unsicherheit war jetzt nichts mehr zu spüren. Schon fast überheblich plauderte er über all die Dinge, die ich wissen wollte. Weiß der Teufel was das BKA der Einwanderungsbehörde erzählt oder versprochen hatte. In seinen Augen hatte er mit mir einen ganz dicken Fisch an Land gezogen. Seine Brust schwoll von Satz zu Satz mehr an und er sah sich sogar schon in Deutschland als Zeuge bei meinem großen Gerichtsprozess auftreten. Bei so viel Überheblichkeit musste dieser Kerl Fehler machen. Vielleicht könnte ich ja doch noch mit einem blauen Auge aus der Sache davon kommen. Ich durfte auf keinen Fall meine wahre Identität zugeben und hatte auch zuvor Maßnahmen getroffen, um diese zu verbergen.

Meine jamaikanischen Papiere, das wusste ich, hielten einer gründlichen Überprüfung stand. Schließlich hatte ich dafür eine Menge Geld hingeblättert. Rechnungen oder Papiere, die auf den Namen Weigelt liefen, waren versteckt oder vernichtet. Trotzdem gab es da noch eine Menge anderer Sachen, und mit einer sehr gründlichen Durchsuchung war es nur eine Frage der Zeit, bis die Wahrheit ans Licht kommen würde.

Würde ein Richter diese Zeit investieren und waren die Jamaikaner imstande, so intensiv zu recherchieren und eine sehr gründliche Durchsuchung durchzuführen? Außerdem war da ja noch die Möglichkeit der Bestechung, was man in einem Land wie Jamaika nie unversucht lassen sollte. Das BKA hatte auf keinen Fall die jamaikanische Einwanderungsbehörde mit Geld geködert, so viel war klar. Ich musste mehr in Erfahrung bringen. Der Beamte war durch seine von sich selbst überzeugte Art, gerne bereit, mir all meine Fragen zu beantworten.

„Nochmals Officer, ich kenne keinen Wiggel und auch keine Anja Blies und wenn ich ein Drogenbaron wäre, glauben Sie, ich würde dann hier in billigen Holzcottages leben?"

„Sie können so viel abstreiten wie Sie wollen. Ich weiß, wer Sie sind, also belassen wir es dabei. Wenn Sie der sind, den Sie vorgeben, werden Sie sicherlich einen jamaikanischen Ausweis besitzen", sagte der Beamte lächelnd, während er ein paar Handschellen zum Vorschein brachte.

„Aber natürlich, der ist in meinem Haus", sagte ich so freundlich wie ich nur konnte und war jetzt sichtlich nervös.

„Strecken Sie Ihre Arme nach vorne", verlangte er von mir und schon klickten die Handschellen.

„Let's go!", befahl er und schob mich vor sich aus der Küche. Die Hunde spielten verrückt. Ich sollte sie beruhigen, andernfalls würden sie abgeknallt. Auch bei einem Fluchtversuch würden er und seine Kollegen von der Schusswaffe Gebrauch machen, drohte er mir. Auf dem Weg zum Haus prägte ich mir alle Einzelheiten des Grundstücks ein. Wenn alles schief lief, sollte ich für eine lange Zeit dies alles nicht mehr sehen. Ich erfuhr, dass die Beamten einem Spezialkommando der Einwanderungsbehörde unterstanden, die unabhängig von den örtlichen Polizei, und Immigration-Stationen agierten. Von Kingston aus operierend, arbeiteten sie oft mit ausländischen Behörden zusammen. Nun war mir zumindest klar, warum mich keiner gewarnt hatte. Die Einheit gab es erst seit ein paar Monaten und das BKA hatte sich mit einem Amtshilfeersuchen an diese Behörde gewandt. Sie suchten mich wohl schon seit ein paar Wochen. Auch die drei anderen Beamten und die Frau sprachen jetzt mit mir, doch noch immer gab ich nichts zu und meinte, es müsste sich um einen Irrtum handeln. Mittlerweile erreichten wir mein Haus. Inge starrte total verängstigt auf meine Handschellen.

„Was ist passiert?", fragte sie auf Englisch.

Noch bevor ich antworten konnte, sagte der Anführer der Gruppe, der sich mittlerweile als Clive vorgestellt hatte:

„Sie sollten sich vorher besser informieren, bei wem Sie Urlaub machen. Dieser Mann wird vom BKA seit ein paar Jahren gesucht."

Inge war absoluter Jamaika-Fan und auch mit den negativen Seiten vertraut. Doch mich in Handschellen, umringt von fünf Beamten zu sehen, verschlug selbst ihr die Sprache. Wir stiegen die Treppen zur Veranda hinauf, zwei Beamte vor und drei hinter mir; Inge im Schlepptau. Clive forderte mich nochmals auf, meinen jamaikanischen Pass zu zeigen und ich führte alle Mann in mein Zimmer. Während ich danach suchte, fand ich immer wieder ein wenig Zeit, mit Inge zu reden. Sie sollte meine Mutter verständigen und meine damalige jamaikanische Freundin Sally anrufen, um mir einen Anwalt zu besorgen. Telefonnummern würde sie in meinem Handy finden. Auch die Hunde müsste sie erst Mal versorgen. Alle Schlüssel waren am Bund, der an der Eingangstür hing. Während ich Clive meinen Pass gab, schnüffelten die anderen in meinen Sachen rum. Ärgerlich raunzte ich mein Gegenüber an:

„Was haben Deine Leute in meinen Sachen zu suchen?"

„Die schauen sich bloß mal ein wenig um", wiegelte er ab.

„Und wo ist der Durchsuchungsbefehl?", fragte ich provozierend und musste ein wenig schmunzeln, da ich das schon so oft in irgendwelchen TV-Krimis gesehen hatte und immer schon mal fragen wollte. Grimmig fixierte er mich, überlegte zwei, drei Sekunden und sagte dann an seine Mannschaft gewandt:

„Ok Leute, hört auf zu suchen. Wir kommen morgen mit einem Durchsuchungsbefehl wieder."

Dann drehte er sich abrupt zu mir um und starrte mir direkt in die Augen.

„Wir kommen wieder, wenn Du zusammen mit vier, fünf stinkenden, jamaikanischen Underdogs in einer kleinen Zelle in Sav la Mar schmachtest", fügte er mit einem hämischen Grinsen hinzu. Clive steckte den jamaikanischen Reisepass ein und wies seine Kollegen an, mich in einen der Jeeps zu verfrachten, die mittlerweile vor dem Haupthaus geparkt hatten. Da saß ich nun mit Handschellen in einem nagelneuen SUV mit allen Extras und wartete darauf, zum Schafott gefahren zu werden. Da war nichts mehr mit Coolness; mir wurde heiß wie in der Hölle. Der Schweiß lief in Strömen an mir runter, ganz plötzlich und ohne Vorwarnung. Dann fing sich alles an zu drehen und mir wurde schummrig. Irgendeiner von den Immigrations musste das mitbekommen haben. Ich kann mich nur noch daran erinnern, dass mir plötzlich angenehm kühle Luft ins Gesicht blies. Der Motor war angelassen und die Klimaanlage auf volle Leistung geschaltet worden. Langsam fing ich mich wieder. Nachdem Clive sich überzeugt hatte, dass Inge nicht illegal im Land war und nichts gegen sie vorlag, stiegen die fünf auf zwei Wagen verteilt ein. Wir fuhren nach Sav La Mar. Noch war nicht alles verloren, doch die Chancen schwanden von Stunde zu Stunde. Viele Optionen hatte ich nun wirklich nicht mehr. Bestechlich waren diese Leute nicht; noch nicht zumindest. Dafür gab es diese Spezialeinheit noch nicht lange genug. Motivation, Dienstpflicht, Ehre und das Gefühl, etwas Besseres zu sein, standen noch über der Geldgier eines normalen Streifenpolizisten. Vielleicht könnte man in der Polizeistation Leute bestechen oder den Richter, oder aber ein guter Anwalt müsste mich rausboxen. Der müsste dann aber schon außergewöhnlich gut sein.

Es war später Nachmittag, als wir in die Great George Street in Savannah La Mar einbogen. In der Polizeistation gab es eine Abteilung der Einwanderungsbehörde. Ich wurde zu Mr. Webster, dem dortigen Chief Immigration Officer geführt. Mir wurden viele Fragen ziemlich schnell hintereinander gestellt. Alle darauf ausgerichtet, meine wahre Identität preiszugeben. Meine jamaikanischen Personalien wurden aufgenommen, aber ich weigerte mich strikt, unter meinem wirklichen Namen im „Hotel California“ einzuchecken. Noch hatten sie hier auf Jamaika nichts Belastendes, was mich mit meinem wahren Ich in Verbindung gebracht hätte. Auch Mr. Webster versuchte ich zu bestechen, doch die deutsche Justiz war schon zu sehr involviert, so dass sich jetzt niemand mehr die Finger verbrennen wollte. Die Aussicht, seinen Beamtenjob auf Dauer zu verlieren, wog ein paar Jahresgehälter nicht wirklich auf. Zudem war das deutsche BKA bereits über meine Verhaftung informiert und zwei Beamte sollten sich auf den Weg nach Jamaika machen, um mich abzuholen. Mir blieb nichts anderes übrig als abzuwarten, was die Ermittlungen ergeben würden und ob bald ein Anwalt aufkreuzte.

Ich wurde zum Gefängnis gebracht, das sich im Hinterhof der Polizeistation befand. Ein total runtergekommener Bau, der laut Belegungsplan nicht mehr als 21 Personen aufnehmen sollte. Vor dem Trakt stand ein angeschweißter Eisenkäfig, spärlich eingerichtet und in zwei kleine Räume unterteilt. Der erste war der Aufenthaltsraum der Wächter. Im zweiten befand sich das Durchsuchungszimmer, bevor es durch eine massive Metalltür ins Verließ ging. Hier wurden mir meine Wertsachen zur Aufbewahrung, genauso wie Gürtel und Schnürsenkel abgenommen. Die Wächter waren alle muskelbepackt und mindestens 1,90 Meter groß. Sie waren nicht unfreundlich zu mir. Es war ja auch nicht alltäglich, dass ein Weißer in so ein Drecksloch einfuhr. Ich wurde durch die massige Eisentür in den Flur des Gefangenentrakts geführt. Es stank entsetzlich nach Urin, Scheiße und Reinigungsmitteln. Auf der linken Seite befanden sich sechs kleinere Zellen mit jeweils zwei Betonbetten, keine Matratzen, kein Waschbecken oder Klo, kein Tisch und keine Stühle. Auf der rechten Seite das Gleiche, nur waren hier die Zellen größer und mit jeweils drei Betonliegen.

„Wait here“, sagte der Wächter, drehte sich um und verschwand durch die schwere Panzertür, die laut hinter ihm zuknallte. Da stand ich nun allein mitten im Flur. Von wegen nur 21 Mann Belegung! Fast alle Zellen waren doppelt belegt. Weiße Zähne blinkten mir aus den dunklen Verließen entgegen. Es war total still, nur das Zirpen der Grillen war durch die Gitterstäbe zu hören. Langsam kam Bewegung in die Meute und einige der Insassen kamen jetzt bis an die Gitterstäbe, um mich zu begutachten. Es wurden mir Fragen gestellt und nach ein paar Minuten unterhielt ich mich mit ein paar Jamaikanern, die aus meiner Gegend zu kommen schienen. Ich hatte das große Glück, noch bevor der Schließer zurückgekommen war, Cartell, den Boss der etwa vierzig Gefangenen, kennenzulernen. Cartell besaß Einfluss bei den Wächtern und machte ihnen klar, dass sie mich in seine Zelle einschließen sollten.

„Zieh Deine Schuhe aus!“, befahl mir Cartell, als die Tür aufgeschlossen wurde.

Ich folgte seiner Anweisung und betrat die Zelle, die mir trotz des Gestanks sehr sauber vorkam und penibel mit Desinfektionsmittel gereinigt wurde. Es gab weder eine Zahnbürste, Seife, Handtücher, Decken, Matratzen, Toilettenpapier, Schuhe, Besteck oder Schüsseln, weder Teller noch Tassen. Ein Verbrecher in Jamaika soll schließlich leiden. Franz Josef Strauß hätte es gefallen. „Der Gefangene hat mit einem leichten Hungergefühl ins Bett zu gehen“, hatte er mal gesagt. Über dem Zellenfenster stand mit Kreide in Schönschrift geschrieben:

„Good old vibes – VIP“. Außer dem Boss, der hier schon ein Jahr wegen Totschlags saß, waren noch drei andere Jamaikaner eingepfercht. Dr. Coon, ein 22jähriger, talentierter Mechaniker aus Sav; verhaftet wegen der Entführung seines eigenen Kindes. Dann der 18jährige Black Ninja, den sie wegen Vergewaltigung eingesperrt hatten. Zum Schluss Mark, Mitte Zwanzig, der auf Kaution für 50.000 Jamaika-Dollar (umgerechnet etwa 800 Euro) raus gekommen wäre, wenn denn einer das Geld hinterlegt hätte. Trotz meines fast fünfjährigen Aufenthalts in Jamaika war es mir dennoch ein wenig mulmig zumute unter all den Schwarzen.

„Setz Dich!“ sagte Cartell und wies mir einen Platz auf der Betonliege schräg gegenüber zu. Wir unterhielten uns eine ganze Weile über mich, bis ich dann nach und nach den Tagesablauf in diesem Loch erfuhr. Mittwochs und sonntags gab es Besuchszeiten von 11 bis 14 Uhr. In der Regel wurden dann von Freunden oder Angehörigen Lebensmittel, Klamotten sowie Kosmetikartikel vorbei gebracht. Viel mehr als zwei bis drei Minuten zum Reden bekam man jedoch nicht ohne Weiteres. Bücher, außer der Bibel, Deodorant, Shampoo, Zigaretten oder Schreibpapier waren nicht erlaubt. Die Zahnbürste, die der Besuch mitbringt, wird kurz hinter dem Borstenkopf abgeschnitten. Wasser wird beim täglichen, morgendlichen Duschen in leere Plastikflaschen gefüllt und darf mit in die Zelle genommen werden. Tagsüber wird dann manchmal in dieselben Plastikflaschen reingepinkelt, um sie dann morgens wieder zu entleeren. Im übrigen kommt man eh nur dreimal am Tag aus der Zelle. Zuerst zum Frühstückholen, dann zum Mittagessen und das dritte Mal am Abend. Da durfte man dann auf den voll geschissenen Toiletten ohne Brillenrand und Deckel kacken, wobei man sich mit seinen Badelatschen auf den Klorand stellte und im Hocken seinen „Neger abseilte“. Eine Wasserspülung gab es nicht, dafür aber 10-Liter-Eimer, die etwa zehn Minuten bei dem lächerlichen Wasserdruck benötigten, um halb voll zu werden. Die Dusche war ein Loch in der Wand, woraus gelbliches Wasser raussickerte. Für alles gab es ein Zeitlimit. Anschließend empfing man sein Abendessen wieder durch die Luke in der massiven Eingangstür. Eine „Freistunde“, die laut Amnesty International jedem Gefangenen zusteht, gab es nicht. Das einzige, was man in diesem Zellentrakt von der Außenwelt aus dem Fenster erkennen konnte, war ein schmaler Streifen Himmel. Stellte man sich auf die Betonliege und zog sich per Klimmzug nach oben, konnte man den total heruntergekommenen Hinterhof der Polizeibehörde von Sav betrachten. Die Highlights waren ein paar konfiszierte Motorräder, die dort abgestellt waren und wenn die Asservatenkammer, die sich etwa 15 Meter vom Gefängnis befand, mal wieder mit ein paar Kilos frischem Marihuana befüllt wurde.

Mittlerweile hatte Inge meine Mutter über die Verhaftung informiert. Sie entschied sofort, dass mein Bruder ihren eh schon gebuchten Flug übernehmen sollte. Sie wollte eine Woche später mit der nächsten Maschine hinterher fliegen. Da das Englisch von Philipp wesentlich besser war, machte das Sinn. Schon ein paar Tage nach meiner Verhaftung war mein Bruder vor Ort und besorgte mir zusammen mit Sally einen guten Anwalt. Von Cartell hatte ich erfahren, dass auch im Gefängnis mit Geld so ziemlich alles zu erreichen war. Ob man nun die Besuchszeiten ein wenig verlängern wollte oder wie Cartell eine Nummer im kleinen Aufenthaltsraum mit offener Türe zum Gefangenentrakt schieben wollte; mit Geld war alles möglich. Mein Bruder kümmerte sich rührend um mich und schon bald hatte ich ein Handy, Bargeld, die leckersten Sachen von KFC oder McDonald und natürlich mein geliebtes Gras in der Zelle. Sobald das Mobiltelefon leer war, schmuggelte ich es über die kleine Essensluke raus. Eine nette Jamaikanerin, die uns meistens das Essen brachte, steckte es dann ein und brachte es voll geladen zur nächsten Essenausgabe wieder mit. Mein Bruder scherzte damals, dass ich sogar ein Auto in die Zelle bekäme, wenn es denn rein gepasst hätte. Mein Ansehen stieg, da ich meine Mitgefangenen ab und zu mal telefonieren ließ, genügend vom zusätzlichen Essen oder etwas von meinem Gras mit ihnen teilte. Damit mir die anderen nicht zu sehr mit ihren Bitten und Wünschen auf die Nerven gingen, managte Cartell alles. Er bestimmte, wer etwas bekam und wer leer ausging und war gleichzeitig mein Bodyguard.

Der Gerichtstermin stand vor der Tür und mir wurde mein grauer Boss-Anzug in die Zelle gebracht. Die Behörden hatten sich mächtig ins Zeug gelegt, um das schon nach ein paar Tagen zu ermöglichen. Ich bin mir ziemlich sicher, dass der einzige Grund darin lag, dass sie Angst vor Organisationen wie Amnesty International hatten. Bei den eigenen Landsleuten wäre keiner auf den Gedanken gekommen sich zu beschweren, aber bei einem Europäer sah die Sache schon anders aus. Der Anwalt, den Philipp und Sally für mich gefunden hatte, war nicht gerade zuversichtlich. Tatsächlich hatte die Behörde einen Tag nach meiner Verhaftung einen Durchsuchungsbefehl erwirkt und Unterlagen mit meinem richtigen Namen gefunden. Die Chance, dass ich als Michael Pete McLoud und als freier Jamaikaner diesen Zellentrakt verließe, war somit verschwindend gering. Das Kuriose daran war, dass die jamaikanischen Behörden mich gar nicht wegen des Kokainhandels belangen wollten. Die Anklage lautete auf illegale Einreise, Beschaffung falscher Papiere und den unrechtmäßigen Besitz eines jamaikanischen Reisepasses, worauf übrigens 5 Euro Strafe stehen.

Kurz vor den Gerichtsprozessen wurden alle Personen, die einen Termin hatten, zum Gerichtsgebäude gebracht. Das befand sich unmittelbar neben der Polizeistation und konnte über Treppen vom Hinterhof erreicht werden. Wir waren etwa fünfzehn Mann und wurden in eine Großraumzelle eingeschlossen. Unter einer „Großraumzelle" stellt man sich einen großen, vergitterten Raum vor. Ich weiß zwar nicht wie groß er in Wirklichkeit war, doch viel Platz zum Stehen geschweige denn zum Sitzen gab es nicht. Bei schon 25 Grad am frühen Morgen und eng eingepfercht im Anzug mit Krawatte wartete ich etwa neunzig Minuten, bis ich an der Reihe war und mit Handschellen in einen riesigen Gerichtsaal geführt wurde. Der Sitz des Richters war mindestens ein Meter über den anderen Sitzplätzen auf einem Podest, so dass er wie von einem Thron herunterschauen konnte. Durch einen schmalen Eingang betrat ich den Zeugenstand und sollte auf einer kleinen Bank Platz nehmen, bis der Richter erschien. Man nahm mir die Handschellen ab. Ringsherum befand sich ein etwa 1,20 Meter hohes Holzgeländer und schräg hinter mir standen zwei bewaffnete Justizbeamte. Der ganze Gerichtssaal bestand aus dunklem Holz. Der Platz des Verteidigers war auf der linken, der des Staatsanwaltes auf der rechten Seite. Jeweils dahinter waren Bänke für die Zuschauer. Alles sah sehr beeindruckend aus, wirkte fast schon filmreif. Der gesamte Saal war voller Menschen.

Mein Bruder saß neben dem Anwalt, während Sally außerhalb des Raumes auf dem Balkon stand. Beim Warten auf den Richter schossen mir Fluchtgedanken durch den Kopf. Über das Geländer zu springen stellte keine Herausforderung dar und zum Balkon waren es keine zehn Meter. Bevor die beiden Wachposten merkten, was da los war, müsste ich schon die drei Meter Höhenunterschied zur Great George Street überwunden haben. Bei der Menschenansammlung bräuchte ich mir auch keine Gedanken zu machen, dass die beiden Beamten von der Schusswaffe Gebrauch machen würden. Die Frage war nur, was ich nach meiner Landung vom Balkon tun würde. Immerhin würde ich in unmittelbarer Nähe der Polizeistation landen und könnte als Weißer auch nicht unbedingt in der Menschenmasse untertauchen. Noch während ich über eine Lösung nachdachte, betrat der Richter in einer beeindruckenden Robe und mit einer weißen, langhaarigen Perücke, die noch aus Kolonialzeiten zu stammen schien, den Gerichtssaal. Alle Personen, die einen Sitzplatz hatten, standen ehrfurchtsvoll auf. Bevor ich es ihnen nachmachen konnte, wurde ich schon von hinten angeraunzt, gefälligst meinen Arsch zu bewegen und dem Halbgott in Schwarz Respekt zu zollen. Die Verhandlung dauerte keine halbe Stunde und ich wurde dazu verdonnert, etwa 800 Euro zu bezahlen, um dann aus dem Land deportiert zu werden. Sally, die ich noch nie habe heulen sehen, floss eine dicke Träne die Wange herunter. Sofort setzte sie ihre Sonnenbrille auf, damit es keiner mitbekam. Wann ich genau abgeschoben werden sollte, wollte mir keiner verraten. Nur so viel war sicher; bevor die beiden BKA-Beamten keinen Ersatz-Reisepass und kein Rückflugticket nach Deutschland für mich besorgt hatten, sollte ich weiter schmoren.

In der Zelle diskutierten Cartell und ich über meine Chancen, nicht nach Deutschland abgeschoben zu werden. Klar war uns, dass über den juristischen Weg keine Möglichkeit mehr bestand. Der einzige Weg wäre ein Ausbruch aus dem Gefängnis gewesen. Cartell ließ seine Beziehungen spielen und rief ein paar Leute von meinem Handy aus an. Für umgerechnete 4.000 Euro hatte er schließlich eine abenteuerliche Lösung für mein Problem parat. Der Plan war, dass ich mich etwa eine Stunde nach der abendlichen Essenausgabe krank stellen sollte. Am besten etwas mit dem Magen oder dem Herzen. Ich sollte schreien oder zumindest laut stöhnen. Dann würde man mich ins nächste Krankenhaus bringen, da um diese Zeit kein Arzt mehr auf der Polizeistelle Dienst hatte.

Vor dem Krankenhaus würde ein Wagen warten, in dem vier seiner Leute mit geladenen 9-mm-Kanonen und Pump-Guns säßen. Das klang soweit ganz gut für mich, aber wie würden sie mich dann befreien können? Mit purer Waffengewalt? Was wäre, wenn die Polizisten nicht lange fackeln würden und gleich das Feuer eröffneten? Was, wenn einer dabei umkäme? Kokain zu verkaufen war ja an sich schon schlimm genug, doch bewusst vielleicht den Tod eines Menschen in Kauf zu nehmen, damit konnte ich nicht umgehen, geschweige denn leben. Außerdem hätte ich selbst bei einem reibungslosen Ablauf der Flucht nie mehr mein Grundstück betreten können. Klar wäre ich in Freiheit gewesen und hätte mit Sicherheit auch spurlos im Inneren des Landes untertauchen können. Doch wofür? Um dann wie der letzte Penner zu leben; immer Angst haben zu müssen, dass man mich erkennt und wieder einbuchtet; dieses Mal allerdings als Mörder?

Der einzige Vorteil, den ich aus der Flucht hätte ziehen können, wäre eine andere Diskussionsgrundlage mit dem deutschen Staatsanwalt gewesen. In diesem Fall hätte ich mich selber stellen können und damit vielleicht eine strafmindernde Verurteilung in Deutschland erwirkt. Ich rief meine Mutter an und berichtete ihr von der Möglichkeit aus dem Gefängnis entfliehen zu können. Auch sie war ganz und gar meiner Ansicht. Das war damals auch der Moment, in dem ich mich seelisch und moralisch damit abgefunden hatte, für eine lange Zeit ins Gefängnis zu gehen, um für meine Fehler zu bezahlen.

So komisch es vielleicht auch klingen mag, aber irgendwie war ich froh, dass das ganze Versteckspiel ein Ende hatte. Meine Ma hatte schon mit einem der besten Anwälte in Aachen gesprochen. Die unverbindliche Aussage lautete etwa sechs bis sieben Jahre, wovon ich vielleicht nur vier absitzen müsste. Vier Jahre waren eine lange Zeit, doch konnte ich mir gerade noch so vorstellen, dass ich für die Länge eines Schaltjahres meinen Arsch im Knast aus der Schusslinie halten könnte.

Mr. Webster teilte meinem Bruder unverblümt mit, dass er die Gerichtsstrafe so schnell wie möglich bezahlen sollte. Falls dies nicht geschähe, würden sie mich nach Kingston verlegen und zwar so lange, bis die Strafe bezahlt wäre.

Das Gefängnis dort war berüchtigt für seine Grausamkeit und Härte. Ich glaube nicht, dass meine Überlebenschancen sehr groß gewesen wären. Da ich die unbürokratische Art der Jamaikaner kannte, keimte ein letztes Mal ein kleiner Hoffnungsschimmer in mir auf. Es gab noch eine klitzekleine Möglichkeit, die Behörden auszutricksen. Am Telefon instruierte ich meinen Bruder, was zu tun war. Vom Chief Immigration Officer bekam Philipp das Urteil und die Zahlungsanweisung über die verhängte Strafsumme in die Hand gedrückt. Doch anstatt das Geld zu überweisen, sollte er direkt zur Zahlstelle der Polizei in Sav marschieren. Philipp klopfte an die Türe des karg eingerichteten Bürozimmers. Nachdem der Beamte ihm einen Platz angeboten hatte, informierte Philipp ihn über den Grund seines Besuches:

„Mein Name ist Philipp, ich bin der Bruder von Michael McLoud", sagte er, wobei er dem Justizbeamten die Unterlagen von Mr. Webster unter die Nase hielt.

„Ah, der weiße Gentleman, der in unserem eher unehrenhaften Gebäude unsere Gastfreundschaft genießt."

„Nett umschrieben", erwiderte Philipp, grinste kurz und wunderte sich über so viel Humor in einer Schreibstube wie dieser. Den Strafbefehl betrachtete er keine drei Sekunden und gab ihn dann zurück. Gemächlich schlug der Zahlmeister eine große DIN-A3-Mappe auf, in der wohl alle verhängten Urteile mit den dazu gehörigen Strafen eingetragen waren. Seite für Seite wurde in aller Ruhe nach meinem jamaikanischen Namen gesucht. Nach einer halben Ewigkeit tippte er auf eine Spalte und meinte:

„Da haben wir es ja. Michael Pete McLoud. Bezahlen Sie die gesamte Strafe?", wollte er wissen.

„Ja natürlich, bevor mein Bruder noch nach Kingston verlegt wird ..."

Etwas irritiert schaute der dunkelhäutige Schreibhengst meinen Bruder an. „Kommt diese Aussage von Mr. Webster?", wollte er wissen.

„Allerdings, er meinte, wenn ich nicht innerhalb einer Woche die Summe bezahle, würden sie meinen Bruder verlegen."

„Hmm, so kenne ich ihn gar nicht. Da müssen Sie ihm irgendwie auf die Füße getreten haben. Nun gut, dann bekomme ich 40.200 Jamaika-Dollar von Ihnen!"

Keine Lust sich länger als unbedingt nötig in dem Büro aufzuhalten, ging Philipp nicht auf die Bemerkung ein und sagte nur:

„40.200? Das kann nicht sein, auf dem Strafbefehl steht 60.200."

Der Schwarze sog tief die Luft ein und machte eine erwartungsvolle Pause, bevor er antwortete:

„Dieses Buch hat dieselbe Bedeutung für unsere Abteilung wie die Bibel für die Kirche. Was hier drin steht, ist maßgebend."

„Na gut, wie sie meinen. Ich möchte nur keine Komplikationen heraufbeschwören.“, entgegnete mein Bruder.

„Machen sie sich keine Gedanken. Nachdem ich hinter den besagten Eintrag meine Unterschrift gesetzt habe, ist der Fall erledigt und Sie können Ihren Bruder gleich mitnehmen.“

Für wenige Sekundenbruchteile schaute Philipp total fassungslos aus der Wäsche, bis er sich wieder fing. Ich hatte ihm diese eventuelle Reaktion ja prophezeit. Ich hätte ihm aber genauso gut erklären können, dass ich anstatt im Knast zu schmoren auch den Posten des Chief Immigration Officer demnächst übernehmen würde. Für jemanden, der mit der jamaikanischen Mentalität und den Gepflogenheiten nicht so sehr vertraut ist, eine absolut unglaubwürdige Entwicklung. Also versuchte er so zu tun, als ob das eben Gesagte das normalste auf der Welt sei und antwortete:

„Ja, das war meine Absicht, ihn gleich mitzunehmen. Zu Hause warten schon sehnsüchtig seine Freundin und ein paar Freunde auf ihn. Wir haben eine kleine Party organisiert.“

Der verständnisvolle Beamte machte eine Mimik, als ob er genau wüsste, wovon mein Bruder da redet und lachte offenherzig.

„Na dann wollen wir Ihren Bruder nicht länger warten lassen und holen ihn mal da raus“, sagte er, während er das Geld in eine Kassette packte, den dick gepolsterten Lederstuhl nach hinten schob und hinter seinem Schreibtisch hervor kam. Durch schmale Korridore, die in verschiedenen blassen Pastelltönen angestrichen waren und wo die Farbe schon großflächig abgeblättert war, folgte Philipp dem Zahlmeister. Immer wieder ging es rechts oder links in einen neuen Gang oder über abgetretene Stufen zu einer anderen Ebene.

Das Gericht war mit der Polizeistation, der Einwanderungsbehörde und dem Gefängnistrakt in einem Wirrwarr aus Wegen und Gängen verbunden. Kein erkennbares System steckte dahinter, vielmehr ein Labyrinth, aus dem keiner mehr entfliehen kann. Nach ein paar Minuten, die Philipp wie eine Ewigkeit vorkamen, erreichten die beiden endlich den Hinterhof der Polizeistation. Der Zahlmeister wies Philipp an zu warten, während er den Eingang zu den beiden Wachmännern in den Eisenkäfig kurz vor dem eigentlichen Gefängnis nahm.

Das Mittagessen war vorüber und Cartell, Dr. Coon, Black Ninja, Mark und ich waren beim Kartenspielen. Wir hörten, wie der Schlüssel in der massiven Eisentür gedreht und dann aufgestoßen wurde. Ein Wärter schritt durch die Öffnung und rief meinen Namen.

„Ja mon, me dere“, sagte ich und kam an die Gitterstäbe.

„Jemand hat Deine Strafe bezahlt, Du bist frei“, brummte er, wobei er unsere Zellentüre aufschloss. Ein wenig ungläubig starrte ich in die Runde.

„Brauchst Du ne Extra-Einladung oder was ist los, McLoud? Nu mach schon endlich“, drängte er mich ungeduldig. Ich verabschiedete mich kurz von den Jungs, nahm ihre Wünsche entgegen und schritt breit grinsend durch die schwere Tür. In dem Untersuchungsraum gab man mir meine persönlichen Sachen wieder.

Als ich aus dem Eisenkäfig ins Freie schritt, musste ich meine Augen zusammenkneifen. Ich war das grelle Licht nicht mehr gewohnt. Mein Bruder und ich umarmten uns kurz aber intensiv, bevor wir uns dann beim Zahlmeister verabschiedeten und durch die Räume der Polizeistation marschierten. Ich hielt meinen Kopf gesenkt, da ich jeden Moment damit rechnete, Mr. Webster über den Weg zu laufen. Ich konnte mein Glück noch nicht fassen. Natürlich hatte ich diese Entwicklung vorausgesehen, aber ehrlich gesagt, wollte ich selber nicht richtig daran glauben.

Wie konnte man denn nur so dämlich sein? Warum hat der Chief Immigration Officer den Zahlmeister denn nicht genau über die Besonderheit meines Falles instruiert, wenn er so schnell das Geld kassieren wollte? Doch in diesem Moment war mir das alles scheißegal und ich wollte mich nun wirklich nicht über diese Entwicklung ärgern. Mittlerweile hatten wir die Büroräume der Polizeistation verlassen und wir waren auf dem Weg zum Parkplatz. Ich fühlte mich schon wesentlich wohler in meiner Haut.

Mein Bruder schüttelte ununterbrochen seinen Kopf und wir lachten und prusteten lauthals los, während wir abwechselnd über die Dummheit der jamaikanischen Justiz scherzten. Auf die Dauer konnte ich natürlich nicht zurück auf mein Grundstück, aber ich hatte jetzt wesentlich bessere Karten, mit der Staatsanwaltschaft über meine zu erwartende Haftstrafe zu diskutieren.

Bis Philipp seinen Rückflug antreten sollte, wollten wir bei guten Freunden untertauchen. Je nachdem wie hoch die Kompromissbereitschaft der deutschen Justiz war, wollte ich mit Philipp zurückfliegen, um mich dann vor Ort zu stellen. Schon konnte ich meinen heiß geliebten Toyota Hiace-Bus auf dem Parkplatz erkennen, als eine mir vertraute Stimme meinen Namen rief.

Ohne uns umzudrehen legten wir einen Zahn zu. Der Bus war vielleicht noch zwanzig Meter entfernt. Wieder vernahm man die Stimme, die jetzt allerdings energischer und ein wenig hysterisch schrie:

„Michael McLoud, hold on!“

Ich blickte in ein panikerfülltes Gesicht, als mein Bruder sich wieder umdrehte und starr nach vorne schaute, während er noch ein wenig schneller lief.

„Scheiße Mann, wo kommt der denn jetzt auf einmal her?", war alles, was er sagte.

„Wen meinst Du?", wollte ich wissen, während ich mich umschaute und auf einen ziemlich verärgert dreinblickenden Mr. Webster blickte, der im Laufen sichtlich Mühe hatte, das Halfter seiner Waffe zu öffnen. Die etwa sechs, sieben Meter, die uns noch von dem Bus trennten, rannten wir jetzt. Im Lauf holte Philipp den Schlüssel des Fahrzeuges hervor, während ich schon auf die Beifahrerseite lief. Hektisch steckte mein Bruder den Schlüssel ins Schloss, riss die Türe auf und ließ den Motor an. Ich sprang neben ihm auf den Beifahrersitz. Doch Mr. Webster hatte uns mittlerweile erreicht und stand breitbeinig mit entsicherter Waffe im Anschlag vor dem Bus und versperrte uns den Weg.

„McLoud, komm sofort da raus, sonst knall ich Euch beide wie räudige Hunde ab", schrie er voller Inbrunst.

„Mach sofort den Motor aus", rief er.

Mein Bruder schaute mich fragend und hilfesuchend an.

„Lass gut sein Phile", sagte ich traurig und ohne Hoffnung auf ein gutes Ende, „die fackeln hier nicht lange. Tu einfach, was er von Dir verlangt."

Mr. Webster drohte meinem Bruder, ihn gleich mit einsperren zu lassen, sofern er sich nicht ruhig verhalten würde. Dann wurde ich von vier Polizisten, die mittlerweile zu Hilfe geeilt waren, zurück ins Gefängnis verfrachtet.

Ein paar Tage darauf wurde ich relativ unsanft aus meiner Zelle geholt. Man verschränkte meine Arme hinter meinem Rücken und legte mir wieder einmal Handschellen an. Ohne ein Wort der Erklärung stieß man mich auf die Rücksitzbank eines Polizeiwagens und fuhr los. Nach einiger Zeit konnte ich den beiden Polizisten entlocken, was los war. Die Fahrt sollte nach Montego Bay zum Flughafen gehen, wo schon zwei BKA-Beamte auf mich warteten. Es ging über die Bergstraße in die Touristenhauptstadt, wobei bei jeder größeren Unebenheit, die Handschellen ein wenig mehr ins Fleisch schnitten. Nach etwa einer Stunde hielten die Beamten direkt vor dem Abfluggebäude des Flughafens. Mr. Webster stand direkt auf dem Bürgersteig und öffnete meine Tür. Den beiden Polizisten befahl er sofort und ohne Umweg wieder zurück nach Sav zu fahren.

„Dreh Dich um!", wies er mich an und öffnete dann meine Handschellen. Ich rieb die Stellen an meinen Handgelenken, wo die Metallbänder dicke, tiefe Striemen im Fleisch hinterlassen hatten und woran ich mich noch eine ganze

Weile erinnern sollte. Das „Radiocar“ war weggefahren und plötzlich schossen mir Fluchtgedanken durch den Kopf. Wenn ich einen guten Zeitpunkt abwarten würde und dann wie der Teufel anfing zu rennen, könnte ich es schaffen. Ob Mr. Webster hier bei den vielen Menschen von der Schusswaffe Gebrauch machen würde? Freiheit war und ist eins der wichtigsten Güter für mich, doch wo sollte ich hin und wovon sollte ich leben?

Also fügte ich mich letztendlich meinem Schicksal und ließ mich von Mr. Webster zu den beiden BKA-Beamten bringen, die vor dem Check-In-Schalter der LTU auf mich warteten. Beide starrten mich erwartungsvoll an, stellten sich kurz vor und sprachen dann noch ein wenig mit dem „Chief Inspector“. Als Mr. Webster sich von uns verabschiedete und aus dem Flughafengelände verschwand, erklärten mir die beiden Bundespolizisten ihre Regeln.

Sie hatten ein Rückflugticket und einen Ersatzreisepass für mich besorgt und erläuterten mir gönnerhaft, dass sie sich dafür entschieden hätten mich ohne Handschellen nach Deutschland zu eskortieren. Allerdings machten sie mir auch unmissverständlich klar, dass ich bei irgendwelchen Sperenzchen, den gesamten Rückflug mit Kabelbindern um die Hände verbringen würde. Zu allem Überfluss hatte unsere Maschine drei Stunden Verspätung. Die Ironie der Geschichte war, dass ich mit demselben Flugzeug abgeschoben wurde, das meine Mum auf die Insel bringen sollte.

Die Wartezeit verbrachten wir in den Büros der Einwanderungsbehörde. Es wurde mir nicht erlaubt, noch ein letztes Mal meine Mutter zu sehen und ein paar Minuten mit ihr zu sprechen, aber vielleicht war das auch besser so. Die Boing 747 der LTU hob von Mo Bay ab und sollte etwa zehn Stunden später in Frankfurt am Main landen.

Das letzte Kapitel

Wie ein Staatspräsident durfte ich als Erster mit den beiden Beamten das Flugzeug verlassen und wurde von einem Fahrzeug direkt vom Standplatz der Maschine quer über das Flughafengelände chauffiert. Man verfrachtete mich in eine Art Gummizelle. Keine scharfen Kanten oder Wände aus Beton gab es hier und ich war froh, dass man mir keine Zwangsjacke verpasste. Nach einer halben Ewigkeit führte man mich in einen sterilen Raum mit einer Anrichte, die wie ein großer Wickeltisch aussah.

Ich sollte mich komplett ausziehen, mich etwa einen Meter mit gespreizten Beinen vor die Arbeitsplatte stellen und meine Hände drauflegen. Dann wurde ich nach allen Regeln der Kunst durchsucht. Leibesvisitation, was nichts anderes heißt, als die Befummelungen der Polizisten im Haar, in und hinter den Ohren, in der Nase, unter den Achseln, zwischen den Zehen und Fingern, sowie unter dem Hodensack und der Vorhaut über sich ergehen zu lassen. Außerdem sollte ich meine Arschbacken auseinander ziehen, was bei der vorgebeugten Haltung geradezu prädestiniert dafür war. Dumme Sprüche sind wohl dabei an der Tagesordnung:

„Kennst Du das Arschloch?"

„Nee, ist mir hier noch nie untergekommen."

„Sieht ziemlich jungfräulich aus, was meinst Du?"

„Ja, jetzt noch, aber warte mal ein paar Jährchen ab, dann kannst Du die Sterne durch das Loch sehen. Hahahahaha!"

Anschließend war mein weniges Hab und Gut zur Untersuchung dran. Zwei T-Shirts, zwei Boxershorts, eine dicke Daunenjacke, die mir mein Bruder noch nach Savannah La Mar ins Gefängnis gebracht hatte, eine schwarze Röhren-Hose, zwei Paar schwarze Strümpfe, ein Paar schwarze Lederschuhe sowie ein Kulturbeutel mit der am Kopf abgeschnittenen Zahnbürste, ein Stück Seife und ein Kamm. Auch der Inhalt der Zahnpasta wurde geröntgt.

Doch trotz der intensiven Kontrolle hatten sie den 50-Euro-Schein, den mir mein Bruder noch in den Knast nach Sav geschmuggelt hatte, nicht gefunden. Ich hatte ihn in der dicken Winterjacke versteckt, indem ich ein paar Nähte auftrennte und den Schein darunter verschwinden ließ. Nach der Prozedur wurde ich in das Büro des Bundesgrenzschutzes geführt. Ich sollte mich setzen und man las mir den Haftbefehl vor. Die Stimmung lockerte sich ein wenig und ich durfte ohne Handschellen in den Räumen verweilen, bis mich drei der Polizisten in einen kleinen Knast nach Frankfurt brachten, wo ich dann noch am Abend dem Haftrichter vorgeführt wurde.

Am nächsten Tag ging es weiter in das große Gefängnis nach Frankfurt-Weiterstadt, in dem ich mich etwa eine Woche aufhielt. Ich kann mich noch sehr gut an meine erste Freistunde, die jedem Gefangenen pro Tag zusteht, erinnern. Trotz der dicken Daunenjacke fror ich bei Minus 9 Grad erbärmlich. Ich war heilfroh, als wir nach einer Stunde wieder auf unsere Zellen durften. Noch am ersten Tag wurde ich dem Gefängnisarzt vorgeführt, einem älteren, sympathischen Arzt, der wohl Gefallen an mir gefunden hatte und mich als jungen Freddy Quinn bezeichnete. Die Waage zeigte nicht mehr als 68 Kilogramm Gewicht bei mir an. Mein Körper war durch die viele Arbeit auf dem Grundstück gut durchtrainiert.

Ich dachte mir nichts dabei, dass der Arzt im Gegensatz zu den Wärtern so freundlich und umgänglich war, und vielleicht hat Freddy ja damals wirklich so ausgesehen. Er schien mich zu mögen und erzählte einen Schwank aus seiner Jugend. Wir unterhielten uns über mein Leben in Jamaika und er wollte wissen, wie ich in die Drogendeals reingeraten war. Der Mediziner war ausgesprochen verständnisvoll. Bei der zweiten Untersuchung sah er sogar den Sohn in mir, den er nie hatte. Natürlich war ich misstrauisch, aber ich hatte ihm nichts Bedeutendes über die Drogendeals erzählt. Den Gedanken, dass Ärzte jetzt insgeheim Verhöre führen, verwarf ich gleich wieder. Außerdem würde ich vor Gericht nicht alles abstreiten. Neben Paul war ich der letzte, der zuvor noch frei war. Beim Abstreiten der Tat würde ich nur den Richter vergraulen und mir ein paar Jährchen extra einfangen. Schwul war der Arzt mit Sicherheit auch nicht. So etwas spürt man. Er war wohl einfach nur an meiner Person interessiert. Nicht nur mein Leben in Jamaika machte ihn neugierig, sondern er hörte gespannt meinen Erzählungen zu und stellte immer wieder Fragen. Bei jedem Treffen machte er mir Mut; ich sollte durchhalten. Trotzdem konnte oder wollte er mir die Strapazen der ganzen Testreihen nicht abnehmen. Da ich aus einem Dritte-Welt-Land kam, wurde ich zusätzlich zu den Drogentests auch auf Aids, Tuberkulose und Hepatitis untersucht. Ich hatte es bunt in Jamaika getrieben und mir war schon ein wenig mulmig zumute. Erst viel später in meiner „Heimatanstalt" in Aachen sollte ich Gewissheit über mein Krankheitsbild bekommen. Es war für mich fast ein Wunder, aber alles war in Ordnung. Selbst der Drogentest auf Cannabis war ohne Ergebnis. In Jamaika verging eigentlich kein Tag, an dem ich nicht geraucht hatte, selbst im Knast in Sav bekamen wir meistens genügend Gras in unsere Zelle geschmuggelt.

Im Gefängnis Frankfurt-Weiterstadt teilte ich mir die Zelle mit einem Afrikaner, der verzweifelt versuchte, nicht abgeschoben zu werden. Er versicherte mir, dass er sofort in seinem Land erschossen wird, sobald er aus dem Flugzeug steigt. Sollte der Antrag auf Asyl abgelehnt werden und die Deutschen ihn deportieren, wäre er so gut wie tot. Hier bekam ich das erste Mal einen Vorgeschmack auf die hirnverbrannte Bürokratie und das Justizsystem. Natürlich soll nicht jeder X-beliebige Asyl in Deutschland erhalten, aber bei Ländern, die sich im Krieg befinden, sollte man besonders darauf achten, ob man einen Menschen abschiebt und ihn dadurch seinem Schicksal überlässt, das wahrscheinlich sein sicheres Ende bedeutet. Der Afrikaner und ich waren in dem Flügel untergebracht, der für die Transport- oder Abschiebe-Gefangenen bestimmt war.

Die Abteilungen für die Untersuchungs- und Strafhäftlinge hatten die Möglichkeit, einmal die Woche ins Schwimmbad zu kommen. Doch bevor wir in den Genuss kamen, in die reguläre Untersuchungshaft zu gelangen, wurde ich mit etwa 30 anderen Gefangen in mehreren Gemeinschaftszellen eingesperrt. Wir warteten circa drei Stunden auf unseren Transport. Ich wusste lediglich, dass es nach Aachen gehen sollte und dass dies ewig dauert. Beim langen Warten kam ich ins Gespräch mit ein paar Mithäftlingen. Man tauschte sich aus und ich sog alle Informationen über den Ablauf im Knast auf. Endlich wurde die Türe aufgeschlossen und einige von uns einzeln mit Namen aufgerufen. Dann brachte man uns in einen noch größeren Raum. Dort befanden sich schon andere Gefangene, die auf ihre Verlegung in ein anderes Gefängnis warteten. Frankfurt ist ein Knotenpunkt, von dem aus in alle Richtungen Transporte zu anderen Justizvollzugsanstalten, kurz JVA, früh morgens starten. Es gibt quasi für jede Himmelsrichtung Warteräume, von wo man dann auf Reisen geschickt wird. In der Knastsprache nennt man diese Art Transport „JVA-Reisen“, sie buchen, wir fluchen!

Endlich ging es los. Wieder wurden Namen aufgerufen und die Justizbeamten verglichen unsere Gesichter mit den Fotos auf ihren Listen. Vom Mittelgang des Reisebusses befanden sich rechts und links abschließbare, nummerierte Kabinen. Jeder Gefangene wurde einzeln in den Bus geleitet und bekam eine dieser Zellen zugewiesen. Die meisten waren für zwei Personen ausgelegt, aber es gab auch Einzelkabinen. Im hinteren Teil des Busses war über die gesamte Breite eine große Zelle eingerichtet, in der fünf Mann nebeneinander Platz hatten. Egal wo man sitzt, die Kabinen sind so eng, dass man die Knie vom Gegenüber an seinen eigenen spürt. Ein schmaler, etwa 20 Zentimeter breiter Spalt soll das Fenster sein. Die Platzierung des Guckloches ist jedoch so bescheuert, dass man weder im Sitzen noch im Stehen vernünftig rausschauen kann. Nach unzähligen Stopps in den verschiedenen Gefängnissen der Bundesrepublik erreichte ich etwa nach zehn Tagen meinen Bestimmungsort – die JVA Aachen auf dem Adalbertsteinweg. Als ich endlich das Haus 2 für Untersuchungshäftlinge betrat, musste ich schlucken. Bilder aus alten Filmen, die das Leben im Knast zeigen, kamen hoch. So konnte doch unmöglich ein Knast im 21. Jahrhundert aussehen! Ein runtergekommener, uralter Bau, der sich über drei Etagen zog. Je Etage gab es auf jeder Seite schmale Gänge mit Geländer, die man über eine uralte Treppe erreichte. Etwa 20 massive alte Eisentüren befanden sich auf jeder Seite der Ebene, die dann zu den versifften Zellen führten. In der Mitte waren riesige Maschendrahtnetze gespannt, die nach unten gebogen durchhingen. Sie dienten zur Sicherheit der Häftlinge, da so mancher schon über das Geländer gestoßen wurde oder freiwillig in die Tiefe sprang. Ich erhielt meine Knastausstattung, die sich erheblich von der jamaikanischen unterschied und wurde zu meiner Zelle geführt. In der etwa acht Quadratmeter großen Zelle, die für zwei Mann ausgelegt war, befand sich die Toilette mitten im Raum. Zur Abtrennung diente nur eine dünne, 1,20 Meter hohe Sperrholzplatte, die auf zwei Holzfüße geschraubt war. Das vergitterte Fenster befand sich in einer Höhe von etwa zwei Metern über dem Boden. Die Wände waren kotzgrün und hatten seit mindestens zehn Jahren keinen Anstrich mehr gesehen. Außer einem Etagenbett, was wohl aus alten Kriegsbeständen stammte, befanden sich noch ein Tisch mit zwei Stühlen, zwei abschließbare Spinde, ein kleiner Spiegel und ein Waschbecken im Raum. Der Boden bestand aus PVC und hatte auch schon bessere Zeiten erlebt. Ich war erst Mal alleine in meiner Zelle und erhielt auch keine große Erklärung über den Ablauf in der Anstalt. Genervt teilte mir der „Schließer" mit, dass um 6 Uhr morgens das Frühstück verteilt wird, bevor er die schwere Türe der Zelle zuknallte. Das erste und einzige Mal schob ich eine Panikattacke.

Es gab keine Möglichkeit, aus den acht Quadratmetern zu entkommen. Ich war eingesperrt und wollte nur raus! Nach und nach fand ich mich allerdings mit meiner Situation ab und machte mich daran, die Abläufe im Knast und seine Insassen besser kennenzulernen. Ich bekam Besuch von meinem Anwalt, den mir meine Mutter besorgt hatte und mit dem sie schon vor meiner Verhaftung im regen Kontakt stand. Rechtsanwalt Stockhausen war ein schon älterer Spitzenanwalt, der einen guten Ruf unter den Richtern, Staatsanwälten und Strafverteidigern genoss. Auch wenn er mir manchmal deutlich vor Augen hielt, was mich erwarten würde, freute ich mich jedes Mal auf seine Besuche.

Von Anfang an riet er mir, mich auf etwa 7 Jahre Gefängnis einzustellen. Auch die Illusion, bis zur Verhandlung auf freiem, Fuß gesetzt zu werden, indem eine Kaution für mich hinterlegt wird, sollte ich mir aus dem Kopf schlagen. Nach ein paar Besuchen überreichte mir RA Stockhausen zwei dicke Akten mit über 1.000 Seiten Beweisführung der Staatsanwaltschaft, die ich durcharbeiten sollte, um sie mit ihm zu besprechen.

Nun hatte ich genügend zu tun. Nach und nach lernte ich beim Freigang die Leute besser kennen. Abends gab es die Möglichkeit, sich für zwei Stunden bei einem anderen Gefangenen „umschließen" zu lassen oder selber Besuch zu empfangen. Umschluss nennt man das im Bau. Ansonsten hatte die Justiz mich allerdings als sehr gefährlich eingestuft und ich bekam zusätzliche Sicherheitsmaßnahmen aufgebrummt. Kein Sport, häufige Durchsuchung der Zellen inklusive Leibesvisite, Arbeitsverbot und besondere Kontrolle meiner ein- und ausgehenden Post. Ich freundete mich mit einem Mithäftling namens Frank Matten an, der bis heute mein bester Freund geblieben ist. Ihm machte seine Straftat schwer zu schaffen und ich half ihm, dies so gut es ging zu bewältigen. Leider sitzt er immer noch ein, obwohl wir den Kontakt zueinander weiterhin pflegen.

Es dauerte fast ein halbes Jahr, bis endlich der Tag meiner Verhandlung anstand. Ich wurde in eine klitzekleine Wartezelle in der dritten Etage des Landgerichts Aachen eingeschlossen. Überall befanden sich Sprüche, lustige Reime, Verwünschungen an Richter oder Staatsanwälte und schmutzige Phantasien mit den entsprechenden Abbildungen. In die kleine Holzbank waren ebenfalls Informationen von Gefangenen über den Lauf der Gerichtsverhandlung mit den dazugehörigen Daten eingraviert, so dass sich die Warterei ein wenig erträglicher gestaltete. Der Richter mit seinen beiden Schöffen machte meinem Anwalt von Anfang an klar, dass wir die Verteidigung auf keinen Fall auf einer Mitleidschiene, so wie es schon Anja getan hatte, aufbauen sollten. Wenn wir aktiv mit Richter und Staatsanwalt die Sache schnell über den Tisch bringen würden, wäre der Richter bereit, strafmildernd zu urteilen. Nun, ich beabsichtigte nicht etwas abzustreiten, sofern es sich auch so zugetragen hatte. Unser großer Vorteil war, dass der Richter und der Staatsanwalt meinen Erklärungen, Erzählungen und Äußerungen zu 100 Prozent glaubten und sie auch so zu Protokoll genommen wurden. Aufgrund der schnellen Abwicklung des Prozesses innerhalb weniger Gerichtstage wurden nur insgesamt drei Zeugen aufgerufen. Einmal Thorsten, der von seinem Zeugnisverweigerungsrecht Gebrauch machte, da er mit mir verwandt war. Dann wurde Christian aufgerufen, der überhaupt keine

Frage des Richters beantworten konnte. Alles wäre schon so lange her und die Haftzeit in England hätte ihm so sehr zu schaffen gemacht, dass er anschließend jahrelang psychisch behandelt werden musste. Alles, was die Drogendeals betraf, habe er verdrängt. Als letzte Person wurde Anja in den Gerichtssaal gerufen. Man merkte ihr an, dass sie mehr Schiss als Vaterlandsliebe hatte. Nicht für eine Sekunde schaffte sie es, mich anzuschauen. Ihre Aussagen waren ungenau, dümmlich und naiv. Sie hatte bei ihrer eigenen Verhandlung verschwiegen, dass sie den ersten Transport mit einem Kilo Kokain durchgezogen hatte. Den Trip hatte sie damals auf Thorsten geschoben. Das sprach mein Anwalt geschickt an und sie verstrickte sich von Satz zu Satz mehr in ein Lügengeflecht. Ich hatte erst vor kurzem die kompletten Akten gelesen, so dass ich viel besser über den Fall Bescheid wusste und Auskunft geben konnte. Anja hingegen wurde als unglaubwürdig eingestuft und mit ein paar harten Worten des Richters aus dem Zeugenstand entlassen. Ihr Plan, alles auf mich abzuwälzen, ging schief und sie konnte froh sein, dass sie für ihre erste Tour nicht noch nachträglich verurteilt wurde. Während der gesamten Verhandlungstage waren es nicht mehr als zehn Sätze, die der Staatsanwalt gesagt oder gefragt hatte. Die eigentliche Beweisführung leitete der Richter höchstpersönlich. Selbst von den Schöffen kamen mehr Fragen als von dem jungen, arroganten, etwa Mitte 30 Jahre alten Staatsanwalt.

Er war der erste, der sein Plädoyer hielt. Es war weder besonders lang noch theatralisch, aber als er am Ende ein Strafmaß von zehn Jahren ohne Bewährung und eine Geldstrafe von 75.000 Euro forderte, schlotterten mir doch die Knie. Ich war erschüttert. Mein Anwalt blieb jedoch ruhig, fasst schon gelassen und meinte, ich sollte mir keine Sorgen machen. Er hatte gut lachen, er musste die lange Zeit ja nicht absitzen! Dann stand er auf und hielt sein Plädoyer, was etwa dreimal so lang dauerte, wie das des Staatsanwalts. Man merkte den unermesslichen Erfahrungsschatz und die Professionalität des Anwalts. Vor seiner Rede konnte ich mich nur verneigen. Er forderte letztendlich ein Strafmaß unter fünf Jahre und eine Erlassung der 75 Tausend, die eine Art Steuerschuld darstellten.

Von den beiden Justizbeamten, die als Wachposten dienten, wurde ich zurück in meine Wartezelle geführt, wo ich über eine Stunde auf mein Urteil warten sollte. Ich glaube, es war die schlimmste Stunde meines Lebens. Tausend destruktive Gedanken schossen mir durch den Kopf. Bei einer Forderung von zehn Jahren würde ich mit Sicherheit mindestens acht als Strafe absitzen müssen. Der Richter sagte zwar, dass bei einer guten Zusammenarbeit das Urteil strafmildernd ausfallen würde, aber inwiefern war diese Aussage glaubhaft? Solche und noch viele andere Fragen stellte ich mir, während sich das Richtergremium beriet. Letztendlich hielt der Richter sein Wort. Ich bekam sechseinhalb Jahre aufgebrummt. Das war eine sehr, sehr lange Zeit für jemanden, der noch nie mit dem Gesetz in Konflikt geraten war. Trotzdem war ich zufrieden mit dem Urteil. Mein Anwalt hatte von Anfang an gesagt, dass ich mich auf etwa sieben Jahre einstellen müsste.

Im April 2004 wurden alle Häftlinge der JVA Aachen alt zur JVA in die Krefelder Straße verlegt. Das alte Gefängnis sollte abgerissen und stattdessen ein Justizpalast gebaut werden. Das neue Haus 5, in dem nur Untersuchungshäftlinge untergebracht wurden, war vor kurzem erst fertig gestellt worden. Die gesamte Haftanstalt, die für 106 Millionen Mark gebaut wurde, war ein Hochsicherheitstrakt der Stufe 1. Heutzutage gibt es insgesamt etwa 850 Gefangene in der überbelegten Justizvollzugsanstalt, die hier auf ihre Freiheit warten.

Die meisten sind Langzeitgefangene und Wiederholungstäter, also durchaus „schwere Jungs". Seit der Eröffnung Ende 1994 ist hier noch niemand ausgebrochen. Die Zellen sind einzeln in Stahlbeton gegossen und so gut wie ausbruchsicher. Die Freistundenhöfe, die jeweils zwischen den Hafthäusern liegen, sind extra eingezäunt und mit unzähligen festen und drehbaren Kameras ausgestattet. Unterhalb der Kameras, die meistens an Laternen nicht unter drei Metern Höhe befestigt sind, befinden sich aus Edelmetall bestehende, spitz nach unten laufende Befestigungen, die wie falsch herum hängende Halskrausen aussehen. Das am Ende wie zu vielen Dolchen geformte Edelmetall würde jeden Versuch, die Kameras zu erreichen, zunichte machen.

Rund um das Gefängnis befindet sich ein weiterer Zaun. Über drei Meter hoch, wobei das letzte Stück des Maschendrahts in etwa 45 Grad nach innen gebogen und mit reichlich S-Draht versehen ist. Runde, verzinkte Stahlrohre geben dem Gerüst den entsprechenden Halt und verbinden die vielen Lagen des Maschendrahtzaunes miteinander. Außerdem befinden sich Sensoren entlang des Gitters, die bei einer Belastung ab dreißig Kilogramm sofort Alarm schlagen. Hinter der ganzen Konstruktion befindet sich ein asphaltierter Weg. Hier wird in verschiedenen Intervallen mit einem PKW und zwei bewaffneten Beamten Patrouille gefahren. Als ob dies nicht genug Abschreckung wäre, gibt es dann noch die unerreichbar hohe, glatte Betonmauer, die sich direkt hinter der Patrouillenstrecke auftürmt. Man kann keine sichtbaren Fugen oder Nähte an der Wand erkennen und als Abschluss wurde ein sich nach außen wölbendes Betonelement oben drauf gesetzt. Während meines Aufenthaltes dort kam unter den Gefangenen das Gerücht auf, dass von dem nicht weit entfernten Polizeipräsidium ein unterirdischer Gang direkt bis ins Gefängnis verläuft. Sobald der Alarm ausgelöst wird, könnten innerhalb weniger Minuten Hundertschaften von Polizisten im Gefängnis sein und so einen Ausbruchsversuch vereiteln. Ob allerdings etwas dran war, habe ich bis heute nicht erfahren.

In diesem Hochsicherheitstrakt gab man mir endlich Arbeit. Die Zeit, in der ich 23 Stunden auf meiner Zelle eingeschlossen war, lag endlich hinter mir. Erst sollte ich die Enden von verschieden großen Gummis mit benzolhaltigem Kleber verbinden. Das Ganze lief allerdings unter Zeitdruck. Zwischen 750 und 1800 Gummis mussten je nach Größe am Tag fertig gestellt werden. Jeden Tag hatte ich von dem Kleber Nasenbluten und tierische Kopfschmerzen. Schaffte man sein Pensum, so verdiente man um die 300 Euro im Monat, bei einer ganz normalen Arbeitswoche.

Ganze sechs Wochen quälte ich mich durch diesen hirnrissigen Job. Die Stelle eines Flurreinigers sollte demnächst frei werden und wurde mir in Aussicht gestellt. Hier arbeitete ich sehr lange mit meinem Kumpel Frank zusammen. Das ist der coolste Job im Knast. Hauptsächlich ist man für das Austeilen des Essens an die Gefangenen verantwortlich. Jedes Haus hat sechs Abteilungen und jede Abteilung zwei Hausarbeiter. Pro Abteilung geht jeweils ein Hausarbeiter mit seinem Beamten dreimal am Tag zur Küche. Jede Abteilung hat einen Warmhaltewagen, der dort abgeholt und über die zahlreichen Gänge, Flure und Aufzüge geschoben wird.

Wieder zurück wird dann begonnen, das Essen vor den Haftzellen zu verteilen, wobei die beiden Beamten, die immer dabei sind, maximal zwei Zellen gleichzeitig aufschließen. Außerdem ist man für die Reinigung der Büros und des restlichen Blocks verantwortlich und muss die dreckigen Klamotten und Bedarfsgüter wie Klopapier, Zahnpasta, Seife, Bettwäsche etc. der Gefangenen austauschen. Auch für die Ausgabe von Büchern aus der Gefängnisbibliothek ist man zuständig. Der große Vorteil an dem Job sind die meistens aufstehenden Zellentüren über Tag.

Auch der Kontakt zu den Beamten erwies sich als positiv, da man doch an wesentlich mehr Informationen ran kam und durch den Job eine besondere Vertrauensstellung genoss. Nach etwa fünfzehn Monaten in diesem Job entschied ich mich, in der Wäschekammer als Lagerverwalter zu arbeiten. Ich nutzte jede Gelegenheit, um außerplanmäßig aus meiner Zelle zu entfliehen. Insgesamt nahm ich in Aachen an vier sozialen Trainings teil, die sich jeweils bis zu vier Monate hinzogen. Dann war ich zwei Jahre in der Bibelgruppe. Ehrenamtliche, zivile Christen kamen alle zwei Wochen für zwei bis drei Stunden in die Anstalt und wir redeten im wahrsten Sinne des Wortes über Gott und die Welt. Zusätzlich war ich vom gesamten Untersuchungshaus (Haus 5) ehrenamtlicher Redakteur der Knastzeitschrift „Printe“ und hatte somit die Erlaubnis, mich in jedem Hafthaus aufhalten zu dürfen, sofern das für meinen Artikel erforderlich war, natürlich alles nur in Begleitung eines Beamten, der ja die unzähligen Türen aufschließen musste. Auch die Wahl zum Gefangenensprecher las sich positiv in meiner Akte.

Nach meinem Gerichtsprozess fing ich an zu schreiben. Man kann durchaus behaupten, dass mich die Arbeit an diesem Buch wahnsinnig abgelenkt hat und eine Art Selbsttherapie für mich war. Jedes Mal, wenn ich über Jamaika schrieb, sah ich das Land und die Menschen vor mir und ich entfloh wenigstens für ein paar Stunden dem harten Knastalltag. Der evangelische Anstaltspastor, Herr Haag, ermutigte mich sehr, meine Geschichte niederzuschreiben.

Im Juni 2006 sollte es nach zweieinhalb Jahren U-Haft dann endlich nach Hagen in die Auswahlanstalt gehen. Die JVA Hagen ist einer der dreckigsten und schäbigsten Knäste in der Bundesrepublik. Jeder mit einer deutschen Staatsbürgerschaft und einer Haftstrafe über mehr als zwei Jahre muss dort hin. Hier wird in acht bis zwölf Wochen geprüft für welche Haftanstalt der Gefangene in Zukunft geeignet ist.

Das Personal dort entscheidet, ob eine Umschulung oder neue Ausbildung sinnvoll ist oder ob der Häftling vielleicht zu einer sozialtherapeutischen Behandlung verdonnert wird; ob er in ein Hochsicherheitsgefängnis muss oder in eine JVA der niedrigen Sicherheitsstufe verlegt werden kann. Dinge, die man in der Regel eigentlich in einer, maximal zwei Wochen herausfinden könnte, dauern hier absichtlich lange, um die Geduld des Inhaftierten zu testen. Da mein zuständiger Sachbearbeiter fünf Wochen am Stück in Urlaub war und gleich im Anschluss noch mal vierzehn Tage krank feierte, ließ man mich über dreizehn Wochen in dem Drecksloch absitzen. Ich befand mich ganz oben auf der sechsten Etage, und während draußen die Menschen unserer Fußballnationalmannschaft zujubelten und den lang ersehnten, heißen Sommer genossen, schwitzte ich mir in der etwa sechs Quadratmeter großen Zelle die Seele aus dem Leib.

Ich war heilfroh, endlich verlegt zu werden. Das Gremium, in meinem Fall bestehend aus dem Anstaltsleiter, meinem Sachbearbeiter und einem Abteilungsbeamten, kam einvernehmlich überein, dass ich mich bis dahin vernünftig betragen und auch Reue gezeigt hätte und sie mich nach Euskirchen in den offenen Vollzug verlegen könnten. Mir fiel ein Stein vom Herzen und ich konnte die Nacht vor meiner Verlegung kein Auge zumachen. Schon bald konnte ich mit Haftlockerungen rechnen und dürfte die eine oder andere Stunde Freiheit genießen. Etwa ein halbes Jahr später war der erste Wochenendurlaub drin. Zu diesem Zeitpunkt war das eine total unwirkliche Vorstellung, die so unerreichbar weit weg schien und wie ein Märchen. Doch sie sollte kommen!

Nachwort

Mittlerweile befinde ich mich wieder auf freiem Fuß und genieße das Leben in vollen Zügen. Auch wenn rückwirkend meine Haftzeit schnell vorüber gegangen ist, so werde ich die Jahre dort niemals mehr vergessen. Gerade wenn hier draußen mal etwas nicht gleich richtig läuft, erinnere ich mich an die harte und entbehrungsreiche Zeit im Gefängnis. Danach geht es mir dann meistens wesentlich besser.

Für mich ist Freiheit das kostbarste Gut, das wir Menschen auf Erden haben. Für viele stellt sie allerdings das Normalste auf der Welt dar und eigentlich denkt man nicht viel darüber nach. Diejenigen, die schon einmal eingesperrt gewesen sind, in was für einer Form auch immer, werden mir zustimmen und genau wissen, was ich meine. Also wenn ich jetzt ein Statement über diesen Abschnitt meines Lebens abgeben müsste, würde die vielleicht etwas kitschig klingende Quintessenz lauten: „Verbrechen zahlt sich nicht aus!"

Es war schlichtweg falsch, sich auf so etwas einzulassen. Es gibt immer einen Ausweg. Leider habe ich das erst ein paar Jahre später auf Jamaika gelernt. Irgendwie hatten wir verdammt Glück gehabt, dass nicht noch einige Leute mehr zu Schaden gekommen sind.

Ich hatte Unsummen an Geld verdient und konnte mir in dieser Zeit jeden Luxus erlauben, doch keine Summe dieser Welt wiegt den Verlust der Freiheit auf. Ich hätte alles dafür gegeben, endlich aus den Gefängnissen raus zu kommen. Ich glaube, dass man das Gefühl eingesperrt zu sein einfach nicht nachempfinden kann, wenn man es nicht am eigenen Leib erlebt hat. Man hätte mir eine doppelt so große Zelle zuweisen können, einen Whirlpool installieren, ein Heimkino einbauen oder mir andere Luxusgüter zuweisen können. Das Gefühl, wenn der Schlüssel im Schloss gedreht wird und man weiß, dass die Tür für die nächsten Stunden nicht geöffnet wird, geschweige denn dass man einfach rausgehen kann, wann man will, ist schlichtweg unbeschreiblich.

Man sollte sich überlegen, ob die Möglichkeit, viel Geld zu verdienen, das Risiko gefasst zu werden aufwiegt. Selbst wenn alles am Anfang gut läuft, irgendwann holt einen die Vergangenheit wieder ein.

Diese Vergangenheit hätte mich allerdings erst gar nicht einholen können, wenn gesellschaftlich gesehen mit dem Thema Drogen insgesamt anders, nämlich rationaler umgegangen werden würde. Es ist ein heikles Thema und Patentrezepte kann niemand ernsthaft anbieten. Ich bin jedoch der felsenfesten Überzeugung, dass das Drogenproblem der westlichen Welt weitaus weniger dramatisch wäre, wenn ein radikales Umdenken in der Drogenpolitik einsetzen würde. Damit meine ich weg von dem Irrglauben, dass schlichte Verbote irgendwas positiv bewirken könnten.

Und auch die Ansicht, dass ein immer größerer und kostspieligerer Einsatz von Manpower und Technik zur Durchsetzung und Einhaltung der Verbote führen könnte, ist definitiv falsch. Was ich in Jamaika erlebte, war das Bedienen von real existierender Nachfrage in Europa. Die jamaikanische Organisation war auch ein Reflex auf die wirtschaftlichen Ungleichgewichte auf dieser Welt. Ein paar wenige Jamaikaner, aber immerhin ein paar, verdienten das, was ihre Landsleute am Westen nicht verdienen konnten. Der Drogenhandel hat auch diese Dimension, darüber sollte man sich klar sein.

Aber entscheidend ist dennoch etwas anderes: Dealerorganisationen wie die, der ich zeitweilig angehörte, verlieren ihre Grundlage, wenn Drogenkonsumenten ihre Drogen nicht im kriminellen Milieu beschaffen müssen, sondern z.B. legal erwerben können - wo und wie auch immer das konkret passieren könnte. Wie ließe sich das geschickt bewerkstelligen, ohne Schleusen zu öffnen? Hierauf sollte man alle Kreativität richten!

Das wäre die Lösung von unendlich vielen Problemen bei uns, in Europa und vor allem in den USA. Irgendetwas zu verbieten, unter Strafe zu stellen und massiv zu verfolgen, wonach Nachfrage definitiv besteht, ist witzlos. So war es in der Prohibitionszeit in den USA, als Alkohol komplett verboten war. Erst hierdurch wurde die Basis für die Macht und den Reichtum der amerikanischen Mafia gelegt. Die heutigen Verbote sind wiederum die Basis für heutige Organisationen, deren Macht und Reichtum teilweise schier unvorstellbar sind.

Im Falle von Ganja aus Jamaika bzw. Marihuana oder Haschisch sieht die Sache sogar noch unsinniger aus, denn im Gegensatz zu legalen Drogen wie Alkohol oder Nikotin ist noch nie jemand an diesen „Drogen“ gestorben.

Eine bereits schon ewig lange Tabuisierung der Nutzpflanze Hanf hat dazu geführt, dass man eine nach wie vor starke, bürgerliche Schicht mit Hanf furchtbar erschrecken kann. Man schafft dieser starken Wählerschicht das Problem vom Hals indem man diese vermeintlichen Drogen schlicht und ergreifend verbietet. Es ist damit für nicht unmittelbar Betroffene vom Tisch, geregelt, erledigt.

Dass auch auf diese Weise echte Haschisch-Großdealer mit Millionengewinnen erst ermöglicht werden, darüber wird so gut wie nie nüchtern nachgedacht. Es würde heute auch Bananengroßdealer geben, wenn beizeiten Bananen entsprechend tabuisiert worden wären. Als jemand, der sich zwangsläufig mit diesen Themen sehr intensiv beschäftigt hat, kann ich nur sagen: Die Dinge wären lösbar, wenn Vernunft um sich greifen würde. Meine eigene Geschichte hat es mir gezeigt und ich möchte es hier an dieser Stelle nicht unerwähnt gelassen haben.

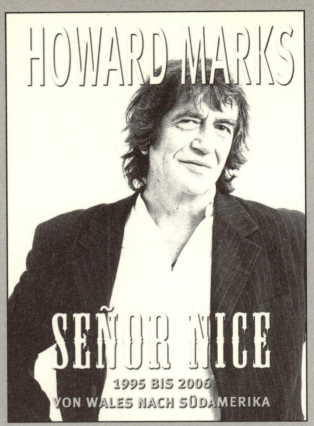

Die Verkaufsstellen

In den nachfolgend aufgeführten Geschäften, können Sie auf jeden Fall „Jamaika-Mike“ jederzeit bekommen. Die Liste ist alphabetisch und geografisch sortiert:

A

Mayersche Buchhandlung,
Buchkremerstr. 1,
52062 Aachen, Tel.: 0241 - 47 77 - 0

Headshop Augsburg,
Auf dem Nol 30,
86179 Augsburg, Tel.: 0821 - 8 38 96,
www.headshop-ausburg.de

Die Alternative,
Carolinengang 8-10,
26603 Aurich, Tel.: 04941 - 973 09 55,
www.die-alternative.com

B

Harlequin Headshop,
Kurhausstr. 61a,
23795 Bad Segeberg, Tel.: 04551 - 99 50 19,
www.harlequin-shop.de

Hanf Center,
Obere Königstr. 27,
96052 Bamberg, Tel.: 0951 - 20 80 321,
www.hanf-center.de

Barneyss,
Wichertstr. 6,
10435 Berlin, Tel.: 030 - 32 52 58 71,
www.barneyss.de

Chillhouse Berlin,
Boxhagener Str. 86,
10245 Berlin, Tel.: 030 - 21 23 88 00,
www.chillhouse.de
Flashback,
Wolliner Str. 51,
10435 Berlin, Tel.: 030 - 44 35 85 30,
www.flashback.de

Gras Grün,
Oranienstr. 183, Aufgang c, 1. Stock,
10999 Berlin, Tel: 030 - 61 13 190,
www.grasgruen.de

Klaus der Gärtner,
Straßmannstr. 33,
10249 Berlin, Tel.: 0177 - 350 43 76,
www.klausdergaertner.de

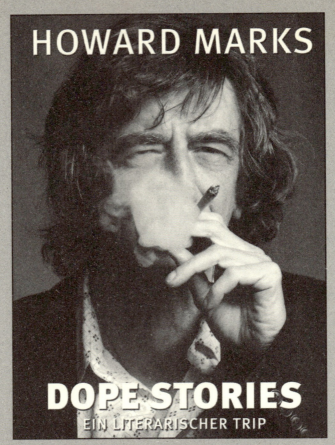

Kaya Foundation,
Schliemannstraße 26,
10437 Berlin, Tel.: 030 - 447 86 77,
www.kayagrow.de

Udopea Berlin,
Panoramastr. 1,
10178 Berlin, Tel.: 030 - 30 87 53 02

Der Acker,
Grossberenstr. 171,
12277 Berlin, Tel.: 030 - 70 76 76 65,
www.der-acker.de

Magic-Bielefeld,
Arcade, Herforder Str. 8a,
33602 Bielefeld, Tel.: 0521 - 96 77 182

Grow Bonn,
Franztr. 37,
53111 Bonn, Tel.: 0228 - 90 95 783,
www.grow-bonn.de

Jelly-Joker,
Am Langer Hof 2e,
38100 Braunschweig, Tel.: 0531 - 240 87 80,
www.jelly-joker.de

L´Afrique,
Böcklerstr. 10,
38102 Braunschweig, Tel.: 0531 - 797 207
Headshop Bremen,
Landwehrstraße 89,
28217 Bremen, Tel.: 0421 - 98 99 466
www.headshop-bremen.de

C
Chillhouse Chemnitz,
Brückenstr. 8,
09111 Chemnitz, Tel.: 0371 - 36 76 822,
www.chillhouse.de

D

Grow Shop Darmstadt,
Rheinstr. 22,
64283 Darmstadt, Tel.: 06151 - 95 31 22
Green-Galaxy,
Ringofenstraße 37,
44287 Dortmund, Tel.: 0231 - 94 531 417,
www.green-galaxy.de

Chillhouse Dresden,
Alaunstr. 56,
09099 Dresden, Tel.: 0351 - 89 51 077,
www.chillhouse.de

Dr. Hanf,
Claubergstr. 18,
47051 Duisburg, Tel.: 02065 - 8399 601
www.doktor-hanf.de

E
Die Alternative,
Brückstr. 20,
26725 Emden, Tel.: 01522 - 922 31 94,
www.die-alternative.com

Chillhouse Erfurt,
Juri-Gararin-Ring 96-98,
99084 Erfurt, Tel.: 0361 - 65 47 647,
www.chillhouse.de
Hanf Center,
Hauptstr. 50,
91054 Erlangen, Tel.: 09131 - 204 101,
www.hanf-center.de

F
Lichtblick Frankfurt,
Heddernheimer Landstr. 10,
60439 Frankfurt/Main, Tel.: 069 - 530 84 394,
www.lichtblick-frankfurt.de

Highlight Trendstore,
Sandweg 39,
60316 Frankfurt/Main, Tel.: 069 - 49 27 18

G
Cheech,
Kirchstr. 37,
45874 Gelsenkirchen, Tel.: 0209 - 14 84 68,
www.superdurchzug.de

Chillhouse Gera,
Heinrichstr. 78,
07545 Gera, Tel.: 0365 - 55 20 996,
www.chillhouse.de

H
Mewis Basar,
Goldbergstr. 2,
58095 Hagen, Tel.: 02331 - 160 99,
www.mewis-basar.de

Amsterdam Headshop,
Reeperbahn 155,
20359 Hamburg, Tel.: 040 - 399 0 92 92,
www.amsterdam-headshop.com

Headshop Grasweg,
Grasweg 5,
22299 Hamburg, Tel.: 040 - 69 69 27 27

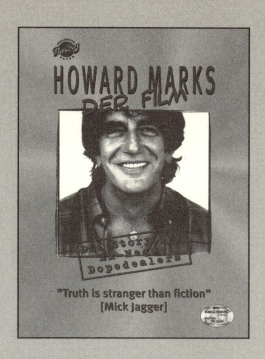

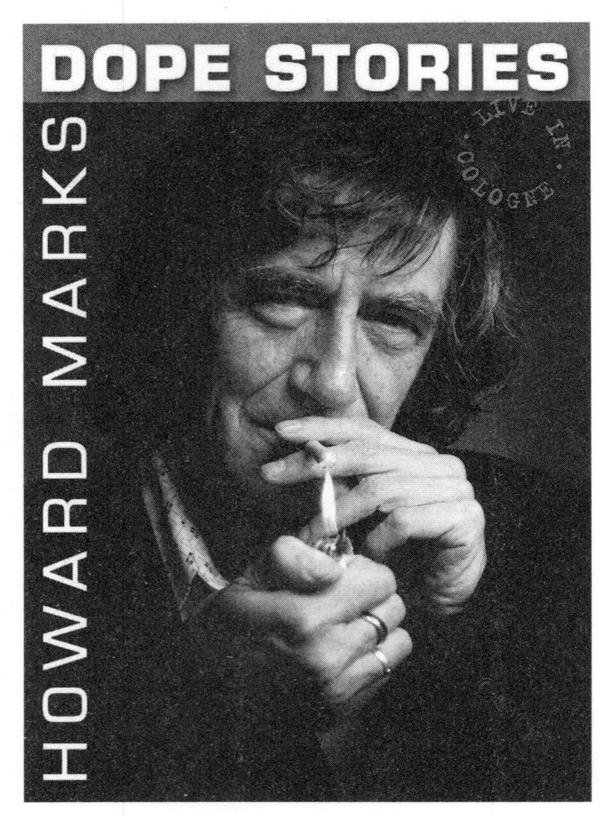

Titel: Howard Marks „Dope Stories“
Untertitel: „Live in Cologne“
PAL, HIFI, Stereo, 52 Minuten Laufzeit.
Englisch/Deutsch.
Farbiges 16seitiges Booklet
ISBN: 3-923838-56-5
Preis: 14,99 €

Dope Stories – Live in Cologne

Wenn Howard Marks live auftritt, dann handelt es sich um eine Personality-Show im wahrsten Sinne des Wortes. Keine Lichteffekte, keine Band, kein Schnickschnack, nur Howard Marks pur. Alleine durch seine Bühnenpräsenz gelingt es ihm, seine stetig wachsende Fangemeinde zu beeindrucken. Im Hochsommer 2005 kam Howard Marks zum wiederholten Mal nach Köln. Dieses Mal um im Rahmen des alljährlichen SOMA-Festivals aufzutreten. Hier entstand der Film „Dope Stories“. John Seidler und sein Team begleitete Howard Marks von der ersten bis zur letzten Minute.

Sie können diese DVD im Buchhandel kaufen, bei Amazon bestellen oder direkt beim Verlag beziehen. ***Anruf, Fax*** *oder* ***Mail*** *genügt. Falls Sie bei uns bestellen, berechnen wir 2,00 € Versandkostenanteil. Bestellen Sie mehr als ein Produkt, dann erhalten Sie Ihre Sendung frei Haus.*

Edition Steffan
Verlag
Lindenthalgürtel 10
D-50935 Köln
Tel.: 02 21 / 73 916 73
Fax: 02 21 / 72 31 52
e-mail: info@edition-steffan.de
www.edition-steffan.de

www.grasweg.info

Headshop Grasweg,
Wilstorfer Str. 78,
21073 Hamburg, Tel.: 040 - 41 54 25 75,
www.grasweg.info

Udopea Hamburg,
Schanzenstr. 95,
20357 Hamburg, Tel.: 040 - 41 91 28 83

Knasterbox,
Schnurstraße 11-13,
63450 Hanau, Tel.: 06181 - 26 279,
www.knasterbox.de

P.A.T.`s Headshop,
Franckestraße 5,
30165 Hannover, Tel.: 0511 - 35 00 149

Euphoria,
Hildesheimer Str. 85,
30169 Hannover, Tel.: 0511 - 833 688,
www.euphoria-headshop.de

Buchhandlung Gollenstede,
Hochstr. 127,
52525 Heinsberg, Tel.: 02452 - 23 49 3,
www.gollenstede-buch.de

J

Chillhouse Jena,
Oberlauengasse/Löbdergraben,
07743 Jena,
www.chillhouse.de

K

Jelly-Joker,
Neue Fahrt 3,
34117 Kassel, Tel.: 0561 - 729 89 30,
www.jelly-joker.de

Shop Rauchkultur,
Am breiten Bach 15,
87600 Kaufbeuren, Tel.: 08341 - 9 67 83 73,
www.rauchkultur-shop.de

BAKUL,
Kronenstraße 10,
87435 Kempten, Tel: 0831 - 14 879,
www.bakul.de

Dock 9,
Eckernförder Str. 54,
24116 Kiel, Tel.: 0431 - 51 201,
www.dock9.net

Galactic,
Maastrichter Str. 5,
50672 Köln, Tel.: 257 94 94

ULLa - Unser LagerLaden,
Gustavstr. 6-8,
50937 Köln, Tel.: 169 15 66,
www.kölngrow.de

Fanartikel Köln,
Bergisch Gladbacher Str. 667,
51067 Köln, Tel.: 68 81 30,
www.fanartikel-koeln.de

Mayersche Buchhandlung,
Neumarkt 2,
50667 Köln, Tel.: 0221 - 20 30 7 - 0

Hanf Universum,
Hüetlinstr. 1, 78462 Konstanz, Tel. 07531 - 69 13 76
www.hanf-universum.de

L
Chillhouse Leipzig,
Brühl 10-12,
04109 Leipzig, Tel.: 0341 - 26 89 920,
www.chillhouse.de

KIF KIF,
Kurt-Schumacher-Straße 39,
04105 Leipzig, Tel.: 0341 - 980 76 31,
www.kif-kif.de

Chillum,
Hüxstr. 110,
23552 Lübeck, Tel: 0451-76 0 27,
www.chillum.de

M
Der Hänfling,
Gärtnergasse 5,
55116 Mainz, Tel.: 06131 - 23 68 15,
www.derhaenfling.de

Magic hanf,
Simeonstr. 25,
32423 Minden, Tel.: 0571-85 08 60,
www.magic-minden.de

Aladin Headshop,
Dachauer Str. 34,
80335 München, Tel.: 089 - 545 06 891,
www.aladin-headshop.de

Indica,
Tal 18,
80331 München, Tel.: 089 - 29 89 86

O
LumenMax,
Max-Eyth-Str. 47,
46149 Oberhausen, Tel.: 0208 - 89 63 05,
www.lumenmax.de

Bo's Laden,
Nadorster Str. 96,
26123 Oldenburg, Tel: 0441 - 20 50 446,
www.bos-laden.de

R
Hempy`s Shop,
Wahlenstr. 7,
93047 Regensburg, Tel.: 0841 - 584 10 91,
www.hempy.de

S
Kawumm,
Kronenstr. 2,
66111 Saarbrücken, Tel.: 0681 - 37 31 35,
www.kawumm-headshop.de

Nature World,
Neustädtler Str. 6,
08289 Schneeberg, Tel.: 03771 - 49 69 95

Alpha Shop,
Wiesenstr. 1,
84359 Simbach/Inn, Tel.: 08571 - 926 969,
www.alphasmoke.de

Hempy's Shop,
Am Platzl 41,
94315 Straubing, Tel.: 09421 - 22 5 55,
www.hempy.de

Udopea Stuttgart,
Marienstr. 32,
70178 Stuttgart,
www.udopea-stuttgart.de

T
Cheech & Chong,
Zuckerberg 21,
54290 Trier, Tel.: 0651 - 14 53 762,
www.cheechundchong.com

U
Hanf Lager,
Zinglerstr. 1,
89073 Ulm, Tel.: 07305 - 141 66 86,
www.hanflager.de

W
Grow NRW,
Walkmühlenstr. 4,
59457 Werl,
www.grownrw.de

Wigwam,
Eich 12,
42929 Wermelskirchen, Tel.: 02196 - 8 33 61,
www.wigwam-wk.de

Rumpelstilzchen,
Peterstr. 10,
97070 Würzburg, Tel.: 0931 - 501 34,
www.rumpelstilzchen.com

Z
Chillhouse Zwickau,
Peter-Breuer-Str. 29,
08056 **Zwickau**, Tel.: 0375 - 20 48 564,
www.chillhouse.de

Österreich:
Exklusivvertrieb für österreichische Grow- und Headshops:

HUG`s ,
Wiener Str. 115,
A-2700 Wiener Neustadt, Tel.: (0043) - 2622 - 20 508
www.hugs.cc

Schweiz:
Kaktus Bücher & Comics Verlagsauslieferung
Langfeldstr. 54,
CH-8501 Frauenfeld, Tel.: 0041 - 52 - 722 31 90,
www.kaktus.net

Luxemburg:
Placebo Headshop,
41 Avenue de la Gare,
L-1611 Luxemburg, Tel.: 00352 - 264 80 486,
www.placebo.lu